ÉTICA
CONCEITOS, FUNDAMENTOS E APLICAÇÕES CONTEMPORÂNEAS

Dados Internacionais de Catalogação na Publicação (CIP)

Lyra, Edgar
　　Ética: conceitos, fundamentos e aplicações contemporâneas / Edgar Lyra, Leandro Chevitarese. – Rio de Janeiro: Ed. Vozes: Ed. PUC-Rio, c2024.

　　272 p.; 21 cm

　　Inclui bibliografia
　　ISBN (Ed. Vozes): 9788532672063
　　ISBN (Ed. PUC-Rio): 9788580063400

　　1. Ética. I. Chevitarese, Leandro. II. Título

CDD: 170

Elaborado por Lizandra Toscano dos Santos – CRB-7/6915
Divisão de Bibliotecas e Documentação – PUC-Rio

EDGAR LYRA
LEANDRO CHEVITARESE

ÉTICA
CONCEITOS, FUNDAMENTOS E APLICAÇÕES CONTEMPORÂNEAS

© 2025 Editora Vozes Ltda.
Rua Frei Luís, 100
25689-900 Petrópolis, RJ – Brasil
www.vozes.com.br

CONSELHO EDITORIAL

Diretor
Volney J. Berkenbrock

Editores
Aline dos Santos Carneiro
Edrian Josué Pasini
Marilac Loraine Oleniki
Welder Lancieri Marchini

Conselheiros
Elói Dionísio Piva
Francisco Morás
Teobaldo Heidemann
Thiago Alexandre Hayakawa

Secretário executivo
Leonardo A.R.T. dos Santos

PRODUÇÃO EDITORIAL

Aline L.R. de Barros
Anna Catharina Miranda
Eric Parrot
Jailson Scota
Marcelo Telles
Mirela de Oliveira
Natália França
Priscilla A.F. Alves
Rafael de Oliveira
Samuel Rezende
Verônica M. Guedes

© 2025 Editora PUC-Rio
Rua Marquês de S. Vicente, 225
Prédio Kennedy, 7º andar, Gávea
22451-900 Rio de Janeiro, RJ – Brasil
Tel.: (21) 3736-1838
www.editora.puc-rio.br
edpucrio@puc-rio.br

Pontifícia Universidade Católica do Rio de Janeiro (PUC-Rio)

Reitor
Pe. Anderson Antonio Pedroso, S.J.

Editora PUC-Rio

Conselho Editorial
Alexandre Montaury
Felipe Gomberg
Gisele Cittadino
Pe. Ricardo Torri de Araújo, S.J.
Welles Morgado
Gabriel Chalita (externo)
Rosiska Darcy de Oliveira (externo)

Diretor
Felipe Gomberg

Editores
Felipe Gomberg
Livia Salles
Tatiana Helich

Padronização de originais: Rayanne Ribeiro
Revisão: Débora de Castro Barros
Projeto gráfico de miolo e capa: Flávia da Matta Design
Editoração de miolo: SBNigri Artes e Textos Ltda.

Todos os direitos reservados. Nenhuma parte desta obra poderá ser reproduzida ou transmitida por qualquer forma e/ou quaisquer meios (eletrônico ou mecânico, incluindo fotocópia e gravação) ou arquivada em qualquer sistema ou banco de dados sem permissão escrita das editoras.

ISBN (PUC-Rio): 978-85-8006-340-0
ISBN (Vozes): 978-85-326-7206-3

SUMÁRIO

9 **PREFÁCIO**
Uma discussão pluridimensional da ética
Danilo Marcondes

13 **INTRODUÇÃO**

19 **PARTE I: CONCEITOS**

20 **CAPÍTULO 1. DISTINÇÕES CONCEITUAIS**
20   1. Os clamores por ética
22   2. O campo da ética: distinções necessárias
23   Definição do objeto da ética e distinção preliminar entre ética e moral
30   Interdições físicas e técnicas
31   Fronteira com o direito
34   Fronteira com a política
36   Fronteira com a religião e outros fatores importantes na regulação ética da conduta
38   3. Síntese dos conceitos e caracterização preliminar dos desafios éticos contemporâneos
41   Referências bibliográficas

42 **CAPÍTULO 2. BREVE FUNDAMENTAÇÃO HISTÓRICA DA ÉTICA**
42   1. O nascimento da ética na Grécia
52   2. Da Grécia à Modernidade

55	3. A Modernidade
57	As principais matrizes éticas modernas
59	A ética kantiana, o imperativo categórico e a noção de autonomia
65	Hegel, a história, o Estado e a liberdade concreta
66	A crítica de Marx a Hegel e a igualdade material
68	O utilitarismo
71	Filósofos da Vontade
73	Referências bibliográficas

75 PARTE II: DESAFIOS PARA A ÉTICA NA ATUALIDADE

76	**CAPÍTULO 3. ÉTICA E OS DIREITOS HUMANOS**
76	1. Introdução
80	2. Inclusão e diversidade social
89	3. Considerações sobre diversidade étnico-racial, de gênero e sexualidade
99	4. Ética participativa: integrando saberes e assumindo riscos
103	5. Assédio moral
106	6. Modelos de gestão ética
111	Referências bibliográficas
113	**CAPÍTULO 4. HEGEMONIA TECNOLÓGICA E OS EFEITOS DA DIGITALIZAÇÃO**
113	1. Introdução
114	2. A hegemonia tecnológica
117	3. Posições em face da hegemonia tecnológica
123	4. Regulação das condutas
127	5. Aceleração e complexidade
128	Referências bibliográficas

131	**CAPÍTULO 5. MEIO AMBIENTE E CONDIÇÕES CLIMÁTICAS**
131	1. Introdução
132	2. O "paradigma dominante"
137	3. Sustentabilidade e responsabilidade socioambiental
149	4. As "ecologias profundas"
158	Referências bibliográficas

161	**ANEXOS**
162	1. ANÁLISE DE CASOS
184	2. TEXTOS COMPLEMENTARES
184	PLATÃO
200	ARISTÓTELES
221	SANTO AGOSTINHO
223	MAQUIAVEL
229	HOBBES
236	ROUSSEAU
241	KANT
246	HEGEL
249	MARX
251	BENTHAM
259	MILL
262	SCHOPENHAUER
266	WEBER
268	NIETZSCHE

PREFÁCIO

Uma discussão pluridimensional da ética

Danilo Marcondes
Departamento de Filosofia, Universidade Federal Fluminense

Recentemente, em novembro de 2023, a Suprema Corte dos Estados Unidos, a instância máxima da justiça norte-americana, tomou uma decisão inédita para um tribunal composto de juízes altamente qualificados e com grande experiência na magistratura: decidiu estabelecer um código de ética. Dentre seus objetivos, declara na introdução que pretende desfazer o equívoco frequente, e ao mesmo tempo surpreendente, de que juízes estão acima da ética. Esse é um dos melhores exemplos da importância da ética na atualidade e ressalta a necessidade de definir seu papel na sociedade, em suas instituições e órgãos representativos.

O que pode parecer inesperado é que as mais altas autoridades no campo do direito e da justiça tenham sentido essa necessidade dando textualmente o exemplo de que é preciso distinguir a ética do direito, o que nem sempre é feito, e que nem sempre o prescrito pela lei pode ser considerado ético. Além disso, juízes, é claro, são seres humanos e como tal falíveis. Desse modo, em uma perspectiva kantiana, a definição de princípios éticos nos orienta a seguir normas que podem, ao menos em parte, compensar essa falibilidade.

O código é bastante sucinto, apresentando apenas 14 páginas, e é definido como um código de conduta: seu caráter é prático e aplicado. Consiste em um dos melhores exemplos do que hoje se entende por *compliance*, e com certeza, dada a autoridade de seus signatários, terá, e já está tendo, ampla repercussão que certamente influenciará outras iniciativas desse tipo, urgentes e mais do que bem-vindas.

A importância do interesse pela ética pode também ser exemplificada pela crescente demanda de uma orientação prática sobre a ação ética, sobre nossas escolhas e decisões, o que já foi chamado de "bússola moral".[1] Ou seja, critérios e parâmetros que nos permitam de alguma forma justificar ou legitimar nossa conduta em nossa sociedade. Nesse sentido, a ideia de uma "bússola moral" é bastante significativa e tem despertado muito interesse, enquanto nos permite "navegar" em um mundo cada vez mais complexo, apontando caminhos para atingirmos nossos objetivos.

O presente livro, *Ética: conceito, fundamentos e aplicações contemporâneas*, de Edgar Lyra e Leandro Chevitarese, representa uma contribuição de grande importância para essa discussão, com um elevado potencial para levar adiante e aprofundar essa temática, que certamente responde a uma demanda da sociedade em vários sentidos.

Os autores são não só professores de renome na área de ética, mas aliam à experiência docente uma representativa atuação, ministrando com muito sucesso cursos e palestras não só no meio acadêmico, como também consultorias na área de ética, o que permite aliar o interesse acadêmico do livro e a sua utilidade como referência nessa área, como no meio político e empresarial.

---

1 Ver o livro de Kenan Malik (2015): *The quest for a moral compass: a global history of ethics*.

A estrutura da obra é bastante completa, incluindo uma análise das mais relevantes questões contemporâneas em uma perspectiva filosófica. O livro alia a discussão conceitual com a visão histórica e engloba as mais importantes contribuições da tradição até a contemporaneidade. Um traço significativo que contribui para o grande interesse dessa obra é seu caráter interdisciplinar. Dada a complexidade da discussão atual sobre a ética, é impossível tratá-la em uma perspectiva puramente teórica e estritamente filosófica. Embora as teorias filosóficas definam um arcabouço teórico importante, como os autores mostram com a análise histórico-conceitual que apresentam, questões que vão da tecnologia às mídias sociais e ao meio ambiente só podem ser aprofundadas por uma visão interdisciplinar. Para isso, contribui a formação interdisciplinar dos autores, qualificados para desenvolver essas diferentes perspectivas.

Essas análises são complementadas por uma seleção de textos que certamente se apresentam como os mais importantes da tradição filosófica e ilustram de modo significativo os temas discutidos anteriormente. Essa seleção enriquece a obra na medida em que coloca o leitor em contato direto com os autores clássicos, convidando-o a uma leitura mais aprofundada das obras indicadas.

Merecem ser destacados ainda os estudos de caso e os exemplos de situações que envolvem decisões éticas, que se mostram muito próximas de nosso cotidiano. Em discussões bastante elucidativas, é possível evidenciar concretamente como a ética pode ser relevante para nosso dia a dia, sobretudo em uma sociedade pluralista e multicultural, que deve dar conta da diversidade de seus membros e dos conflitos inevitáveis. Deve ser também uma ética pensada para uma sociedade basicamente secular, mas mesmo esse secularismo em uma sociedade como a nossa deve ser repensado, por exemplo, à luz da forte influência evangélica neopentecostal em nosso contexto.

Os principais aspectos da ética estão incluídos em um texto de leitura clara e que pode interessar ao filósofo, ao professor e às pessoas que em suas vidas comuns se deparam com situações que demandam esse tipo de reflexão em uma perspectiva que, se começa com nossa experiência cotidiana, certamente envolve questionamentos e análises que vão além dela.

É nesse sentido que podemos retomar a imagem da busca de uma bússola moral. Uma bússola é um indicador de orientação, um instrumento que pode nos orientar, dados nossos objetivos, mas que essencialmente aponta direções para um caminho que em última instância cabe a nós percorrermos e cuja responsabilidade de escolha deve ser nossa. Essa é a importante lição desta obra, que nos fornece instrumentos teóricos e práticos para nosso entendimento e nossas práticas.

INTRODUÇÃO

Este livro é fruto de um longo tempo de trabalho teórico e prático. Questões éticas ocuparam seus autores desde os tempos de mestrado e doutorado. As atividades docentes foram, em seguida, motivando esforços de articulação e sínteses explicativas, além do contínuo estudo dos autores clássicos e do enfrentamento de questões contemporâneas, enfim dando origem a uma primeira apostila de uso compartilhado.

O material inicial foi posto à prova em instituições e contextos bastante diversos, públicos e privados, empresariais, escolares, hospitalares, militares e políticos. O trabalho foi sendo aprimorado e ampliado, com a inclusão de novas temáticas e matrizes teóricas, até que ganhou corpo a ideia da sua transformação em livro. Não apenas os alunos dos referidos cursos perguntavam pela publicação, mas também colegas e pessoas por outros motivos concernidas por problemas éticos.

A percepção de que a ética conta com simpatia geral e, simultaneamente, confunde-se com aportes morais, jurídicos e técnico-burocráticos, como, por exemplo, os conhecidos códigos de conduta, motivou decisivamente o projeto de oferecer em livro um aporte da ética que tratasse de questões concretas com discernimento filosófico. Vale apontar ainda que o objetivo é apresentar o conteúdo de forma tão didática quanto possível.

Esse histórico é decisivo para a compreensão da estrutura do livro, dividido em cinco partes, que, além desta introdução, tem seções que trazem análises de casos éticos e dos textos complementares.

No primeiro momento do livro, opera-se uma revisão do campo da ética, duplamente distinguida e relacionada com suas vizinhanças: a moral, o direito, a política, as práticas administrativas e as religiosidades. Nesse momento, é apresentada e justificada a definição da ética que fundamenta o tratado.

A segunda parte reconstrói uma breve história da acepção crítico-reflexiva da ética que paradigmaticamente se originou na Grécia Antiga. De Sócrates a Nietzsche, foram muitos os esforços de fundamentação definitiva da ética que originaram as matrizes ainda hoje presentes nos vários campos da experiência humana ocidental, ainda que recentemente venham sendo postas em questão por emergências éticas oriundas de outras tradições.

Fazendo uso dessas matrizes e indo além delas, a terceira parte discute questões prementes na cena contemporânea, como o assédio moral, os problemas ligados aos vários tipos de diversidades sociais, étnico-raciais e de gênero, questões ligadas aos direitos humanos, e assim por diante.

As duas partes seguintes se ocupam de dois temas centrais, de dimensões éticas planetárias, que são, respectivamente, a hegemonia tecnológica e o problema climático-ambiental, questões que se entrelaçam de muitos modos e demandam lucidez, criatividade e despojamento para seu efetivo enfrentamento.

A penúltima seção do livro realiza uma análise de casos extraídos das várias áreas temáticas elencadas, sendo tomados como exemplos do possível uso das conceituações éticas avançadas nas seções anteriores.

O último momento é uma compilação de passagens recortadas dos principais textos dos autores, compreendidos no período da Grécia à Modernidade, mencionados ao longo do livro. As matrizes contemporâneas foram apenas sinalizadas bibliograficamente ou por meio de links. Seria de todo impossível ou inadequado proceder com elas do mesmo modo que com as matrizes clássicas.

Recapitulando, a abordagem aqui oferecida privilegia as perspectivas ético-filosóficas como forma de dar visibilidade aos problemas referentes à conduta humana no tempo em que vivemos. As distinções conceituais (Capítulo 1) e a breve recuperação da história da fundamentação da ética (Capítulo 2) preparam a análise de importantes desafios filosóficos para a ética na atualidade: direitos humanos e inclusão social, diversidade de gênero e étnico-racial (Capítulo 3), hegemonia tecnológica e inteligência artificial (Capítulo 4), e meio ambiente e condições climáticas globais (Capítulo 5). Segue-se ainda uma análise de casos, que busca apresentar exemplos de análise de dilemas éticos em situações concretas, valendo-se dos referenciais teóricos discutidos. Por fim, os textos complementares sugerem o recurso às fontes originais dos filósofos clássicos como suporte didático. Pretende-se, acima de tudo, promover melhores condições para a tarefa fundamental do pensamento, fomentando a reflexão ético-filosófica no cenário do século XXI.

Em mais palavras, a preocupação ética está presente nas sociedades do século XXI em praticamente todos os âmbitos da vida. Existe um sentimento geral, mais ou menos intuitivo, de que *um mundo ético seria um mundo melhor de se viver*. Isso vale para a vida cotidiana, para as práticas de governo, para as esferas institucionais, para o mundo empresarial, para os âmbitos educacional e midiático e inclusive para as atividades policiais e militares.

Não obstante, não é imediatamente claro em que consiste a "ética" pela qual todos clamam, menos ainda a forma que ela deva assumir em cada um desses âmbitos. Tendo isso em vista, o propósito deste livro é situar inicialmente o campo da ética no espectro mais amplo da mediação e da regulação da conduta – individual e coletiva –, campo esse que abrange a moral, as instâncias técnico-administrativas, o direito e a política. Trata-se de esclarecer do que mais precisamente estamos falando quando falamos de *ética* e de como ela se relaciona com as outras instâncias estruturantes da vida em comum.

Essa compreensão alargada e estruturada do campo da ética visa, mais amplamente, enfatizar a necessidade geral de construção de ambientes éticos e convidar a reflexões sobre as dificuldades e possibilidades dessa construção.

Vale dizer que o texto é escrito em linguagem acessível a públicos diversos, e não apenas àqueles com formação filosófica específica prévia. Além da apresentação didática dos fundamentos filosóficos da ética, serve-se de exemplos em arco amplo, da vida cotidiana às práticas e responsabilidades das organizações governamentais e empresariais, de problemas éticos clássicos a demandas recentes geradas pelo desenvolvimento tecnológico e pela configuração multifacetada da sociedade contemporânea.

*

O livro que agora o leitor tem em mãos tem pretensões de ser útil em quaisquer contextos em que a ética precise ser discutida para além da corriqueira redução a listas e códigos de conduta. Essa é uma discussão que envolve imperativa disposição crítico-reflexiva, tanto para a clarificação dos fundamentos das regulações de conduta vigentes em cada ambiente quanto para o aprimoramento e a instanciação dos seus ditames.

O assunto é vastíssimo, abrangendo a totalidade da convivência humana. A eleição de matrizes éticas clássicas como ponto de partida das nossas análises tem por base o fato de que elas constituem padrões de racionalidade prática efetivamente presentes na contemporaneidade. Esses padrões certamente podem e devem ser questionados e tensionados, mas não podem ser substituídos por decisões olímpicas tomadas em quaisquer âmbitos.

São parte do livro, nesse sentido, tanto o tratamento de problemas conhecidos dos povos antigos, como a corrupção, a fraude, a mentira e a violência, como emergências éticas trazidas pelo desenvolvimento tecnológico, pelas reorganizações sociais e pela ação humana sobre o meio ambiente. Portanto, abrangem-se problemas de pequena e grande escala, desde questões verificadas em salas de aula e reuniões de condomínio a assuntos políticos de grande espectro, problemas ligados à vida individual e questões relacionadas com o destino do planeta.

Seu propósito estará cumprido se ajudar a devolver às questões éticas sua complexidade e a necessidade de um tratamento paciente e responsável. Acima de tudo, atravessa o livro a percepção de que o real compromisso ético demanda uma vida de dedicação incessante, similar à de Sísifo, com atenção e zelo constante. Embora esse compromisso seja difícil, a continuidade de nossa existência no planeta depende dele, agora mais do que nunca.

PARTE I
CONCEITOS

01 Distinções conceituais

1. Os clamores por ética

Para visualizar a onipresença e a centralidade do problema ético, convém identificar, mesmo que de forma preliminar e não exaustiva, o conjunto de mazelas que tem motivado nossos clamores mais recentes por ética:

1. Corrupção em suas múltiplas formas;
2. Competitividade predatória e diversas formas de assédio;
3. Múltiplas irrupções de violência: físicas, discursivas, simbólicas;
4. Desigualdades socioeconômicas e sentimento de injustiça;
5. Problemas de privacidade e novas formas de controle social;
6. Crescimento das psicopatologias e aumento do consumo de drogas, lícitas e ilícitas;
7. Catástrofes sanitárias, ambientais e econômicas;
8. Pós-verdade, crise de referências, desorientação e proliferação de proselitismos variados;
9. Incertezas ainda difusas, decorrentes do acelerado desenvolvimento tecnológico.

Pode-se propor, em um sentido geral, que o mundo ficou ao mesmo tempo "menor" e povoado por homens e dispositivos "mais poderosos", homens que desenvolveram tremendamente seus poderes de transformação das coisas ao seu redor, incluindo a natureza e os outros homens. Mais do que nunca, tais poderes precisam ser canalizados para fins justificáveis; em outras palavras, para a construção de um mundo melhor em algum sentido: mais feliz, igualitário, livre, seguro, justo ou pacífico. Já é possível observar, ainda que de forma pouco precisa, que já estamos diante do complexo de problemas mais usualmente tratados como "éticos".

O enfrentamento dessas demandas nos convida, enfim, a *organizar o campo* no qual precisamos regular as nossas condutas individuais e coletivas; em outras palavras, buscar discernimento acerca das diversas formas dessa regulação – morais, administrativo-burocráticas, jurídicas, políticas – e de sua relação com a ética propriamente dita, objetivando uma convivência tão boa quanto possível com o mundo ao nosso redor.

Sem essa organização, é difícil delinear o que poderia ser uma ética em termos simultaneamente amplos, profundos e concretos, sobretudo atentos ao mundo de hoje. Mesmo porque, desde já bem entendido, *não se trata apenas de definir regras de conduta e exigir seu cumprimento*, como se isso não representasse nenhuma dificuldade e nada tivesse a ver com o mundo e os tempos no qual tem que se viabilizar.

Configura-se a reflexão sobre ética assim posta, em suma, essencial ao exercício contemporâneo de quaisquer formas de poder e liderança, pessoal ou profissional, empresarial ou governamental.

2. O campo da ética: distinções necessárias

Pensada em termos latos, a palavra "ética" aciona um vasto campo semântico. Escolhemos a tópica da *regulação da conduta* como porta de entrada para a produção dos esclarecimentos e demarcações necessários. É que não há civilização, sociedade ou coletividade que não tenha se erguido sobre algum tipo de regulação das suas condutas e comportamentos, isto é, de mediação das diferentes necessidades e interesses de seus integrantes, de que dependessem sua sobrevivência e prosperidade.

A história e a experiência imediata mostram, todavia, que essas regulações se definem e se atualizam de modos distintos, melhores ou piores, e *nem todos eles "éticos"*. Fere nosso senso de bem e justiça, por exemplo, chamar de "ética" a regulação de conduta utilizada pelos nazistas na administração dos seus campos de extermínio, pelo que se segue a *necessidade de distinguir os aportes propriamente éticos* das formas espúrias de controle individual e coletivo; mais do que isso, compreender suas razões de ser, seus limites e entrelaçamentos com as demais instâncias regulatórias.

Um dos caminhos de busca desse discernimento é remeter a palavra "ética" à sua origem etimológica, ou seja, ao termo grego *ethos*. Embora todas as civilizações tenham se valido de soluções para a mediação da convivência entre indivíduos – inclusive mais antigas que os gregos –, foram os helênicos que empreenderam o primeiro esforço de *sistematização das questões* de que ora nos ocupamos, assim se originando a conceituação teórica da qual somos herdeiros.

Tal remissão visa nos ajudar a pensar mais didaticamente a articulação entre *o caráter e os costumes, os mitos, os valores, os códigos, as normas e as leis, e, enfim, suas aplicações e transmissões*.

É também por esse caminho, por fim, que vamos organizar o campo da ética, distinguindo e relacionando as instâncias especificamente *éticas* e suas vizinhanças *morais, técnico-administrativas, jurídicas, políticas e, mais amplamente falando, educacionais, religiosas, artísticas etc.*

Definição do objeto da ética e distinção preliminar entre ética e moral

É indiscutível que muitas vezes usamos os termos "ética" e "moral" de forma indistinta no discurso coloquial, e não por acaso. Essa distinção não é inteiramente consensual nem na tradição filosófica. Uma citação do filósofo checo Ernst Tugendhat, que em muitas ocasiões esteve no Brasil, pode nos ajudar a esse respeito:

> Realmente, os termos "ética" e "moral" não são particularmente apropriados para nos orientarmos. Cabe aqui uma observação sobre sua origem, antes de tudo curiosa. Aristóteles tinha designado suas investigações teórico-morais – então denominadas como "éticas" – como investigações "sobre o *ethos*", "sobre as propriedades do caráter", porque a apresentação das propriedades do caráter, boas e más (das assim chamadas virtudes e vícios), era uma parte integrante essencial destas investigações. Essa procedência do termo "ética", portanto, não dá conta daquilo que entendemos por "ética". No latim o termo grego *ethicos* foi traduzido por *moralis*. *Mores* significa: usos e costumes. Isto, novamente, não restitui as nossas compreensões de ética e de moral. Ocorre aí, além disso, um problema de tradução. Pois na ética aristotélica não apenas ocorre o termo *ethos* (com "e" longo), que significa propriedade de caráter, mas também o termo *ethos* (com 'e' curto), que significa costume, e é para este segundo termo que serve a tradução latina. (Tugendhat, 1997: 35-36, trad. mod.)

Sem dúvida, os termos moral e ética estão associados ora a *traços de caráter*, ora àquilo que concerne aos *usos, costumes e valo-*

23

res de uma coletividade, sendo necessário compreender esses dois sentidos e sobretudo seu entrelaçamento.

Lembra ainda outro filósofo, o brasileiro Danilo Marcondes, que a ética pode ter seu significado estendido aos *sistemas prescritivos e normativos* vigentes nessas coletividades, isto é, ao

[...] conjunto de preceitos que estabelecem e justificam valores e deveres, desde os mais genéricos, tais como a ética cristã ou estoica, até os mais específicos, como o código de ética de uma categoria profissional, dos quais talvez o mais famoso seja o da prática médica. (Marcondes, 2007: 10)

Atualmente, fala-se muito sobre o código de ética da empresa X ou Y, e mesmo de uma *ética militar*, nos termos dispostos no *Estatuto dos militares*, de 1980.[1] Essa identificação ou redução da ética a conjuntos de códigos de conduta é bem frequente, e não apenas no chamado senso comum.

De qualquer forma, *há ainda um terceiro sentido da palavra ética*, distinto dos até aqui indicados e presente na maioria dos pesquisadores contemporâneos, inclusive naqueles já aqui citados. Tugendhat propõe textualmente que "uma outra definição terminológica possível de 'ética' envolve, diferenciando-a da moral, compreendê-la como *reflexão filosófica sobre a moral*" (Tugendhat, 1997: 41, grifo nosso).

Este livro adota esta última perspectiva apresentada. A *ética* se propõe, nesse sentido, também a refletir sobre o fato de existirem várias *morais*, a compreender suas razões de ser e a enfrentar possíveis divergências entre elas, buscando mediações justificadas e aceitáveis. Em outras palavras: *a reflexão ética direciona-se a com-*

---

[1] Ver Brasil (1980): Título II – Das obrigações e dos deveres dos militares. Seção II – da Ética Militar.

preender o porquê de cada atitude e a lidar com suas consequências em contextos concretos e tão amplos quanto necessário ou possível.

Tal atitude reflexiva sobre as práticas morais não pode prescindir, desde suas origens gregas até a atualidade, de uma "atitude de espanto (*thauma*)" diante da realidade apresentada. A "história da ética" é a história do desafio de pensar sobre a questão: *Como agir? Por que razões "deve-se" agir desse modo diante de tal situação?* O que está em pauta são os princípios que fundamentam o processo deliberativo, que orientam e concedem significado para as escolhas individuais.

Desse modo, pode-se dizer que a ética se constitui como uma atividade ou disciplina filosófica que procura estabelecer racionalmente critérios e princípios para a conduta humana, propondo-os, sempre, com pretensão de universalidade. Mas não deve escapar ao olhar, já aqui, que cada esforço reflexivo, filosófico, visando a uma articulação de todos esses problemas, operou síntese diversa, *não havendo uma ética única e consensual.*

Este é um ponto particularmente importante: embora não haja uma única ética dotada de consenso universal, cada matriz do pensamento ético-filosófico acaba por propor uma resposta ao problema da conduta humana, formulando sempre juízos com *pretensão de universalidade* – considerados aplicáveis a todos os indivíduos na mesma situação.

Por exemplo, se afirmamos, a partir de certa fundamentação teórica, que é necessário respeitar a "dignidade humana", pretendemos que *todos*, *sempre*, tenham essa atitude. Por outro lado, isso não acontece quando dizemos preferir a convivência com pessoas de determinadas características, gostos ou estilos de vida. Esse mesmo problema pode ser observado em situações bem simples e cotidianas: quando escolhemos torcer por um time de futebol, compreendemos perfeitamente que existem outras escolhas, embora, seja qual for a torcida, eticamente, pode-se afirmar a pretensão de que *todos* os jogadores respeitem os princípios do *fair play* (jogo justo), evitando, por exemplo, jogadas violentas ou desrespeito aos espectadores.

A questão mais aguda é que a inexistência desse consenso não é um fato qualquer e não decorre de um fracasso ou carência qualquer que possamos resolver escrevendo mais um simples capítulo da história, sem dar conta dos porquês do seu inacabamento até então. Seja como for, estudar as *matrizes do pensamento ético-filosófico* é ainda a melhor forma de abordar, de modo organizado, as inúmeras questões que dizem respeito ao desafio humano de administrar sua liberdade de escolha e os perigos a ela inerentes.

Questões contemporâneas, como as que dizem respeito à *responsabilidade socioambiental* ou à *sustentabilidade* do atual projeto civilizacional, à hegemonia tecnológica, aos direitos humanos e às polarizações ideológicas, precisam, para não se rarefazerem perigosamente, ser tratadas com um mínimo de consciência das complexidades histórico-filosóficas do desafio ético.

Um possível sumário do entendimento da ética aqui trabalhado pode ser feito em cinco pontos:

1. Ético é o indivíduo capaz de distanciamento reflexivo em relação às condutas instituídas e valorizadas em dada coletividade, visando continuamente aprimorá-las à luz de algum fundamento racionalmente instituído, ainda que não explícito, a começar pela sua própria conduta.

2. Essas formas de mediação podem ser tão abrangentes quanto um paradigma civilizacional ou tão íntimas quanto um núcleo familiar, tendo a escola como campo intermediário.

3. Não é o bastante agir conforme os valores e normas instituídos. Temos nesse caso, no máximo, uma conduta moral.

4. Tampouco é suficiente teorizar sobre as referidas mediações de conduta, sendo preciso agir no sentido de conservá-las ou transformá-las conforme o caso, isto é, se pretendemos realmente falar de *ética*, e não apenas de filosofia moral.

5. A conduta ética se caracteriza pelo compromisso permanente de reinventar, aprimorar ou zelar pelos costumes, valores, códigos, normas, mediações e leis que estruturam uma coletividade, para que sejam tão bons e adequados quanto possível à sua diversidade de indivíduos e circunstâncias.

Nossa reflexão não se restringirá, por tudo isso, à existência de morais distintas e à necessidade de lidar com essa diversidade, mas será necessário estender-se ao conjunto mais amplo das instâncias de regulação de conduta. A razão de assim proceder reside na necessidade de pensar a ética simultaneamente em termos filosóficos e aplicados, ou seja, em suas chances de materialização no mundo concreto. Sem compreender a relação da ética com os costumes e os ordenamentos jurídicos, por exemplo, torna-se difícil encontrar caminhos de construção de ambientes efetivamente éticos.

Como pontuado por Danilo Marcondes, é comum a compreensão da "ética aplicada" como observância de normas em determinado campo da atividade humana, seja o âmbito familiar, a gestão de recursos públicos ou a negociação internacional. O sentido aqui perseguido diferencia-se desse senso comum, o que leva a discussão a outro nível de complexidade: para serem éticas, as condutas segundo normas precisam de lucidez a respeito da razão de ser dessas normas e de sua possível observância, não bastando a obediência cega ou conveniente. Por isso, na disseminação dessa lucidez reside o desafio mais radical de construção de ambientes éticos.

O solo de acordos, costumes, valores e normas capaz de sustentar um ambiente ético precisa, para ter real vigência, ser acolhido pelo maior número possível dos integrantes de determinada comunidade, sobretudo pelos seus líderes e formadores de opinião, entrando em jogo na promoção desse acolhimento uma série de fatores, a discutir mais adiante.

A *questão* mostra sua particular complexidade quando entramos no mérito da educação formal e informal dos sujeitos que constituem as referidas comunidades. Além dos interesses, desejos e diferenças pessoais, idades distintas e ocupações exercidas, há conflitos que dizem respeito ao fato de um mesmo indivíduo responder a várias morais, por exemplo, regras de conduta familiares, religiosas, ideológicas.

É didática a pergunta: Por que alguém escolhe agir segundo as normas de uma coletividade ao invés de prevaricar ou simplesmente transgredi-las? As várias possíveis respostas para essa pergunta evidenciam a necessidade de uma organização conceitual mínima que ajude a compreender o entrelaçamento de linhas de força envolvidas na conversação e no aprimoramento das instâncias de regulação de conduta que salvaguardam a saúde ética de uma comunidade. O quadro a seguir pode nos ajudar nessa organização:

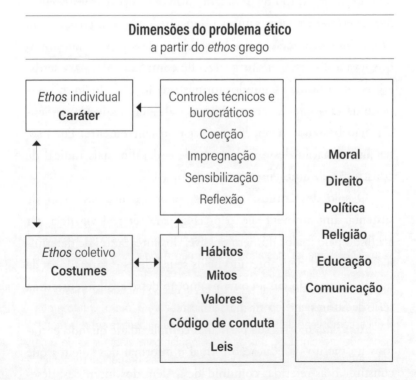

Entendendo o desenho, as duas caixas à esquerda declinam as duas acepções do *ethos* grego, referentes ao caráter e aos costumes. No primeiro sentido, tem-se a formulação de uma reflexão autônoma sobre valores e conduta, enquanto na segunda concepção apresenta-se aquilo que corresponde aos costumes e hábitos morais consolidados em determinado contexto sócio-histórico.

Seguindo pela parte de baixo, no sentido anti-horário, temos uma caixa com as traduções dos costumes em graus crescentes de formalização – as condutas habituais, a valoração de algumas delas em histórias e narrativas diversas (mitos), a explicitação de valores, sua formalização em códigos e normas, e, por fim, a elaboração de dispositivos com força de lei.

Acima dessa caixa está a que contém as formas pelas quais a observância das normas (em sentido amplo) se efetiva, moldando o caráter e ratificando (ou retificando) os costumes. A regulação é realizada por instâncias técnico-burocráticas, dispositivos de vigilância e punição, impregnação psicológica de compromissos, sensibilizações para os direitos e o cuidado com o outro, e, enfim, por uma reflexão sobre a necessidade de formas de regulação de conduta a serem perpetuamente aprimoradas.

A coluna mais à direita, por fim, concerne aos vários âmbitos dessa regulação, que discutiremos nas próximas páginas.

Há três entendimentos sobre "ética" presentes no senso comum que devem ser claramente afastados: a ética não é *individual*, nem *subjetiva*, nem *relativa*. Vejamos. (1) Parece claro que, em sentido estrito, não pode haver uma "ética individual", na medida em que se trata de uma instância que necessariamente aborda nossa relação com o "outro". O fato é que a ética, compreendida aqui como uma "reflexão filosófica sobre a moral", não pode prescindir de um esforço singular para elaboração de uma atitude crítica em relação aos valores e padrões de conduta vigentes.

(2) A ética não é "subjetiva", se por tal coisa compreende-se algo particular ou íntimo de cada pessoa. Trata-se, sem dúvida, de algo referente ao sujeito racional, que precisa formular critérios de orientação da conduta em um âmbito objetivo de convivência. (3) A ética não poderia ser "relativa", no sentido vulgar de que "varia conforme o ponto de vista", pois uma elaboração ética depende da fundamentação de princípios que se espera serem compartilhados por todos – ainda que toda formulação deva ser aberta a discussões e reformulações críticas. Desse modo, pode-se dizer que a ética é *relacional, objetiva* e com *pretensão à universalidade*.

Interdições físicas e técnicas

A primeira forma de regular a conduta é impedir física ou tecnicamente que atos maus, nocivos ou injustos sejam cometidos. Um muro pode ser erguido e sistemas de alarme instalados para proteger uma residência de roubos e furtos. Pode-se estipular que aquele que faz um balanço contábil não o assine, ou ainda que balanços assim produzidos passem por novas conferências. Sistemas sofisticados podem ser elaborados visando coibir fraudes ou roubo de informações. Esses arcabouços administrativos de regulação responderam durante muito tempo pelo nome de *burocracia*, e, hoje, dado o avanço tecnológico cada vez mais impressionante que presenciamos, flertam com a denominação de *tecnocracia*.

Tais providências técnicas, em todo caso, costumam revelar-se insuficientes quando não são acompanhadas de "vontade boa" ou "virtuosa" na sua elaboração e manejo. Os responsáveis pela elaboração dos sistemas que visam impedir os prejuízos ao bem comum podem, muito bem, posteriormente vender a quem se disponha a pagar pelos segredos que permitem burlá-los. Tais técnicos precisam ser, num outro sentido, além de possuidores de virtude, tecnicamente competentes nas suas funções, ou pelo menos mais competentes do que os potenciais fraudadores, pois do contrário sua proteção será ineficaz.

Talvez por isso, já nos primórdios das reflexões éticas, gregos como Aristóteles tenham depositado na *aretê* – ora traduzida por virtude, ora por excelência – uma dupla conotação, simultaneamente moral e técnica. O homem ético, na acepção aristotélica, é sobretudo aquele capaz de fazer valer a virtude na *pólis*, entre os outros homens, e por isso precisa ser ao mesmo tempo competente e honesto, *excelente* no sentido proposto.

É muito provável que por esse motivo as reflexões gregas sobre a regulação da conduta tenham abrangido o complexo problema da educação e da formação do legislador virtuoso, daquele a quem caberia zelar por uma "cidade" comprometida com a formação de homens excelentes. Mas deixemos por enquanto esse grande problema de lado para manter o foco nas distinções conceituais prometidas.

Fronteira com o direito

A moral e o direito tratam da normatização da conduta humana: ambos pretendem contribuir para a ordem social e manter ou aprimorar a qualidade geral da vida entre pessoas de índoles diversas. O principal fator distintivo entre as duas instâncias refere-se ao tipo de *sanção* que se aplica à transgressão da norma.

O direito prevê punições concretas, adequadas à natureza do delito cometido, recorrendo assim à "força de lei". Trata-se aqui do que se pode chamar de *sanção externa* ou *coerção formalizada*, que visa impedir concretamente a realização de novos delitos ou desestimulá-los pela força do exemplo, dependendo da instância e da concepção de direito em epígrafe.

De qualquer forma, o mesmo não acontece no plano moral. Pode-se cometer transgressão moral sem que isso implique em crime ou delito, ou seja, sem que isso gere uma punição sancionada pelo Estado. A mentira, considerada imoral em muitos contextos sociais, pode ser exercida licitamente em certas Constituições, por exemplo pelo réu em sua defesa. Pode-se, inversamente, pensar em ações *proscritas* pela lei que sejam entendidas como morais em certos contextos. A ideia de roubar dos ricos para dar aos famintos, o chamado "robinhoodismo", é um exemplo extremo e controverso dessa incompatibilidade.

Reformulando a pergunta já feita, o que, afinal, impediria uma atitude moralmente condenável, quando invisível aos olhos da lei? Entende-se que somente a ação regulada por alguma *sanção interna*, produzida pela consciência do próprio agente, poderia regular a conduta nessas situações. Nesse sentido, o *campo moral* é bem distinto do campo jurídico, já que engloba o sem-número de aspectos subjetivos que, acima de tudo, suscitam considerações éticas já tecidas.

A própria ideia de "sanção interna" não é das mais fáceis de circunscrever. Um indivíduo que ofende a moral vigente em dado contexto pode sofrer forte pressão *externa* por parte dos membros dessa coletividade, que pode ir de simples reprovação por olhares ou reprimendas verbais até a tomada de atitudes de exclusão (sendo o linchamento um caso extremo), sem que nada disso passe, *a priori*, pelo âmbito jurídico.

Alega-se que, especialmente nas formas mais sutis de pressão, é a consciência moral do sujeito transgressor que faz com que ele seja permeável à pressão da comunidade, a ponto de deixá-la influir em seu comportamento. Sem dúvida alguma, existe uma fronteira com a *psicologia* que não podemos explorar aqui. Fato é que, no plano jurídico, quer a consciência do sujeito gere nele mais espontaneamente alguma culpa ou arrependimento, quer isso não aconteça, ele será alvo da sanção prescrita, que pode até ser atenuada por confissão ou pela verificação de arrependimento notório, mas que continuará a ser exercida nos termos da lei.

Caberia ao direito – assim como às instâncias físicas e burocráticas –, em tese, agir para sanar a eventual incapacidade dos costumes e valores, e da moral que os acolhe, para assim regular a vida em sociedade. O direito se ocupa da elaboração de leis, visando corrigir hábitos que, presentes em determinados segmentos das sociedades, tornam-se intoleráveis e nocivos à sociedade como um todo. Seria razoável pensar, portanto, que, quanto mais autorregulada pelos seus costumes fosse uma comunidade, menos ela precisaria de leis – ou de muros e serviços de vigilância.

É interessante ainda observar que, na prática, nem sempre se verifica *motivação ética* para a reforma ou a criação de novas leis: interesses econômicos, lutas pelo poder e tráfico de influências constituem desafios tremendos para a ética, fatores esses que já tangenciam o âmbito da *política*.

Como exemplo, vale evocar ilustrativamente uma lei brasileira recente, que tem contribuído para alterar costumes que se tornaram inaceitáveis. É o caso da chamada "Lei Seca" – proibição do consumo de qualquer quantidade de álcool por motoristas –, que tem proporcionado significativa mudança de hábitos no trânsito brasileiro.

> Respondendo à pergunta formulada no início do capítulo, o sujeito pode abster-se de malfeitos porque foi impedido por instâncias físicas ou burocráticas; pode também abster-se por temer ser flagrado e punido (âmbito do direito); pode ainda renunciar à má ação por compromisso com a memória paterna ou com mandamentos religiosos; ainda, por desejo de identificar-se com os valores de uma comunidade (âmbito moral).

A ação genuinamente ética se dará, no entanto, apenas quando acompanhada da consciência da razão de ser da norma observada, constituindo uma ação orientada por critérios e princípios racionalmente fundamentados, trazendo consigo também o compromisso com a sua vigência e aprimoramento.

Fronteira com a política

A palavra "política" deve ser aqui compreendida em um sentido amplo. Evoca mais usualmente o âmbito institucional, as práticas partidárias, os mandatos parlamentares e as casas legislativas, mas essa restrição é injustificada mesmo filosoficamente. A palavra deriva do termo grego *pólis*, traduzido por "cidade" e etimologicamente relacionado com a pluralidade de homens e mulheres que compartilham um mesmo espaço geográfico. A "política" pode por aí dilatar-se até instâncias globais, como a praticada na Organização das Nações Unidas, ou encolher-se até a micropolítica. Assim, faz-se política nos grêmios estudantis, nas reuniões de condomínio e entre colegas de trabalho.

A acepção ampla que permite esse alargamento de sentido tem, por sua vez, a ver com a ação sobre leis, valores e costumes, visando a ratificá-los ou retificá-los. Como *ação*, a política inclui o *discurso* e o *exemplo*, ou seja, todos aqueles *gestos* que tenham o poder de modificar ou consolidar o *ethos* de determinada comunidade.

Não adentraremos, evidentemente, as diversas teorias políticas historicamente propostas, cabendo apenas chamar atenção para alguns dos seus aspectos eticamente mais relevantes.

Um dos mais importantes diz respeito ao *exemplo*. É muito difícil consolidar valores numa comunidade quando seus expoentes simplesmente não os observam, em outras palavras, quando não "dão o exemplo". Isso vale indistintamente para o Estado, para a empresa e para a família, sendo muito visível nos âmbitos educacional e militar.

O âmbito militar, é nesse sentido, um caso emblemático. Quanto maior a patente, maior a responsabilidade na observância das normas que conferem identidade à sua "arma". Não é difícil alguém com o devido recuo ético reflexivo perceber, enfim, que, em virtude do seu papel funcional, a atividade militar está fortemente identificada com uma *moral hierárquica*. Por conta disso, sua forma de regulação de conduta não pode obedecer à lógica de uma comunidade artística ou de uma empresa de inovação, na qual a liberdade e a criatividade são os valores inegociáveis. Basta, a título paradigmático, imaginar um soldado questionando a ordem que lhe foi dada em plena frente de batalha.

É relevante notar o quanto Aristóteles, em seu clássico *Ética a Nicômaco*, esteve atento à contiguidade indissolúvel entre os âmbitos ético e político. O zelo ético em relação às regras envolve a *sabedoria prática* (*fronesis*), ou seja, saber como, quando e qual a medida do agir responsável, comprometido com o interesse comum, mais ainda quando se trata de questionar a norma visando ao seu aprimoramento.[2]

Essa sabedoria prática, no que se distingue da politicagem, da demagogia, da ambição pessoal ou da defesa de interesses alheios à vontade geral, sobretudo da insubordinação, precisa estar em sintonia com a compreensão alargada e consequente das nuances e da razão de ser do tipo de regulação da conduta adotado em

---

2 A respeito da sabedoria prática aristotélica, vale a pena assistir à palestra de Barry Schwartz, no canal do YouTube TED, de título "Barry Schwartz: usando nossa sabedoria prática".

cada caso. Na direção contrária, registra-se que as dissociações entre a política, a moral e o direito são frequentes no mundo real, seja na inabilidade de escolher os caminhos adequados à modificação dos costumes ou das leis, seja quando políticos profissionais reformam ou aprovam leis em seu próprio benefício ou de seus "lobistas". É igualmente comum, inclusive, que desses episódios se originem os clamores por "ética na política" ou por "moralização da vida pública" anteriormente mencionados.

A conduta genuinamente ética, em resumo, é tributária da devida atenção aos contextos sobre os quais as regulações precisam incidir e aos princípios a eles aplicáveis, que serão tratados mais adiante com o necessário detalhe.

Fronteira com a religião e outros fatores importantes na regulação ética da conduta

Uma última observação a ser feita nestas distinções preliminares é a existência de outras variáveis importantes no repertório de instâncias de regulação da conduta, como, por exemplo, os princípios religiosos. O problema diz especial respeito à ética, ou seja, ao problema da fundamentação da moral. Tal questão se torna inclusive cada vez mais premente num contexto de proliferação de múltiplas formas de religiosidade, muitas vezes conflitantes entre si, assim como de ateísmos, também divergentes entre si, e mais ou menos engajados na definitiva secularização da moral.

Tugendhat observa, com um tom iluminista:

[...] na discussão destas questões, remontamos explícita ou implicitamente a tradições religiosas. Isso, porém, é ainda possível para nós? A dificuldade não é a de que as questões que podem ser resolvidas com normas fundadas na religião envelheceram, mas sim a de que se deve pôr em dúvida a possibilidade de ainda fundamentar, sobretudo, religiosamente, as normas morais. Uma tal fundamentação pressupõe que se é crente. Seria, ademais, intelectualmente desonesto manter-se ligado a respostas religiosas para as questões morais apenas porque elas permitem soluções simples, pois isto não corresponderia nem à seriedade das questões, nem à seriedade exigida pela crença religiosa. (Tugendhat, 1997: 13, trad. mod.)

Uma fundamentação exclusivamente religiosa da boa conduta enfrenta uma dificuldade capital: como a observância de compromissos éticos é algo que devemos poder exigir de quaisquer pessoas, a forma religiosa de fundamentação da conduta só pode se dar *no interior de comunidades religiosas definidas*, mais amplamente, de Estados teocráticos.

Faz-se necessário, por conseguinte, que a reflexão genuinamente ética não se veja aprisionada nos limites da crença, mas se constitua de forma maximamente compartilhável e capaz de abrigar diferenças. Desse modo, mostra-se independente de fés religiosas específicas, ainda que em alguns casos de real ecumenismo possa convergir com elas.

Todavia, se é preciso a todo custo preservar um âmbito de discussão que permita refletir e mediar conflitos entre morais religiosas diversas, tampouco se pode cometer o erro de desprezar a força das morais religiosas, força e necessidade que tendem a ser tanto maiores quanto mais débil for a capacidade do Estado de garantir, política e juridicamente, a mediação das diferenças e dos conflitos no interior das sociedades. Fato é que a diferença entre o direito à crença e o moralismo religioso é muito relevante, e, se não for *eticamente mediada*, pode dar origem a expressões de intolerância religiosa.

Por fim, cabe acrescentar que o âmbito das "religiosidades" é mais amplo do que o das religiões institucionalizadas e dos arcabouços morais rígidos, fechados. A religiosidade pode, dentro ou fora das religiões, primar pela abertura à transcendência e fazer-se acompanhar de sentimentos morais como a compaixão, a generosidade e o espírito de solidariedade. Filósofos cristãos e não cristãos, como Agostinho, Pascal, Espinoza, Adam Smith e Nietzsche, ocuparam-se pontualmente da relação entre sentimentos e moralidade, de formas mais ou menos críticas. No entanto, seguir por esse caminho nos levaria ao continente maior dos afetos e das sensibilidades dominantes, que por enquanto não podemos explorar.

3. Síntese dos conceitos e caracterização preliminar dos desafios éticos contemporâneos

O que se depreende do esforço feito até aqui para demarcar o campo da ética é que o sujeito ético é aquele ocupado em melhorar um mundo sempre em movimento, carente de atenções e cuidados. Falando mais pontualmente, o sujeito ético assume as complexidades da convivência e volta sua atenção para os processos de regulação de conduta que devem mediá-la.

Esse sujeito precisa exercer permanentemente a reflexão e o discernimento, de modo a distinguir o que precisa ser conservado do que precisa ser reinventado ou aperfeiçoado, agindo de forma lúcida e prudente em ambos os casos. Isso significa lidar sobriamente com eventuais "impotências" e não descurar das ocasiões e formas oportunas de ação. Não basta ao homem ético, no sentido aqui caracterizado, ser "bem-intencionado": ele precisa, além do espanto necessário para a busca de fundamentos filosóficos, aprimorar-se técnica e politicamente de modo a ser efetivamente capaz de bem agir.

O diagrama da página 28 deste texto ajuda a recapitular as questões presentes na tarefa de construção de sujeitos e ambientes éticos. Pessoas educadas no sentido ético aqui descrito deverão ser capazes, uma vez adultas e participantes da vida na *pólis*, de aprimorar continuamente os mitos, valores, códigos e leis presentes nos contextos em que se inserem, de modo a zelar por formas de regulação de conduta tão boas e adequadas quanto possível a esses contextos.

Isso inclui a atenção à formação de novos sujeitos éticos – e não apenas a educação formal contribui nesse sentido. Um *ambiente ético*, em que predomine o zelo com a mistura prudente de estabilidade e aprimoramento, tende a ser um ambiente exemplar e naturalmente educativo para as novas gerações. Temos aí um *círculo virtuoso*.

Círculos viciosos, em contrapartida, engendram o desafio de descobrir como revertê-los. Um ambiente em que as pessoas em posição de poder e decisão não se deem ao respeito tende a ser um ambiente tóxico para os educandos em geral. Sem bons exemplos para seguir e sem educação para lidar eticamente com as complexidades da vida, restará a essas comunidades os moralismos e o recurso aos aparatos repressivos, de vigilância e punição, o que, entretanto, não as livra de questões mais pontualmente éticas. Pois, para serem eficazes e exemplares, mesmo as punições precisam ser aplicadas por juízes criteriosos, técnicos e honestos no exercício dos seus poderes, em outras palavras, *juízes éticos*.

É ilustrativo perceber como comunidades privadas de mecanismos de regulação de conduta mais estáveis e legítimos tendem a se reorganizar com base em mecanismos severos, mesmo implacáveis, de vigilância e punição, como ocorre em áreas dominadas por milícias ou na vigência de "poderes paralelos" em sistemas carcerários corrompidos.

Quando falamos da preservação e da construção de *ambientes éticos*, trata-se, em suma, de discernir e zelar pelas formas de regulação de conduta adequadas a cada comunidade, instituição e momento histórico. Ponto importante a acrescentar às considerações que aqui vão chegando ao seu termo é que faz parte desse zelo considerar que as comunidades e instituições a regular encontram-se sempre inseridas em contextos mais amplos, com os quais se relacionam de formas mais ou menos permeáveis e abertas, seja institucionalmente ou porque os indivíduos que as integram têm vida fora delas.

Os colaboradores de qualquer empresa, por mais impregnados que estejam dos seus códigos de conduta, por mais que "vistam a camisa" dessas empresas, têm vida familiar e social fora do expediente de trabalho; lidam, por conseguinte, com códigos de conduta diversos, não sendo raras as tensões entre esses códigos.

O atual cenário de hegemonia tecnológica precisa, além disso, ser considerado com especial atenção. Diversos âmbitos, como o midiático, militar, empresarial e quaisquer outros, são afetados pelos desenvolvimentos tecnológicos. Esses avanços da tecnologia transformam hábitos, opiniões, desejos e valores, além de influenciar os dispositivos de regulação das condutas e formação de subjetividades. A atenção a apenas esses desenvolvimentos mostra quão desafiador é o atual cenário mundial. O diagrama NBIC (nano-bio-info-cogno) ilustra razoavelmente bem as convergências tecnológicas recentes (Sáenz e Souza-Paula, 2008).

A observação do diagrama nos permite visualizar e especular sobre potências múltiplas do desenvolvimento tecnológico. O cruzamento das tecnologias da informação com as demais elipses, por exemplo, permite antever possibilidades de interferência em sistemas de logística e controle, espionagem, formação de opinião e previsão de comportamentos, obrigando a revisão das históricas formas de regulação de conduta. Por fim, cabe apontar que questões ligadas às modificações genéticas e ao transumanismo, ao acesso a dados sensíveis e à privacidade, ao exercício da influência e à informação, à tomada de decisões, ao controle social e à liberdade política são todas questões éticas de primeira grandeza, que precisarão ser tratadas com a devida atenção em ocasião oportuna.

Referências bibliográficas

BOBBIO, Norberto. *Dicionário de política*. Brasília: Editora UNB, 2004.
BRASIL. *Lei nº 6.880, de 9 de dezembro de 1980*. Disponível em: www.planalto.gov.br/ccivil_03/LEIS/L6880.htm/. Acesso em: 22 jul. 2019.
CHAUÍ, Marilena. *Convite à filosofia*. São Paulo: Ática, 1994.
MARCONDES, Danilo. *Textos básicos de ética – de Platão a Foucault*. Rio de Janeiro: Zahar, 2007.
SÁENZ, T. W.; SOUZA-PAULA, M. C. *Convergência tecnológica*. Brasília: CGEE, 2008.
TUGENDHAT, Ernst. *Lições sobre ética*. Petrópolis: Vozes, 1997.

02 Breve fundamentação histórica da ética

1. O nascimento da ética na Grécia

A ética como campo de investigação filosófica nasceu na Grécia, com Sócrates, e desenvolveu-se como *teoria* com Platão e Aristóteles. Por sua *postura crítica e questionadora*, Sócrates inaugurou historicamente a interrogação sobre as normas morais estabelecidas em dado contexto cultural. Segundo o cânone ocidental, foi na verdade a *filosofia* propriamente dita, como busca de explicações "naturais", não mitológicas ou "sobrenaturais" para os eventos do mundo e da vida, que nasceu na Grécia do século VI a.C.

Houve decerto códigos de conduta mais ou menos bem definidos e sofisticados em civilizações anteriores, em geral relacionados às suas mitologias fundadoras. O que nelas inexistia, e que somente surgiu no contexto grego, foram as *reflexões teóricas sobre os fundamentos dessas normas*, reflexões sem as quais não se pode falar de *ética* no sentido aqui definido. Em resumo, foi somente com os filósofos gregos citados que apareceram os primeiros registros de reflexões sobre soluções para as questões de conduta, tanto individual quanto coletiva. Nesses registros escritos, alguns dos quais tratados mais adiante, percebe-se um contínuo *questionamento sobre a melhor forma de mediar, limitar e orientar as ações dos cidadãos da* pólis *ateniense*.

Para aprofundar a discussão sobre a *singularidade do acontecimento grego*, é essencial compará-lo com outras manifestações da mesma época, como o *Tao Te Ching*, escrito por Lao Tzu, ou os *Analectos*, de Confúcio, do período entre os séculos VI e V a.C.; ou, ainda, com escritos egípcios que remontam a tempos muito mais antigos, como, os escritos de Amen-em--ope sobre a virtude do silêncio ou ética da serenidade, datados de cerca de 1300 a.C.[1]

É importante ressaltar que aquilo que aqui chamamos de "filosofia", ou de "Ocidente", não é algo inequivocamente superior ou intrinsecamente bom, mas a instanciação histórica de prioridades que nos trouxeram a um tempo atravessado por problemas muito agudos, dentre eles a dificuldade de conviver com a alteridade. Um tal "Ocidente" precisa, enfim, repensar sua história criticamente e se abrir para outras formas de lidar com aquilo que precisa ser pensado.

É, em todo caso, em boa medida o que Sócrates preconizava que se fizesse. Sabe-se que os *pensadores pré-socráticos* buscavam causas naturais para os fenômenos do cosmos, ou seja, questionavam-se e teorizavam sobre os fenômenos em geral; mas, ainda que seja possível neles encontrar, em Anaxímenes ou Heráclito, por exemplo, algumas reflexões sobre a conduta e os costumes, não há nada que se assemelhe a um pensamento ético mais insistentemente levado a termo.

---

1 Ver, por exemplo, Noguera (2013) e Lao Tzu (https://taoism.net/).

Sobre Sócrates, diz muito bem Chauí (1994: 340-341):

Dirigindo-se aos atenienses, Sócrates lhes perguntava qual o sentido dos costumes estabelecidos (*ethos* com *eta:* os valores éticos ou morais da coletividade, transmitidos de geração a geração), mas também indagava quais as disposições de caráter (*ethos* com *epsilon*: características pessoais, sentimentos, atitudes, condutas individuais) que levavam alguém a respeitar ou a transgredir os valores da cidade, e por quê. Ao indagar o que são a virtude e o bem, Sócrates realiza na verdade duas interrogações. Por um lado, interroga a sociedade para saber se o que ela costuma (*ethos* com *eta*) considerar virtuoso e bom corresponde efetivamente à virtude e ao bem; e, por outro lado, interroga os indivíduos para saber se, ao agir, possuem efetivamente consciência do significado e da finalidade de suas ações, se seu caráter ou sua índole (*ethos* com *epsilon*) são realmente virtuosos e bons. A indagação ética socrática dirige-se, portanto, à sociedade e ao indivíduo.[2]

Sócrates nos deixou como legado a *atitude interrogativa* diante da vida, consolidada no adágio "só sei que nada sei". Entendia que mais sábio era o homem que, tendo descido em questionamento às profundidades e complexidades maiores da vida e do cosmos, era capaz de assumir sua pequenez e se livrar da arrogante presunção de sapiência e correlato delírio de poder. Sócrates enfatizou em seu exemplo de vida a importância de uma atitude crítica e questionadora diante da realidade, não conformista em relação ao senso comum, com uma postura de dúvida e interrogação em face das certezas cotidianas.

---

2 "*Ethos* com eta" (costumes) corresponde ao que Tugendhat chamava no capítulo anterior, foneticamente, de "*ethos* com 'e' curto"; *ethos com épsilon* (caráter) corresponde ao "*ethos* com 'e' longo".

Sabe-se, por outro lado, que Sócrates não deixou nada escrito. Tudo o que conhecemos sobre ele veio registrado em primeira mão pelas penas de Platão, Xenofonte, Aristófanes e, em seguida, por Aristóteles. Não é possível, infelizmente, no escopo deste texto, analisar os muitos diálogos platônicos de interesse ético. Retenhamos, não obstante, que Sócrates foi condenado à morte em *um julgamento processualmente justo*, prevalecendo a acusação de que ele seria um elemento fortemente nocivo à *pólis* ateniense justamente pela postura crítica e questionadora que disseminava. Condenado em "primeira instância" por maioria simples, facultavam-lhe as leis de Atenas, mediante reconhecimento da culpa, a proposição de pena alternativa à pedida pela acusação.

Entretanto, Sócrates regressou para o segundo turno do julgamento com uma estratégia que praticamente definiu sua condenação à morte. Afirmava não só não haver cometido nenhum delito, como ser um equívoco do júri não perceber que sua conduta era aquela mais desejável para o habitante da *pólis* que pretendesse ser um *verdadeiro cidadão*. Ofereceu-se, por fim, para pagar uma fiança irrisória como pena alternativa – para desespero dos seus amigos e discípulos, que sabiam o quanto isso irritaria o júri.

Os diálogos de Platão que descrevem mais de perto a sina de Sócrates, como o *Críton*, permitem que se infira: *ele prezava profundamente pelas leis, a ponto de ser-lhes fiel mesmo quando elas contra ele se voltaram*.[3] Provavelmente, por compreender tanto a necessidade das leis que organizavam o "cosmos" sociopolítico da sua cidade-estado, ele julgava necessário cuidar do seu correto exercício e aprimoramento, o que, segundo seu entendimento,

---

3 É muito conhecido o "elogio da lei" feito por ele no diálogo *Críton*, quando convidado a fugir e escapar da pena de morte a ele imposta pelo Estado ateniense.

devia ser feito mediante questionamento constante dos fundamentos das leis e do modo como as várias autoridades e formadores de opinião as compreendiam.

> É importante perceber que *a tragédia de Sócrates se repete simbolicamente todos os dias*, sobretudo no escopo das relações de trabalho, convocando-nos a refletir sobre temas atuais concernentes, por exemplo, aos limites entre o conformismo e a crítica inconsequente; ou sobre a responsabilidade para com a melhoria das regras de conduta e a necessidade de agir com cautela e diligência.

Outro ponto importante do contexto grego de nascimento da ética é que nele atuaram também os sofistas, mestres da eloquência – como Sócrates –, mas não exatamente comprometidos com a colocação do seu dom e técnica a serviço da "deusa" a que Sócrates afirmava servir: a Verdade. A crônica da atuação dos sofistas na *pólis* grega é hoje controversa, tendo não obstante hegemonicamente prevalecido o juízo que Platão e Aristóteles fizeram sobre eles: venderiam sua eloquência a quem lhes interessasse ou pudesse pagar-lhes, tanto em litígios e arenas políticas quanto para fins mais gerais de instrução. Teríamos aí as sementes, *nesse sentido estereotipado da sofística*, do que hoje conhecemos como advogados sem escrúpulos, pedagogos oportunistas, políticos ávidos de poder, marqueteiros e lobistas de todas as espécies.

Sem dúvida alguma, todo o exercício sofístico da retórica se liga estreitamente à estrutura de poder de uma sociedade em que a palavra, a persuasão e o argumento haviam conquistado o mais alto apreço. Para que se tenha uma noção da importância da retórica na Grécia daquele tempo, basta indicar a remuneração percebida por Górgias. Segundo Olivier Reboul, em sua *Introdução à retórica*, Górgias teria sido um homem riquíssimo, recebendo por suas lições de retórica o equivalente à remuneração de "dez mil operários!" (Reboul, 2004: 6).

Particularmente importante é que aí começa a história de uma forma de exercer influência e poder que desemboca na atual guerra midiática, numa diversificação de interfaces discursivas que vai muito além das palavras, mas que delas jamais se livrou.

> Novamente no âmbito das relações de trabalho, é constatável a visibilidade que têm os indivíduos dotados de capacidade de expressão e poder de persuasão, ao mesmo tempo as oportunidades, riscos e responsabilidades implícitas a tais habilidades.

Desde então, passou a ser eticamente central a discussão sobre qual tipo de mediação da conduta poderia garantir que tal poder de influenciar fosse exercido de forma *justa*, *virtuosa*, para o *bem* e para a *felicidade* dos homens. São precisamente esses os contornos que assumirão as matrizes éticas desenvolvidas por Platão e por Aristóteles, éticas que, no fim, encontram-se sempre muito ligadas à política. Portanto, tratava-se de subordinar as ações em geral, especialmente o discurso, a fins ou princípios que os justificassem e dignificassem. Paralelamente, tratava-se de avaliar a possibilidade de ensinamento e disseminação desses princípios, de modo a fazer deles a medida para a vida na *pólis*, e não a exceção.

*

Platão, primeiramente: distanciando-se da proposta socrática baseada no "só sei que nada sei" – segundo muitos leitores em função do destino trágico do mestre e da sua frustração com a democracia, regime particularmente propício ao exercício sofístico –, Platão elaborou o que podemos chamar de *intelectualismo ético*, associando a prática do Bem a um conhecimento positivo da Verdade. Somente o ignorante realizaria ações não virtuosas, pois desconheceria a *Ideia de Bem*, absoluta, universal, medida de todos os bens particulares.

O problema ético-político seria, acima de tudo, um *problema de educação para a contemplação desse Bem absoluto*. Por meio da dialética, processo de destruição de opiniões e reconstrução de conceitos progressivamente mais universais, alguns indivíduos poderiam libertar-se de crenças e ilusões, chegando ao conhecimento puro sobre o qual se assentam as ações virtuosas. Seria esse conhecimento puro que, em última instância, legitimaria o poder do governante ideal, o Rei-filósofo, descrito na *República*. O governo ideal seria definido, portanto, por uma espécie de meritocracia absoluta e pela atenção prioritária às instituições que cuidariam da educação dos futuros governantes. Como instaurar pela primeira vez esse governo ideal permaneceu um grande problema para o próprio Platão.

> De qualquer modo, cabe destacar, tendo em vista certo emprego de discursos de "meritocracia" na atualidade, que a condição para que tal modelo ideal fosse efetivamente *justo* traz consigo o pressuposto de um amplo acesso à *educação*, que seria tarefa do Estado. A concepção platônica de "dar a cada um o que merece, na medida de seu merecimento" depende necessariamente do estabelecimento de condições iniciais iguais para todos os cidadãos.

Outro ponto relevante é que não há nesse discípulo de Sócrates a elaboração de indicações éticas mais pontuais – apenas passagens, distribuídas por seus vários diálogos, que nos fornecem excelentes pontos de apoio para articular essas questões de formas diferentes daquelas de que usualmente se serve o senso comum. A "alegoria da caverna" é sem dúvida a mais ilustrativa dessas passagens, sendo não por acaso o trecho mais conhecido da obra de Platão. Nesse texto, estão articulados admiravelmente todos os traços da filosofia que o distinguem do seu mestre e também as dificuldades que concernem à vigência na *pólis* de uma vida inspirada na ideia do Bem supremo: os laços que prendem o homem à ignorância e a dor da ruptura com o senso comum; a distância entre o mundo das aparências, opiniões e o do sábio; a inexistência de linguagem capaz de dar diretamente conta da Verdade e a concomitante necessidade de mediações; os perigos que corre o sábio em meio ao comum dos homens etc. Supondo que exista um Bem em si, ao mesmo tempo universal e irreconhecível pelo comum dos seres humanos, como fazer dele a instância última de remissão em assuntos éticos?

Algumas dessas dificuldades podem e devem ser debatidas a partir de outros trechos da obra platônica, com o intuito de acrescentar novas facetas à discussão. Dado o escopo deste livro, todavia, apenas mais uma foi selecionada: a passagem de *A república* conhecida como "O anel de Giges".

Defendendo a tese de que só fazemos o bem por desejo de recompensa ou receio de punição, não por compromisso intrínseco e despojado com o Bem em si mesmo, Glauco narra o mito de Giges, pastor da Lídia, que teria encontrado um anel que lhe conferia a invisibilidade quando posicionado de certa forma. Munido de tal poder, Giges penetra do palácio, seduz a rainha, mata o rei e apodera-se do trono. Segundo Glauco, ninguém seria capaz de comportar-se justamente se tivesse semelhante poder à sua disposição.

Contrapondo-se radicalmente a essa tese, Platão dá a entender em alguns dos seus principais diálogos, por exemplo na "alegoria da caverna", que a contemplação do Bem supremo seria não apenas possível a certos homens, mas necessária à construção de um mundo realmente justo, no qual o recurso à coerção não fosse, como sugere Glauco no relato de Giges, a única possível forma de regulação da conduta.

Fato é que ele acaba por nos legar somente indicações do que seja essa *ideia suprema*; sobretudo nos mantém gravitando reflexivamente em torno desse Sol, como se seguisse o conselho dado pelo pré-socrático Parmênides, em seu poema: "[...] *é preciso que de tudo te instruas, / do âmago inabalável da verdade bem redonda, / e de opiniões de mortais, em que não há fé verdadeira*" (Parmênides, 1980, trad. mod.).

*

Todavia, quem trabalhou mais explicitamente as "opiniões dos mortais" e sua realidade ético-política foi realmente Aristóteles. Focando a distinção entre saber teórico (*theoria*) e saber prático (*práxis*), permitiu-se escrever uma ética com "a precisão adequada à natureza do assunto". O saber teórico se refere, segundo ele, àquilo que existe ou acontece independente de nós (no âmbito da Natureza) e demanda um tratamento científico, matemático, não admitindo meras aproximações; já o saber prático concerne às nossas ações e relaciona-se com a ética e a política. O agente e a ação, sua realização e finalidade, constituem nesse último âmbito uma unidade sempre relacionada a casos concretos e mutáveis.

Aristóteles entende que ações conformes à racionalidade que nos é própria e nos distingue dos animais têm como fim último a *felicidade* (*eudaimonia*). É fundamental que ao longo da vida nossas deliberações sejam cada vez mais orientadas pelo *logos* e pela prudência que caracteriza a obediência a essa orientação. Aristóteles define essa prudência como *meio-termo virtuoso situado entre o perigo de dois vícios*. A coragem, por exemplo, é meio-termo entre os vícios da covardia e da temeridade; a dignidade situa-se entre a subserviência e a arrogância. A felicidade mirada por Aristóteles é, no fim, não primeiramente a felicidade individual, mas a da *pólis*, ou seja, o bem-estar coletivo, e por aí ele se reaproxima do projeto platônico, ainda que por caminhos distintos, supostamente mais concretos e trilháveis. Como observa Chauí:

> A ética, portanto, era concebida como educação do caráter do sujeito moral para dominar racionalmente impulsos, apetites e desejos, para orientar a vontade rumo ao bem e à felicidade, e para formá-lo como membro da coletividade sociopolítica. Sua finalidade era a harmonia entre o caráter do sujeito virtuoso e os valores coletivos, que também deveriam ser virtuosos. (Chauí, 1994: 342)

Note-se que a regra da *virtude como meio-termo* pode ser aplicada à maioria das situações decisórias com que nos deparamos hoje, seja na vida pessoal, seja na profissional. É uma regra tão disseminada que parece só encontrar rival na famosa *Regra de Ouro* do cristianismo, que será abordada adiante. Há mesmo quem defenda que as prescrições de Aristóteles nada mais são do que explicitações ou reformulações daquilo que o homem de bom senso já implicitamente aceita como razoável, e que essa explicitação visaria apenas ao fortalecimento dessa aceitação.

Um último registro bastante relevante em se tratando de Aristóteles, e, sobretudo, num livro que pretende mais adiante discutir a ética em tempos de hegemonia tecnológica, é que o termo grego usualmente traduzido por virtude é *aretê*, que significa não apenas virtude moral, *mas também excelência técnica e sabedoria prática*. No sentido aristotélico, o homem ético é aquele que desenvolve plenamente as suas potencialidades em ambos os sentidos da tradução de *aretê*, sendo dotado da capacidade de discernir como agir, e de efetivamente fazê-lo no mundo concreto. Com efeito, a coragem, a amabilidade, a equidade e as demais virtudes morais precisam encontrar formas de existência na *pólis*, entre os outros homens.

> Pode-se a título de ilustração imaginar um analista de sistemas responsável pela gestão das contas de uma instituição bancária. Não basta que esse analista seja honesto. Ele precisa ser igualmente bom em programação, pelo menos melhor que os hackers ávidos por burlar sistemas de segurança de contas. Do contrário, seu trabalho não protegerá seu cliente e não se poderá dizer que ele é um "bom analista". Inversamente, sendo apenas tecnicamente excelente, ele não resistirá à tentação de vender a chave de invasão do sistema a quem oportunamente lhe pagar mais. O mesmo pode-se dizer do comandante de um navio. Ele pode ser justo e tratar seus subordinados com dignidade, mas se não tiver sólidos conhecimentos de navegação não será um "bom comandante". De modo inverso, não será dito um "comandante excelente" se for injusto e covarde com sua tripulação, ou se lhe faltar a coragem necessária a abandonar o navio por último.

2. Da Grécia à Modernidade

O período do Helenismo, que sucede à época áurea da filosofia grega, é marcado duplamente por uma disseminação e fragmentação do legado de Platão e Aristóteles. É nesse cenário de "diáspora" que se instaura a chamada Filosofia Medieval. A razão humana, tão cara aos gregos, teria se pulverizado em divergências como as que se estabeleceram entre os *epicuristas e estoicos*, entre os *céticos pirrônicos e céticos acadêmicos*, e assim por diante. Enfim, à luz da fragilização da razão como termo de definição de princípios para o bem agir, o mito cristão teria encontrado terreno para expandir-se e consolidar-se. Entregues a si mesmos, exclusivamente à sua razão, os seres humanos, por mais excelentes intelectualmente que fossem, acabaram tomados por disputas estéreis sobre os fundamentos éticos a observar, prevalecendo efetivamente a força e a espada como medida de justiça entre eles, portanto a lei do mais forte ou taticamente mais sagaz.

A Verdade, isto é, Deus, teria então se feito carne e se revelado aos homens através de Cristo, prevalecendo durante o milênio medieval uma moral cristã baseada no Novo Testamento e na sua exegese pela Igreja. À filosofia coube em geral o papel subalterno de confirmar os dogmas religiosos, sobretudo com o intuito de aproximar da Igreja os ateus e pagãos cultos afeitos à filosofia grega.

Doutores da Igreja como Santo Agostinho, Santo Anselmo e São Tomás de Aquino foram finos leitores católicos do legado grego, reinterpretando-o com vistas aos fins religiosos. Percebe-se nos três, acima de tudo, o apreço pelos ensinamentos neotestamentários, voltados para o cultivo da *compaixão, da castidade, da humildade e do voto de pobreza*, e a partir daí o interesse na reinterpretação do legado filosófico grego.

Nesse contexto, o Ocidente viveu mil anos de domínio religioso, pautados pelas *verdades bíblicas* e pela moral decorrente dessas Verdades. A expressão mais antiga são os *Dez Mandamentos*, que em si mesmos, é bom lembrar, são um objeto de divergências entre católicos, protestantes e judeus – o que nos leva, portanto, de volta ao âmbito de uma distinção necessária entre ética e moral.

Com efeito, o que de mais universal se encontra na moral cristã é, certamente, a *Regra de Ouro de Jesus de Nazaré*, declinada no Evangelho de São Mateus: "Assim, tudo o que vós quereis que os homens vos façam, fazei-o vós também a eles" (Mt 7,12). Entretanto, justamente a pretensa universalidade dessa regra de reciprocidade moral, declinada com variações em culturas diferentes desde muito antes do nascimento do Cristo, leva-nos de volta ao âmbito da ética. Temos entre essas formulações desde a Lei de Talião, que manda retribuir "olho por olho, dente por dente", até as versões "negativadas", como a que se encontra no hinduísmo: "esta é a suma do dever: não faças aos outros aquilo que se a ti for feito, te causará dor" (*Mahabharata* 5:15:17).

O fato é que a regra de ouro cristã difere claramente da Lei de Talião, visto que envolve um mandamento de compaixão, e não o puro direito à reciprocidade, que não poderia deixar de ser compreendido como uma forma de "justiça" como "violência" proporcional". Tal diferença nos remete a questões que dizem respeito ao Bem universal, ou seja, aquilo que temos o direito de querer para nós, devemos querer também para os outros. Também, nesse sentido, a transformação do "faça" cristão no "não faça" hindu dá muito o que pensar, sobretudo a partir de *tendências contemporâneas que enfatizam o respeito à diferença* como traço fundamental da verdadeira ética.

Recapitulando, a postura ética no sentido defendido aqui envolve, não sendo o caso de confinar-se ao plano *moral* – neo, vétero testamentário ou hindu –, lucidez sobre seus limites fundamentais e convivência com outras fundamentações, ainda que sejam simples variações da mesma lei.

Por fim, muitos foram os fatores que definiram o declínio da mentalidade medieval. A reorganização dos Estados, o advento das universidades, as circum-navegações, o mercantilismo, o advento da imprensa e, sobretudo, os cismas da própria Igreja. Todos esses fatores, combinados, conspiraram para o *Renascimento* da confiança na capacidade do homem de valer-se exclusivamente da sua razão, na sua relação com a verdade e com o seu destino.

3. A Modernidade

Vários fatores deram passagem ao Renascimento, ocorrido na Europa no século XV, com seu apreço pelo homem e pelas capacidades racionais exaltadas pelos gregos antigos. Veio para o primeiro plano a ideia de *método,* de *objetivação* do saber, incluindo na ordem do dia o apreço por uma *razão científica* apoiada sobre dois pilares principais: o *empírico ou observacional,* e o *matemático ou formal.*

As filosofias de Francis Bacon (1561-1626) e René Descartes (1596-1650) ilustram bem esse desenvolvimento, o primeiro com o *Novum Organon* e o segundo com o *Discurso do método.* Não são, contudo, esses pilares metodológicos que aqui propriamente nos interessam, e, sim, o crescimento da liberdade especulativa em termos amplos, sobretudo suas consequências nos planos ético e político.

Destacam-se em um *primeiro momento,* guardadas diferenças intrínsecas e posições em relação à Igreja, nomes como Erasmo (1467-1536), Maquiavel (1469-1527), Montaigne (1533-1592), Hobbes (1588-1679) e Pascal (1623-1662).

O *segundo momento* ficou conhecido como Iluminismo. Pensadores como Spinoza (1632-1677), Locke (1632-1704), Montesquieu (1689-1755), Voltaire (1694-1778), Rousseau (1712-1778), Diderot (1713-1784) e Adam Smith (1723-1790) se destacam nesse período, todos em busca de direções racionais para a odisseia humana, individual e coletivamente falando. É fato que a Revolução Francesa atraiu atenção maior para os filósofos franceses da época, mas, na verdade, o "espírito das luzes" teve expoentes em diversos países, inclusive de além-mar, como os Estados Unidos da América.

Ainda dentro do espírito moderno que se seguiu ao Renascimento, uma *terceira fase* prolongou o Iluminismo até sua definitiva crise. Essa fase foi protagonizada por nomes, sobretudo alemães, da envergadura de Kant (1724-1804), Hegel (1770-1831), Marx (1818-1883), Schopenhauer (1788-1860) e Nietzsche (1844-1900). O escopo deste texto não permite dar conta do legado moderno em sua imensa riqueza. Pode-se resumidamente dizer que *o período tem na Razão, particularmente na ciência, e não mais na fé, o termo das suas verdades e leis fundamentais*. A convicção era a de que o método científico poderia tornar mais fácil e justa a vida humana. A aplicação irrestrita da racionalidade à organização social prometia, enfim, a segurança de uma sociedade estável e produtiva, com o fim dos Estados teocráticos e das perseguições sociais produzidas pela superstição e pelo abuso de poder por parte de governos medievais "obscurantistas". Assim, tornava-se essencial a construção de uma fundamentação ético-política em bases racionais, que disciplinasse a conduta humana e definisse suas metas.

O que na realidade se observou, entretanto, foi um progresso acelerado e consensuado apenas das chamadas "ciências da natureza". De acordo com Kant, esse progresso fez-se acompanhar de um "teatro de infindáveis disputas" no âmbito metafísico, em que se situavam as questões éticas clássicas, a saber, referentes ao Bem, à Justiça, à Felicidade e a Deus. Foi, enfim, no contexto desses conflitos que a palavra *liberdade* foi ganhando a envergadura que ainda hoje tem.

O referido quadro de dissensos – que lembra em certa medida aquele do Helenismo e até hoje se prolonga – não diminui a relevância do legado ético da Modernidade. Não é demais lembrar que o propósito aqui não é a busca de doutrinas morais aperfeiçoadas para adotar, mas pontos de partida para refletir sobre o campo da ética e sobre o problema geral da regulação da conduta, que visível e radicalmente se estende à contemporaneidade.

As principais matrizes éticas modernas

Três autores têm relevância mais imediata. Em primeiro lugar, Maquiavel, por sua desvinculação da política em relação à moral, sobretudo de origem religiosa. "Os fins justificam os meios" é o adágio mais lembrado quando se pensa nesse filósofo, ainda que essa frase não se encontre literalmente em seus textos conhecidos. Desse modo, é de suma importância frisar que o fim que principalmente tinha em mente o seu *Príncipe* era a soberania, e não quaisquer fins aleatórios capazes de justificar desatinos. O problema da retirada dos ensinamentos de Maquiavel do seu contexto específico é sempre o de definir *que fins justificam quais meios*. Deve-se, nesse sentido, pensar que o fim da guerra é o restabelecimento da paz e a garantia da soberania.

A *virtù* (virtude) em Maquiavel se põe sempre contra o fundo da *fortuna*, ou seja, do contexto de exigências históricas no qual deve ser exercida a "sabedoria estratégica". Não se trata nunca de um salvo-conduto para a prática da violência e da crueldade, mas da avaliação da força necessária à prevenção ou ao enfrentamento dos golpes do destino. Reconhecido o príncipe como responsável pela defesa da soberania de um povo, lê-se no capítulo XVII do livro homônimo passagens como:

> Deve um príncipe, portanto, não se importar com a reputação de cruel, a fim de poder manter os seus súditos em paz e confiantes, pois que, com pouquíssimas repressões, será mais piedoso do que aqueles que, por muito clementes, permitem as desordens das quais resultem assassínios e rapinagens. (Maquiavel, 1995: 107)

O príncipe de Maquiavel pode, enfim, ser pensado com o devido cuidado para além da figura do soberano formal, do estadista, como o homem ético capaz de cultivar em si a *virtù* e tomar as decisões corretas em cada caso, sem se importar com o juízo que dele possam fazer os seus contemporâneos. Diferentemente de Aristóteles, contudo, Maquiavel não se dedica a qualificar a ação ética por meio de indicativos como o "justa medida", o que dá margem às apropriações selvagens referidas.

Além de Maquiavel, Hobbes e Rousseau têm grande importância ético-política, principalmente por sua divergência em relação à *natureza humana*. É sabido que o ser humano é, para Hobbes, em estado de natureza, "lobo do homem", enquanto, para Rousseau, é o "bom selvagem", que predomina no estado de natureza anterior ao advento da propriedade e do Estado. Esse dissenso antropológico tem consequências éticas e políticas mais ou menos previsíveis: a *segurança* é prioridade para Hobbes, a *liberdade*, para Rousseau. Bem se vê, Hobbes está muito mais próximo de Maquiavel na eleição do fim último a ser observado na justificação das ações necessárias.

> Embora não seja possível estudar esses dois autores mais a fundo, bem como os contextos que deram origem às suas formulações, não é difícil notar que suas "éticas" se movem sobre princípios ainda hoje muito claramente identificáveis nos estilos de gestão ou regulação de conduta que, no fim, definem os costumes e valores estruturantes de tal ou tal comunidade de interesses. É razoável imaginar, por exemplo, que organizações fortemente comprometidas com a inovação tendam a adotar *processos de regulação de conduta mais livres*, capazes de viabilizar os pensamentos "fora da caixa". É igualmente razoável, por outro lado, que organizações cujas práticas envolvam risco para seus membros e para o entorno no qual existem, como é o caso das instituições públicas, tendam a adotar princípios mais protocolares, norteados pela *ideia de segurança*. Resta saber, numa reflexão genuinamente ética, a que fins serve a cada tempo cada um desses estilos fundamentais de regulação da conduta.

Observa-se que na linha temporal que vai de Maquiavel a Rousseau crescem a confiança no ser humano em geral e a aposta em sociedades progressivamente mais capazes de privilegiar a liberdade nos seus projetos de governo. Pode-se propor ainda que *o problema da liberdade*, em suas diferentes acepções, é o fio condutor capaz de unir pelo menos cinco dos grandes nomes da filosofia subsequente: Kant, Hegel, Marx, Schopenhauer e Nietzsche, dos quais nos ocuparemos mais amiúde do primeiro, trazendo mais adiante para a discussão os *utilitaristas*, até agora não mencionados, corrente de igual importância no que concerne ao campo da ética moderna.

A ética kantiana, o imperativo categórico e a noção de autonomia

Embora acompanhe a distinção aristotélica entre saber teórico e saber prático, Immanuel Kant (1724-1804) propõe uma nova forma de fundamentação da conduta humana, que se afasta das concepções gregas de "ação pautada pelo conhecimento do Bem" ou "voltada para a felicidade coletiva".

A ação ética é, para Kant, aquela realizada estritamente por Dever – um dever, em última análise, de preservar a capacidade de escolha racional que nos define como homens e nos diferencia dos animais. Tal dever se constitui, segundo Kant, como uma lei geral a ser observada por todos os seres dotados de Razão, consequentemente de livre-arbítrio. Por sua própria essência, tal "lei moral" deveria ser obedecida de modo autônomo, livre de qualquer imposição ou interesse extrínseco, seja ele religioso, social, econômico, sensual ou mesmo fisiológico. Essa *autonomia*, como se verá adiante, é um traço inalienável da ética kantiana.

Fato é que, num cenário de conflitos ditados pelas muitas tentativas anteriores de fundamentar teoricamente a ética, Kant retoma a divisão proposta por Aristóteles. Parte de um *fato da razão*: *todo homem traria em si a capacidade de distinguir o bem do mal, ainda que frequentemente faça uso inadequado dessa capacidade*. Se o homem fosse indiferente a essa distinção, não teríamos como sequer justificar a história da ética.

O pensador de Königsberg propõe, em suma, que à filosofia caberia o papel de fortalecer essa capacidade racional-moral. Trata-se de uma disposição natural, todavia, sempre em luta com apetites a ela contrários, originados da sociedade ou dos instintos animais presentes no homem, desejos que se beneficiam, por outro lado, da falta de clareza histórica em relação ao que sejam, em última instância e em termos universais, o Bem, a Virtude, a Felicidade e a Justiça.

A ajuda que propõe Kant a esse ser dividido entre Razão e paixões em geral encontra-se resumida no conhecido *imperativo categórico*, formulado pela primeira vez no livro *Fundamentação da metafísica dos costumes* (1785). Essa formulação é a seguinte: "Age segundo uma máxima tal, que possas ao mesmo tempo querer que ela se torne uma lei universal" (Kant, 1995, BA: 52).

Nota-se de imediato que se trata de uma *ética formal*: o que nos está sendo oferecido é uma lei geral que serve de critério de legitimação para qualquer conduta que se pretenda moralmente adequada, lei que, simultaneamente, esquiva-se de recorrer aos critérios filosóficos "substanciais" anteriores. Não há regras específicas (aja deste modo ou daquele), ou conteúdos fixos, pautados em ideias de Bem, Justiça ou Felicidade que definam as virtudes a serem cultivadas, mas, sim, um princípio geral de orientação, de aplicação universal. *Uma ação ética é, afinal, aquela que pode ser realizada por todos, sem contradição formal.*

Aplicado ao problema clássico do cumprimento de tratos e promessas, o imperativo categórico nos leva à seguinte pergunta: o que sucederia se a ação de descumprir tratos visando a vantagens pessoais fosse franqueada a todos os seres humanos? A resposta permite compreender melhor o imperativo, que até então estava excessivamente abstrato: sobreviria um cenário de desconfiança generalizada, no qual não haveria sequer a possibilidade de escolher não cumprir os tratos, já que, num cenário no qual a regra não é mais o cumprimento dos tratos, não há motivo para insistir em celebrá-los. O transgressor, portanto, somente pode beneficiar-se da sua transgressão *caso se exclua sozinho do dever de manter a palavra e cumprir seus tratos*, ou seja, aproveitando-se da honestidade dos demais, que, no caso, estariam sendo oportunamente usados pelo "esperto" e reduzidos à condição de instrumentos dessa conveniência egoísta. Nesse caminho se chega, inclusive, a outra das formulações do imperativo categórico: "Age de tal maneira que uses a humanidade, tanto na tua pessoa como na pessoa de qualquer outro, sempre e simultaneamente, como fim e nunca simplesmente como meio" (Kant, 1995, BA: 67).

Levando a reflexão disparada pelo imperativo formal ainda mais longe, percebe-se que se ninguém estivesse voluntariamente obrigado ou inclinado a cumprir sua palavra, a sociedade, para fugir do caos, muito provavelmente recorreria a vias legais tendentes ao excesso, com papéis, contratos, advogados, cortes, ameaças de punição e agências de fiscalização por toda parte. Assim, evidencia-se que se tratava, para Kant, sobretudo do *dever de preservar a liberdade, isto é, de manter abertas as possibilidades de livre escolha*.

Não é mera coincidência a semelhança com o que vivemos hoje. A melhor sociedade, kantianamente falando, é no fim aquela em que cada indivíduo age como sendo ele mesmo responsável pelo direito de todos. É a sociedade mais autônoma, portanto, com menos necessidade de normas e coações externas ou artificiosas. Logo, nela se lida inalienavelmente com a possibilidade de agir de forma imoral, sendo essa possibilidade reiteradamente recusada pela presença de uma consciência moral racionalizada.

> Aqui é o ponto para registrar que nos textos kantianos as palavras "moral", "filosofia moral" e "ética" são geralmente usadas de modo alternado, como sinônimas, e não do modo distinto que temos adotado ao longo deste livro. O espírito geral de organização do campo da ética é, no entanto, preservado na distinção a ser feita a seguir, entre *ação por dever* e *ação em conformidade com o dever*.

Na perspectiva kantiana, aquele que cumpre seus tratos por receio de perder a credibilidade, por medo de punição ou qualquer outro motivo que não seja a pura consciência do dever, *não é* um sujeito propriamente ético. Kant diferencia a *ação praticada em conformidade com o dever* da ação praticada propriamente *por dever*. Nesse sentido, somente é ético aquele que autônoma e racionalmente compreende sua responsabilidade para com os direitos e a liberdade geral, atribuindo a si mesmo o dever de cumprir a lei; *não* os que a cumprem por interesses pessoais.

Percebe-se ainda que a moralidade em Kant caminha lado a lado com o *esclarecimento*. Moral é ação cuja máxima foi submetida, autonomamente, ao crivo de uma reflexão que considere suas consequências formais relativas à preservação da liberdade de todos. *Um ser humano moral compromete-se a agir como se fosse responsável pela Humanidade mesma, pensada, à diferença dos animais, como lugar do exercício da possibilidade de escolha racional.*

A ética formulada por Kant exerce ainda hoje uma influência subliminar em todas as culturas que apostam na possibilidade de continuar falando de *liberdade*. Princípios como racionalidade, autonomia, imparcialidade, responsabilidade, ação por dever e conduta desinteressada mostram-se presentes nos clamores éticos contemporâneos, até mesmo porque escassos numa sociedade cada vez mais vigiada e assustada com seus rumos.

Kant é, por fim, responsável por uma das mais importantes considerações éticas acerca do uso positivo da liberdade: aquela que está resumida no texto "O que é esclarecimento?", no qual trata do exercício da autonomia, entre outras, nas figuras do *uso público* e *privado da razão*. Resumindo sua reflexão, todo cidadão teria não somente o direito, mas o dever de fazer "uso público" de sua razão, ou seja, teria o compromisso social e humanitário de refletir criticamente sobre a sociedade em que vive, tendo em vista a realização de atos em sintonia com o *imperativo categórico*. Em outras palavras, teria a responsabilidade de zelar por uma sociedade na qual vigorasse o maior nível possível de autonomia – e o menor de coerção.

Por outro lado, na medida em que esse homem aceitasse exercer cargo ou função a ele confiada, deveria restringir o uso de sua liberdade em respeito às diretrizes e normas previamente estabelecidas, pois, segundo o mesmo imperativo categórico, caso *todos* se dessem o direito de unilateralmente relativizar os acordos celebrados e as leis vigentes, o "Estado de direito" simplesmente ruiria, com a ameaça de instauração da hobbesiana "guerra de todos contra todos".

O *cidadão* kantiano precisaria, em suma, simultaneamente, compreender a importância de respeitar as leis e regras vigentes em geral e realizar constante reflexão sobre elas, tornando públicas suas considerações sempre que achasse necessário fomentar a reformulação de exigências legais ou de procedimentos administrativos que julguasse eticamente inadequados. Simplificando, pode-se ainda dizer que a ética kantiana solicita o seguinte: cumpra as leis e normas vigentes, reflita sobre elas e proponha mudanças eticamente relevantes. Muitos acham, inclusive, que essa prescrição tem parentesco com a conduta de Sócrates na *pólis* grega.

De qualquer modo, cabe ainda ressaltar que tal conjunção entre *razão privada* e *razão pública*, ou seja, cumprir leis e normas, pensar e propor criticamente, mostra-se perfeitamente aplicável em sociedades democráticas de direito, tornando-se eventualmente problemática em estados de exceção. No caso de regramentos ou ordens que venham a ferir o *imperativo categórico*, a dignidade humana, a *razão pública* nos exigiria o não cumprimento de tais normativas e a denúncia pública de tais fatos.

> Durante o final dos anos 1930 e início dos anos 1940, um gestor era responsável pelo seguinte procedimento: identificação de certos "produtos", armazenamento e distribuição para um destino final. Era fundamental garantir que tais "produtos" chegassem ao seu destino no menor tempo possível, com o menor custo, maximizando resultados. Diante desse cenário, muitas soluções foram encontradas para otimizar a eficiência do processo. Esse administrador chamava-se Adolf Eichmann. Ele foi o responsável pela operação dos trens que, na Alemanha nazista, conduziam judeus e minorias indesejadas aos campos de concentração e extermínio.
>
> Eichmann foi capturado na América do Sul depois da guerra e, num incidente internacional, levado a Jerusalém para julgamento. A pensadora Hannah Arendt, comissionada pela revista *New Yorker* para cobrir o julgamento, registrou-o em seu livro *Eichmann em Jerusalém*. Declarou-se espantada diante do seguinte fato: Eichmann secamente alegava inocência; dizia que não havia feito nada ilegal; apenas obedecia a ordens e as cumpria da forma mais eficiente possível; apenas desejava progredir

como oficial. Indagado sobre seu conhecimento do destino dos passageiros, repetia: Minha função era apenas transportá-los; o que acontecia depois não era assunto de minha responsabilidade... Após a Segunda Guerra Mundial, tornou-se cada vez mais claro, a partir de exemplos como o de Eichmann, que o fato de se ter conhecimento técnico, gerencial, administrativo não garante, de modo algum, que se saiba como usá-lo — o que necessariamente nos fez retomar a importância da questão ética na contemporaneidade.

Hegel, a história, o Estado e a liberdade concreta

Como todas a demais, a fundamentação kantiana da ética enfrenta dificuldades sinalizadas por filósofos posteriores. Uma delas é a ausência de considerações mais centrais acerca da história, da sociedade, do contexto em que se realizam os atos éticos. Em que medida seria possível pedir a alguém que está sendo torturado ou morrendo de fome que aplique o imperativo categórico e diga incondicionalmente a verdade, ou que se prive de furtar alimento?

Tal lacuna é apontada, entre outros, por G. W. F. Hegel (1770-1831), que se notabilizou sobretudo por sua *filosofia da história*. Há quem defenda Kant afirmando que Hegel não levou em consideração textos do seu antecessor que se debruçaram sobre religião, arte, direito... e sobre a própria história. De qualquer modo, *a ênfase hegeliana no contexto histórico em que cada indivíduo e sua consciência já sempre existem é particularmente radical.*

Kant não teria considerado adequadamente a formação da consciência do sujeito moral, propondo uma ética puramente formalista. Para Hegel, somos, acima de tudo, sujeitos históricos e culturais. A nossa existência individual só pode ser compreendida por referência ao momento histórico da humanidade, com suas instituições e práticas norteadoras da conduta. Segundo Chauí, para Hegel:

65

[...] a moralidade é uma totalidade formada pelas instituições (família, religião, artes, técnicas, ciências, relações de trabalho, organização política etc.), que obedecem, todas, aos mesmos valores e aos mesmos costumes, educando os indivíduos para interiorizarem a vontade objetiva de sua sociedade e de sua cultura. (Chauí, 1994: 347)

Hegel transfere, assim, para o coletivo, para a política e para o Estado, aquilo que Kant pôs preferencialmente no âmbito da ética e do indivíduo. A questão central é que, sendo a consciência individual historicamente constituída, portanto sempre relacionada a um contexto de leis, costumes e esperanças, não faria sentido cobrar moralidade imperativa do indivíduo se o próprio Estado não fosse defensável moralmente.

Por conta disso, a filosofia de Hegel busca redimir a História, pensando-a como um progresso do "Espírito" rumo ao advento de um Estado Ideal, no caso o Estado burguês, pautado pelos ideais da Revolução Francesa – *liberdade, igualdade e fraternidade*. Ético, em última instância, é o cidadão desse Estado final, em sua tarefa de por ele zelar como garantia da sua própria liberdade individual, Estado que, herdeiro de uma prodigiosa História, ele finalmente compreende e acolhe em sua necessidade e acabamento. Em suma, antes dessa consumação histórica seria impossível pensar numa eticidade em sentido pleno.

A crítica de Marx a Hegel e a igualdade material

Essa ênfase hegeliana no Estado e na História dá por sua vez origem a outro senão, concernente ao tipo de "Estado" que legitimamente deveria constituir-se como ponto de chegada da jornada humana. Basta pensar na crítica feita por Karl Marx (1818-1883) ao Estado hegeliano e sua legitimação daquilo que denunciou como *injustiça social*. Se o Estado final produzido pela História viesse a legitimar uma divisão de trabalho desigual e injusta, como aquela com que se deparou Marx com o advento da era industrial, seria mesmo melhor desistir do gênero humano.

Donde a ética marxista afigurar-se como uma práxis revolucionária, portanto essencialmente uma política, *visando a uma sociedade pautada pelo princípio da igualdade material, preferencialmente ao da liberdade.*

> Embora o capitalismo tenha se imposto ao comunismo na história recente, especialmente após a queda do muro de Berlim (1989), os polos da discussão Hegel-Marx continuam presentes nas atuais divergências ético-políticas. De um lado, está a ênfase na liberdade de iniciativa e empreendimento; de outro, a ênfase em necessidades materiais básicas, sem a satisfação das quais não faria sentido falar de quaisquer outras liberdades. Estão sobretudo presentes, nos regimes políticos que hoje se espalham pelo globo, muitas tentativas de conciliação das duas exigências.

Por fim, vale mencionar que tanto Hegel como Marx foram "teóricos de revoluções", respectivamente das revoluções burguesa (Hegel) e proletária (Marx), enquanto Kant era um reformista, visto que em "O que é esclarecimento?" percebemos claramente as tensões presentes. São, afinal, muitas as questões que afloram dos possíveis cruzamentos dessa grande época da filosofia alemã, especialmente em relação ao problema do futuro das ideias de dever, liberdade ou igualdade.

Há decerto outros nomes importantes a considerar, por exemplo Arthur Schopenhauer (1788-1860) e sua ética da compaixão, e Friedrich Nietzsche (1844-1900), com sua "genealogia da moral" e elogio da vida e da livre criação. Trataremos de tais desdobramentos teóricos brevemente, visando dar lugar a outro importante grupo de teorias éticas, sobretudo em função de sua ampla influência no mundo contemporâneo: *o utilitarismo.*

O utilitarismo

Elaborado por Jeremy Bentham (1748-1832) e John Stuart Mill (1806-1873), o utilitarismo tem no "princípio da utilidade" o critério de avaliação ética dos atos humanos. De acordo com tal princípio, a ação dotada de "maior valor ético" é aquela que maximiza a felicidade e minimiza o sofrimento, ou seja, a *ação que beneficia na medida do possível o maior número de pessoas*. Nas palavras de Bentham: "Por princípio de utilidade, entende-se aquele princípio que aprova ou desaprova qualquer ação segundo a tendência que tem de aumentar ou diminuir a felicidade da pessoa cujo interesse está em jogo" (Bentham, 1974: 10). Cabe considerar que a felicidade individual está diretamente relacionada ao bem-estar coletivo para esse pensador. Já Stuart Mill, afirma que o utilitarismo "sustenta que as ações são corretas na medida em que tendem a promover a felicidade, e erradas conforme tendam a produzir o contrário da felicidade. Por felicidade se entende prazer e ausência de dor; por infelicidade, dor e privação do prazer" (Mill, 2000: 187).

É preciso insistir que "útil", para Bentham e Mill, é aquilo que contribui para a "felicidade coletiva". Trata-se de um *critério consequencialista*, que recorre a uma análise dos resultados prováveis de cada ação, tendo em vista o bem comum e certa definição de felicidade, discutida desde Aristóteles. De qualquer maneira, cada indivíduo, instituição ou comunidade de interesses deve, segundo o utilitarismo, escolher suas ações considerando o *cálculo dos seus efeitos finais sobre a sociedade*.

Essa concepção ética assemelha-se à concepção kantiana apenas no que pressupõe a confiança na capacidade humana de análise racional das consequências de cada decisão. Dela se afasta no que se priva de imperativos, entregando cada decisão a um cálculo de utilidade que pode sempre se revelar uma mera aposta, especialmente se levarmos em consideração a infinidade de fatores que acabam influindo em cada cadeia de eventos.

Enquanto para Kant é *a priori* imoral mentir ou roubar (como consequência direta a aplicação do imperativo categórico), para o utilitarismo isso dependerá sempre das circunstâncias. No utilitarismo, *o contexto* é sempre relevante e decisivo, não no sentido historicista a ele conferido por Hegel e Marx, mas como conjunto de relações a ser obrigatoriamente levado em conta em cada decisão.

Percebe-se que sob a rubrica do "utilitarismo" reúnem-se concepções diversas, sendo a mais famosa a pretensão de Bentham de sistematizar um cálculo ou "método para medir uma soma de prazer ou de dor", levando em consideração as seguintes variáveis:
1. *intensidade* do prazer e da dor envolvidos na ação;
2. sua *duração*;
3. a *certeza* ou incerteza de cada um;
4. sua *fecundidade*, definida como "a probabilidade que o prazer ou a dor têm de serem seguidos por sensações da mesma espécie, isto é, de prazer, quando se trata de um prazer, e de dor, quando se trata de uma dor;
5. a *pureza*, definida como a probabilidade que o prazer e a dor têm de *não* serem seguidos por sensações do tipo *contrário*, isto é, de dores, no caso de um prazer, e de prazeres, em se tratando de uma dor;
6. sua *proximidade* no tempo ou *longinquidade;*
7. sua *extensão*, ou seja; "o número de pessoas às quais se *estende* o respectivo prazer ou a respectiva dor; em outros termos, o número de pessoas afetadas pelo prazer ou pela dor em questão" (Bentham, 1974, cap. IV).

Não é difícil aceitar que as pessoas façam em geral, de forma mais ou menos intuitiva, seus balanços de vantagens e desvantagens quando precisam tomar decisões. O que se revela difícil é a objetividade do cálculo proposto por Bentham, que poderia legitimar, por exemplo, o chamado "robinhoodismo", ação de roubar de alguém muito rico para amenizar a dor de uma multidão de miseráveis. Se o número de miseráveis for realmente grande e a fortuna roubada de fato contribuir para tirá-los da miséria, o cálculo poderia legitimar essa ação. Para aqueles que simpatizam com essa legitimação, cabe lembrar que pelo mesmo cálculo podem-se justificar o uso da tortura e a restrição dos direitos individuais em geral em prol da felicidade da maioria. Não é difícil antever que os pesos atribuídos a cada variável há de ser decisivo para os resultados, sendo provavelmente por isso que a versão do utilitarismo de Stuart Mill é considerada híbrida por alguns intérpretes, isto é, atribui *peso diferenciado à individualidade*, visando evitar os contrassensos descritos.

Há ainda outros nomes e variações do utilitarismo, um dos mais importantes deles o britânico Henry Sidgwick (1838-1900), cuja obra principal é *Os métodos da ética*. No entanto, Sidgwick não é um defensor intransigente do utilitarismo, guardando distância crítica em relação ao que ele considerava serem "os três métodos da ética": *o egoísmo, o intuicionismo e o utilitarismo*. Um dos apreciadores do distanciamento de Sidgwick é o contemporâneo norte-americano Peter Singer (1946-), conhecido pela sua defesa da dignidade de outras formas de vida senciente. Singer chega a reputar o livro de Sidgwick como "o melhor livro de ética jamais escrito" (Sidgwick, 2013: 1).

Registra-se, por fim, que o utilitarismo, como legitimador de condutas, mostra-se muito atrativo num mundo em rápida transformação, pautado pela eficiência e pela competitividade, que demanda flexibilidade de ação visando à "sobrevivência". O utilitarismo e suas variantes encontram acolhida mais fácil que as éticas pautadas em convicções, formalismos e outros expedientes menos flexíveis.

A desobediência a uma regra de conduta estruturante de determinada comunidade privada, por exemplo, imperativamente prescrita pela ética kantiana, pode ser admitida na ética benthamiana em circunstâncias em que isso se mostre vantajoso à luz do cálculo de utilidade. Essa flexibilidade é particularmente conveniente em ambientes ou processos competitivos, em que a tomada ágil de decisões seja fator imprescindível ao sucesso das ações. Não custa, todavia, lembrar que o utilitarismo não se reduz ao cálculo benthamiano, e que mesmo à luz de suas variáveis, se levadas inteiramente a sério, a referida flexibilidade é passível de discussão.

Filósofos da Vontade

O projeto moderno de uma racionalidade universal que nos concederia liberdade e autonomia já encontra adversários e críticos no contexto do século XIX. Ainda que antecipado pelo Romantismo, o questionamento em torno das possibilidades da razão encontra em Schopenhauer (1788-1860) e Nietzsche (1844-1900) uma elaboração mais enfática.

Apesar de herdeiro do idealismo transcendental kantiano, Schopenhauer julga inconsistente a fundamentação da Ética de Kant, considerando a impossibilidade de autonomia da Razão para a orientação da conduta. Sua argumentação procura enfatizar que Kant não teria investigado nossa "verdadeira natureza", que para Schopenhauer surge por meio da experiência direta do corpo, revelando-se como vontade. Se nossa "essência" é fundamentalmente vontade, ou seja, um ímpeto cego e irracional, a razão torna-se apenas um instrumento secundário, um modo que a vontade tem de se manifestar e atingir o que quer. Reduzida a um mero procedimento instrumental, a razão é apenas um recurso para realizarmos nossos desejos e necessidades básicas de segurança e bem-estar.

Por tal perspectiva, a ética em Schopenhauer adquire uma nova abordagem. Para o filósofo, não se trata de uma orientação racional (como o imperativo categórico kantiano), pois a ética depende do surgimento de uma experiência de *compaixão*, que advém de uma visão intuitiva, não argumentativa ou conceitual, da realidade fundamental de que todos somos seres volitivos e que nossa existência é marcada pelo sofrimento. Ser ético implica sensibilizar-se, solidarizar-se e cooperar com a coletividade.

Discípulo e também crítico de Schopenhauer, Nietzsche radicalizará algumas de suas teses, enfatizando que o que consideramos "conhecimento" é, acima de tudo, um instrumento de poder e domínio. Assim, o que chamamos de "verdade" é apenas uma construção sócio-histórica, do mesmo modo que nossas distinções de "bem" e "mal". A moral é concebida, nesse contexto, como uma estratégia para submeter e controlar aqueles que viviam de modo forte e corajoso, introduzindo-lhes culpa e ressentimento.

Segundo Nietzsche, a modernidade "matou Deus" – o lugar da verdade e dos valores absolutos –, colocando em seu lugar a Razão e seus produtos: a ciência, a ética, a justiça, o progresso etc. Desse modo, os homens modernos continuariam perpetuando o modo de pensar e viver "niilista"[4] que teriam se desenvolvido desde Sócrates e Platão. Com o pensamento grego, teria se iniciado o predomínio da razão e a hegemonia da racionalidade argumentativa e do método científico, o que teria feito os homens perderem o contato com suas forças vitais. Na visão nietzschiana, a tradição ocidental é a história da depreciação do corpo, dos desejos, dos

---

4 Na perspectiva nietzscheana, o "niilismo" pode ser compreendido como um diagnóstico da cultura ocidental. No âmbito da modernidade, persistiria um processo de "negação da vida", uma rejeição de sua imanência e da potência da vontade, agora por meio da promoção de valores tais como "justiça", "ciência", "progresso", "felicidade para todos". A edificação de tais valores, por sua vez, configuraria uma forma laica de continuidade da metafísica cristã, cujas origens remetem ao pensamento socrático-platônico (Machado, 1997: 64).

instintos e da criação, ou seja, uma rejeição sistemática à vida, um modo de negação da existência. Por fim, Nietzsche sugere a possibilidade de superar essa condição pela afirmação da "vontade de poder", a positivação alegre e trágica da vida, uma revitalização da existência em direção ao "além-do-homem", que seria "criador" de valores morais.

Referências bibliográficas

ARISTÓTELES. *Ética a Nicômaco*. Trad. a partir de versão inglesa. Coleção Os Pensadores. São Paulo: Abril Cultural, 1973.

BENTHAM, Jeremy. *Uma introdução aos princípios da moral e da legislação*. Trad. Luiz João Baraúna. Coleção Os Pensadores. São Paulo: Abril Cultural, 1974.

CHAUÍ, Marilena. *Convite à filosofia*. São Paulo: Ática, 1994.

HOBBES, Thomas. *Leviatã*. Trad. João Monteiro e Maria Beatriz Silva (modificada). Coleção Os Pensadores. São Paulo: Abril Cultural, 1974.

KANT, Immanuel. Resposta à pergunta: que é esclarecimento? In: *Textos seletos*. Trad. Floriano de Souza Fernandes. Petrópolis: Vozes, 1974.

_____. *Fundamentação da metafísica dos costumes*. Trad. Paulo Quintela. Lisboa: Edições 70, 1995.

MACHADO, Roberto. *Zaratustra, tragédia nietzscheana*. Rio de Janeiro: Jorge Zahar, 1997.

MAQUIAVEL. *O príncipe*. Trad. Antonio D'Elia. São Paulo: Cultrix, 1995.

MARCONDES, Danilo. *Retórica*. Lisboa: Imprensa Nacional, 2006.

_____. *Textos básicos de ética – de Platão a Foucault*. Rio de Janeiro: Zahar, 2007.

MILL, John Stuart. *A liberdade & utilitarismo*. Trad. Eunice Ostrensky. São Paulo: Martins Fontes, 2000.

NOGUERA, R. A ética da serenidade: o caminho da barca e a medida da balança na filosofia de Amen-em-ope. *Ensaios Filosóficos*, volume VIII. Dez. 2013. Disponível em: www.ensaiosfilosoficos.com.br/Artigos/Artigo8/noguera_renato.pdf/.

PARMÊNIDES. *Poema*. Coleção Os Pensadores, vol. Pré-socráticos. São Paulo: Abril Cultural, 1980.

PLATÃO. *A defesa de Sócrates.* Coleção Os Pensadores, vol. Sócrates. São Paulo: Nova Cultural, 1996.

_____. *A república.* Trad. Enrico Corvisieri. Coleção Os Pensadores. São Paulo: Nova Cultural, 1997.

_____. *Críton.* Coleção Os Pensadores. São Paulo: Nova Cultural, 2000.

REBOUL, Olivier. *Introdução à retórica.* São Paulo: Martins Fontes, 2004.

ROUSSEAU, Jean-Jacques. *Discurso sobre a origem e os fundamentos da desigualdade entre os homens.* Trad. Lourdes Santos Machado. Coleção Os Pensadores. São Paulo: Nova Cultural, 1991.

SIDGWICK, Henry. *Os métodos da ética.* Trad. Pedro Galvão. Lisboa: Gulbenkian, 2013.

PARTE II
DESAFIOS PARA A ÉTICA NA ATUALIDADE

03 Ética e os direitos humanos

1. Introdução

Após a Segunda Guerra Mundial e a criação das Nações Unidas, observou-se um esforço coletivo das nações para estabelecer princípios que pudessem ser universalmente aceitos em um acordo coletivo. As catástrofes exigiam um pacto coletivo em torno de princípios fundamentais que respeitassem e protegessem a dignidade humana, e foi nesse contexto que surgiu a Declaração Universal dos Direitos Humanos. Vale ilustrá-la com a transcrição de alguns trechos e artigos. A íntegra do texto pode ser conseguida no endereço eletrônico fornecido adiante.

DECLARAÇÃO UNIVERSAL DOS DIREITOS HUMANOS
Adotada e proclamada pela Assembleia Geral das Nações Unidas (resolução 217 A III) em 10 de dezembro 1948.

PREÂMBULO
Considerando que o reconhecimento da dignidade inerente a todos os membros da família humana e de seus direitos iguais e inalienáveis é o fundamento da liberdade, da justiça e da paz no mundo,

Considerando que o desprezo e o desrespeito pelos direitos humanos resultaram em atos bárbaros que ultrajaram a consciência da Humanidade [...]

A Assembleia Geral proclama

A presente Declaração Universal dos Diretos Humanos como o ideal comum a ser atingido por todos os povos e todas as nações [...]

Artigo I

Todas as pessoas nascem livres e iguais em dignidade e direitos. São dotadas de razão e consciência e devem agir em relação umas às outras com espírito de fraternidade.

Artigo II

Toda pessoa tem capacidade para gozar os direitos e as liberdades estabelecidos nesta Declaração, sem distinção de qualquer espécie, seja de raça, cor, sexo, língua, religião, opinião política ou de outra natureza, origem nacional ou social, riqueza, nascimento, ou qualquer outra condição.

Artigo III

Toda pessoa tem direito à vida, à liberdade e à segurança pessoal.

Artigo IV

Ninguém será mantido em escravidão ou servidão, a escravidão e o tráfico de escravos serão proibidos em todas as suas formas.

Artigo V

Ninguém será submetido à tortura, nem a tratamento ou castigo cruel, desumano ou degradante.[1]

[...]

---

1 Disponível no site da Unicef. Declaração Universal dos Direitos Humanos.

Percebe-se com clareza que se trata de uma tentativa de eleger alguns valores universais a serem observados por todas as culturas e regimes políticos. Uma análise detalhada da íntegra do texto nos leva a uma discussão ética interessante:

A Declaração de 1948 foi a forma jurídica encontrada pela comunidade internacional de eleger os direitos essenciais para a preservação da dignidade do ser humano. Trata-se de um libelo contra o totalitarismo. Seus 30 artigos têm como objetivo principal evitar que o homem e a mulher sejam tratados como objetos descartáveis. (Bittar e Almeida, 2006: 544)

Ainda que se possa questionar a efetividade dessa grande norma moral, o fato é que o tratado foi assinado e que, bem ou mal, funciona até hoje como uma referência à qual muitos recorrem em busca de sustentação de seus argumentos éticos. Para muitos, estabelecem-se uma convergência e complementaridade entre Democracia e Direitos Humanos, ou seja, a declaração tem como pano de fundo a ideia de que a Democracia é concebida como o regime político que pode – e acima de tudo deve – resguardar os tais direitos prescritos. Segundo Bobbio, "o reconhecimento e a proteção dos direitos do homem são a base das constituições democráticas, e, ao mesmo tempo, a paz é o pressuposto necessário à proteção efetiva dos direitos do homem em cada Estado e no sistema internacional" (Bobbio, 2004: 223).

Tem havido, decerto, sobretudo no Ocidente, uma percepção da democracia como o melhor regime político e também aquele mais capaz de ser acompanhado de uma ética, e em grande parte pela necessidade que tem a ética de *autonomia* e *liberdade* para manter suas reflexões vivas no plano público. Há, entretanto, quem se mantenha reservado quanto ao genuíno sentido da ideia de "democracia", num mundo onde a mídia e seu poder de propaganda trabalham fortemente o desejo coletivo em prol de interesses nem sempre humanitários, sendo que ambas estão fortemente envolvidas com o exercício do poder corporativo.

A mídia, com efeito, centraliza boa parte das discussões éticas de hoje, tanto no que concerne à propaganda política quanto ao marketing corporativo. Autores como Adorno, Heidegger, Hannah Arendt e Deleuze, por exemplo, cada um a seu modo, mantêm-se absolutamente atentos ao problema da linguagem já sempre pressuposta em toda política e em toda ética. Trata-se de saber, no fim, se a liberdade pressuposta nas democracias ocidentais fomenta de fato o hábito da reflexão ética e permanente que muitos gostam de chamar de cidadania, ou apenas se configura como "liberdade" de empreendimento e consumo de mercadorias cada vez mais balizadas pela lógica da obsolescência. Além disso, persiste ainda, sem dúvida, a interrogação acerca da *efetividade prática* do conjunto de direitos fundamentais acordados na declaração promulgada pelas Nações Unidas.

Essa questão é muito importante para o âmbito institucional e empresarial, na medida em que diz respeito ao contexto dentro do qual as organizações dos países signatários sempre estiveram, cenário que ajudam a construir e dentro do qual têm que sobreviver. Aí reside, de fato, a origem dos discursos de ética empresarial e responsabilidade social pela construção de um mundo melhor. Em grande parte, o tema dos Direitos Humanos nas organizações tem sido tratado, em sua dimensão *"próativa"*, em termos de promoção da Inclusão e Diversidade Social e construção de perspectivas de participação; já em sua dimensão *"protetiva"*, tem surgido principalmente como combate a discriminações e preconceitos, bem como nos investimentos para erradicação das práticas de assédio moral. Trataremos de cada um desses temas em seguida. Esquematicamente, pode-se observar tal configuração no quadro a seguir:

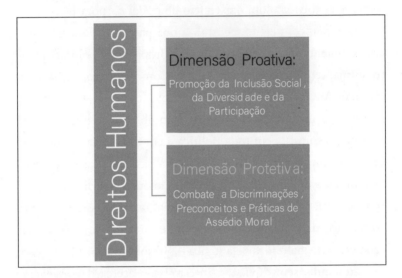

2. Inclusão e diversidade social

O princípio de dignidade da pessoa humana remonta diretamente à fundamentação kantiana da ética, como vimos anteriormente, constituindo-se no âmbito da modernidade como um dos alicerces das sociedades democráticas de direito, principalmente a partir da Declaração dos Direitos da Humanidade. Por tal princípio, na atualidade, tem-se a compreensão de que respeitar a dignidade do ser humano articula-se diretamente com a inclusão social e a promoção da diversidade; ou seja, tendo em vista que os seres humanos são diferentes, é preciso respeitar de modo equânime as singularidades e aprender a conviver harmoniosamente em espaços compartilhados.

A partir da abordagem apresentada na obra de Marx, tornou-se possível considerar que os processos que impediam a inclusão e o respeito à diversidade relacionavam-se a mecanismos econômicos de exploração e exclusão social. Diferentes investigações no contexto *marxista* de análise destacaram a importância de considerar a relevância das lutas de classe e da organização dos trabalhadores na mobilização pela efetividade de seus direitos, no âmbito de um sistema de opressão constituído a serviço de interesses econômicos e políticos. A agenda ética da inclusão e da diversidade não pode, nesse sentido, prescindir de tratar também problemas econômicos e dificuldades implícitas ao próprio sistema capitalista de produção. Surgem, desse modo, clamores por direitos trabalhistas, mais igualdade econômica, social e melhor distribuição de oportunidades e de renda, tomados como fatores importantes para promoção de uma sociedade mais justa.

No contexto do século XX, outros elementos agregam-se a tais preocupações, sem de modo algum retirá-las de cena, mas trazendo à tona questões ainda pouco exploradas acerca da temática da diversidade, como se pode observar, por exemplo, na obra de Michel Foucault. Vejamos a seguir.

O filósofo francês dedicou-se em boa parte de sua obra a responder à pergunta: "como seres humanos tornam-se sujeitos?" (Foucault, 1995). Em outras palavras, segundo o autor, o indivíduo não pode ser compreendido como uma espécie de "substância pensante" ou "núcleo elementar", mas, sim, como efeito de uma dinâmica de saberes e relações de poder. Pode-se dizer que o processo de produção de subjetividades condiciona-se a padrões de "normalidade", construídos por discursos e práticas presentes na sociedade e que, de modo geral, referem-se a quatro grandes temas: sanidade, saúde, conduta do cidadão e sexualidade. Tais padrões muitas vezes são tomados com um modo de ser e agir supostamente natural e imutável, ainda que tenham sido construídos historicamente por meio de mecanismos de vigilância e punição. Esses seriam os chamados métodos disciplinares que atuam sobre o corpo e "realizam a sujeição constante de suas forças e lhes impõem uma relação de docilidade-utilidade" (Foucault, 2002: 118). Correlatamente, tais temas apresentam-se em algumas das principais obras do autor: *História da loucura*, *O nascimento da clínica*, *Vigiar e punir* e *História da sexualidade*. Segundo o autor, para compreender melhor os processos de construção da "normalidade", cabe investigar o que se passa no campo das práticas de marginalização, por isso é importante compreender aqueles mecanismos que produziram o "louco", o "doente", o "delinquente" e o "pervertido".

Foucault inicia uma análise acerca do modo como a sociedade moderna passou "identificar e tratar" aqueles considerados como "anormais", chamando atenção aos processos de marginalização e exclusão social, antes naturalizados e justificados por discursos e práticas hegemônicos. Por essa perspectiva de análise, é importante observar que não haveria em si mesma uma natureza dita "normal", a partir da qual surgiriam aqueles considerados "anormais", mas, sim, uma construção discursiva que produziu tal noção de natureza e estabeleceu, articuladamente, relações de poder e efeitos subjetivos sobre a sociedade. Desse modo, a Modernidade edificou padrões de normalidade, moralidade e conduta, o que não pode prescindir da identificação de características contrapostas presentes em determinados indivíduos, que passaram a ser definidos em função delas: o "louco", o "delinquente" etc.

Investigações que seguem tal *perspectiva foucaultiana* foram desenvolvidas e ampliadas por inúmeros filósofos e filósofas, cada um a seu modo, tais como Judith Butler, Paul Preciado e Achille Mbembe, conduzindo à análise de muitos processos de marginalização presentes também em questões étnico-raciais, de gênero e sexualidade, socioeconômicas etc. Em sentido amplo, a noção genérica de "anormalidade" passou a aplicar-se a "diferentes identidades flutuantes cujos significados se estabelecem discursivamente em processos que, no campo dos Estudos Culturais, se costuma denominar *políticas de identidade*" (Veiga-Neto, 2001: 105, grifo nosso).

No contexto contemporâneo da afirmação das "políticas de identidade", talvez o maior destaque se aplique às questões de gênero e sexualidade e étnico-raciais, por isso trataremos em seguida, ainda que brevemente, da singularidade de cada um desses temas.

É interessante observar que a dinâmica contemporânea tem investido em "multifacetar", mas ainda fortalecer os processos de identidade, compreendendo tal dinâmica como uma articulação de diferentes fatores. Partindo da noção de *interseccionalidade*, foi possível repensar as "políticas de identidade" de modo mais amplo, compreendendo a necessidade de articular diferentes níveis para a confecção identitária.

> A interseccionalidade é uma conceituação do problema que busca capturar as consequências estruturais e dinâmicas da interação entre dois ou mais eixos da subordinação. Ela trata especificamente da forma pela qual o racismo, o patriarcalismo, a opressão de classe e outros sistemas discriminatórios criam desigualdades básicas que estruturam as posições relativas de mulheres, raças, etnias, classes e outras. (Crenshaw, 2002: 177)

Pode-se dizer que a discriminação interseccional apresenta difícil percepção, principalmente tendo em vista o obstáculo de reconhecer quais fatores tornam-se preponderantes em cada caso: raça, etnia, sexo, gênero, classe etc. Por vezes, tais problemas ocultam-se por meio de argumentos que reduzem o contexto a "questões meramente econômicas", perdendo a sensibilidade a outros fatores de exclusão que se articulam entre si. Uma abordagem interseccional pretende reconhecer e colocar em primeiro plano de análise a diversidade de fatores que se atravessam no processo de identidade e, correlatamente, os mecanismos de exclusão social. Desse modo, tornou-se possível considerar a especificidade dos sistemas de opressão próprios a cada um desses agenciamentos, ou seja, perguntar sobre a especificidade, por exemplo, da condição da mulher negra da periferia, da lésbica negra abastada, ou do homossexual branco de classe média – articulando questões socioeconômicas, de raça e de gênero.

Todavia, cabe destacar que ainda que os indivíduos, bem como todos os processos de marginalização, sejam efeitos das dinâmicas de saber-poder, isso não define nenhuma situação de mera passividade. O poder transita pelos indivíduos que ele constituiu: ao mesmo tempo que são construídos, são também atores das relações de poder. "O poder funciona. O poder se exerce em rede e, nessa rede, não só os indivíduos circulam, mas estão sempre em posição de ser submetidos a esse poder e também de exercê-lo" (Foucault, 2005a: 35).

Isso significa que não somente somos assujeitados por dinâmicas de poder: também exercemos relações de poder continuamente, por meio de discursos, práticas e interações sociais, visto que estamos imersos em uma complexa rede microfísica de poder presente em nossa cotidianidade ordinária. Nesse sentido, surge um clamor para que se observe a importância da *Micropolítica*. Para Foucault, a "tarefa ética" consiste, em primeira instância, em compreender genealogicamente os processos que estabeleceram nossas "identidades" e, correlatamente, construíram os sistemas de marginalização e exclusão de determinados grupos e coletividades. Só assim poderia surgir efetivamente uma mudança nos processos de subjetivação e relações humanas, contribuindo ética e politicamente para a transformação da sociedade em que vivemos.

É preciso considerar a ontologia crítica de nós mesmos, não certamente como uma teoria, uma doutrina, nem mesmo como um corpo permanente de saber que se acumula; é preciso concebê-la como uma atitude, um *ethos*, uma via filosófica em que a crítica do que somos é simultaneamente análise histórica dos limites que nos são colocados e prova de sua ultrapassagem possível. (Foucault, 2005b: 351, grifo nosso)

Há um *ethos filosófico* necessário ao esforço de compreender aquilo no que nos tornamos, como condição de possibilidade para aprimorar as relações humanas, superando discriminações, preconceitos e inúmeras formas de violência ainda hoje bastante presentes em nossa sociedade. A manutenção do respeito à heterogeneidade é indissociável da prática social da tolerância ao "diferente", ao "estranho". Mas esse é apenas um primeiro passo. Não basta apenas tolerância, é necessário promover inclusão social, fomentar integração, acolhimento e solidariedade. Como observa Zigmunt Bauman, "a consciência da condição pós-moderna revela a tolerância como sina. Ela também torna possível – apenas possível – o longo caminho que leva [...] *da tolerância à solidariedade*" (Bauman, 1999: 251, grifo nosso).

No cenário contemporâneo, cada vez mais multiétnico e racial, composto por significativas diversidades de sexualidade e gênero, diferenças de opinião e conduta, regionalismo e crenças distintas, enfim, extremamente multifacetado, torna-se claro que a *inclusão* e a *diversidade social* configuram-se como um princípio ético fundamental, não somente para promoção de coexistência com qualidade de vida, mas condição para a própria persistência da vida. De fato, "a sobrevivência no mundo da contingência e diversidade só é possível se cada diferença reconhece outra diferença como condição necessária da sua própria preservação" (Bauman, 1999: 271).

Por fim, vale lembrar que a igualdade de direitos e oportunidades somente se efetiva de modo justo na sociedade na medida em que é acompanhada pelo respeito às diferenças. Mas há ainda quem confunda tais concepções, como destaca Veiga-Neto: "diferença não é antônimo de igualdade. Nós queremos a igualdade, mas ao mesmo tempo nós queremos manter as diferenças. O contrário de diferença é a mesmice, o contrário de igualdade é a desigualdade" (Veiga-Neto, 2005: 58).

Um dos grandes desafios éticos presente no século XXI refere-se a como lidar com esse problema, que não é apenas uma grave questão social, mas deve ser entendido também como *uma questão filosófica*. Dependendo do modo como se compreende o problema, surgem, articuladamente, estratégias diversas para lidar com ele. Não há por que supor que haja um entendimento "certo" ou "adequado" em si mesmo, permanecendo o problema em aberto para a análise filosófica de cada um de nós. Talvez possamos, sinteticamente, configurar dois grandes encaminhamentos para a compreensão e trato dessa questão. Vejamos. (1) Considerando que os padrões de "normalidade" que foram construídos ao longo da Modernidade configuram-se como o alicerce para as discriminações pejorativas, conceituações de "anormalidade" e, consequentemente, mecanismos de exclusão social, não seria o caso de investir em uma *desconstrução das identidades?* (2) Levando em conta as edificações discursivas, as relações de poder e o cenário socioeconômico configurados na Modernidade, e tendo em vista as atuais estruturas e práticas sociais de preconceito e exclusão, não seria o caso de investir em um *fortalecimento das identidades excluídas?*

No primeiro caso, compreende-se que a raiz do problema se encontra no padrão de "normalidade", que torna possível o estabelecimento das distinções pejorativas em relação àqueles que escapam às expectativas de conduta. É possível observar tal compreensão e estratégia em discursos e práticas que visam desconstruir tais padrões, como no caso da afirmação de que há múltiplas formas de gênero e sexualidade, que se encontram além do binarismo masculino-feminino e escapam à heteronormatividade; ou ainda, por exemplo, quando se declara que há diferentes formas de ser e viver que não podem ser classificadas por meio das oposições sanidade-loucura, correção-delinquência, pois são apenas diferentes. Por essa perspectiva, seria o caso de investir na multiplicação da diversidade, apresentando as variadas formas de manifestação e conduta como uma miríade de opções que devem ser tomadas em condições de igualdade valorativa.

No segundo caso, tem-se o entendimento de que fortalecer as identidades excluídas, por vezes conceder-lhes novos significados positivos que não se encontram presentes nos discursos hegemônicos, é a melhor estratégia para promover a inclusão de grupos depreciados socialmente. Pode-se observar tal encaminhamento em discursos e práticas que visam enaltecer e valorizar a identidade negra, homossexual, feminina, indígena, ou referente a alguma comunidade desfavorecida etc. Tais movimentos têm assumido significativo fôlego no cenário contemporâneo. Considerando o contexto já apresentado da interseccionalidade, significaria também afirmar identidades provenientes de uma articulação de diferentes marcadores sociais, tais como "a mulher negra da periferia", "o transexual branco de classe média" ou "o imigrante gay nordestino" etc. Tal entendimento preconiza que apenas reconhecendo e investindo de modo valorativo em certas identidades, sejam elas unitárias ou interseccionais, que foram historicamente excluídas, pode-se promover significativamente a inclusão social. Nessa toada, cabe reforçar as identidades excluídas para que, no contexto e na dinâmica das lutas sociais, todas possam ser reconhecidas e valorizadas de forma heterogênea e ampla na sociedade.

A objeção ao primeiro caso, em geral, repousa na concepção de que a desconstrução de tais identidades acaba por articular certo "apagamento" das discriminações pejorativas e preconceitos presentes na sociedade. Já a objeção ao segundo caso, em geral, caminha na direção da compreensão de que fortalecer tais identidades promove mais tensionamento e divisão na sociedade. Talvez cada um desses entendimentos e respectivas estratégias sejam pertinentes a situações distintas, permanecendo a pergunta filosófica em pauta: como compreender e lidar socialmente com as diferenças entre os seres humanos?

Por fim, não se pode perder de vista que também é fundamental interrogar por que tantos consideram importantes as diferenças referentes às cores da pele ou às formas de sexualidade e não, por exemplo, ao tamanho das orelhas, às preferências culinárias ou às apreciações estéticas e literárias. Se há tantas e tão ricas diferenças entre nós, o que torna tão difícil lidar com algumas, enquanto outras sequer são observadas? Essa mesma questão poderia ser formulada em sentido inverso: mas o que, *realmente*, nos faz diferentes na condição humana?

3. Considerações sobre diversidade étnico-racial, de gênero e sexualidade

A problemática de gênero e sexualidade, bem como as questões étnico-raciais, apresenta uma significativa trajetória, principalmente ao longo do século XX, articulando não somente lutas históricas, como também desenvolvimentos teóricos e críticos acerca de cada um dos referidos temas. As formas de resistência que emergiram em inúmeras lutas sociais, tais como o movimento negro, o feminismo, o movimento gay, posteriormente a mobilização LGBTQIA+, são elementos constituintes do percurso ético que vem sendo traçado na contemporaneidade. Não se pretende aqui, de modo algum, dar conta da complexidade e riqueza de tais discussões, mas apenas indicar alguns aspectos importantes que nos permitam considerar de modo mais cuidadoso tal cenário de demandas e desafios éticos na atualidade.

Em relação à questão de gênero, um dos autores que contribuíram para as discussões e estudos sobre o tema, principalmente desenvolvidos posteriormente e a partir de sua inspiração, foi o já mencionado filósofo Michel Foucault, por meio de sua conhecida *História da sexualidade*. Há em Foucault um explícito convite para que repensemos tal problemática, tendo em vista que as identidades de gênero são efeitos de um processo de construção sócio-histórica, a partir da articulação de um conjunto de saberes e relações de poder que se fizeram presentes na sociedade moderna, principalmente a partir da segunda metade do século XVIII.

A partir da dinâmica de elaboração de discursos e relações de poder presentes na sociedade, surgiram processos de subjetivação que edificam "identidades" associadas a gênero e sexualidade. Para problematizar as relações de poder ali imbricadas, é necessário considerar que não há propriamente nenhuma identidade "verdadeira e originária" e que podemos ampliar os significados do masculino e do feminino, incluindo diferentes formas de sexo, orientação sexual e gênero. Tendo em vista a riqueza e a complexidade do cenário atual acerca dos debates sobre essa temática, consideremos o quadro a seguir:

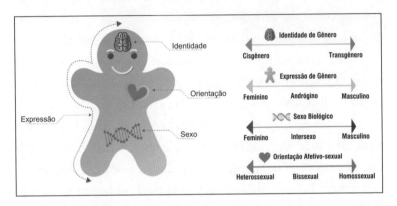

Fonte: Guia da Diversidade LGBT, Prefeitura do RJ. Portal MultiRio.

Com a ilustração apresentada, é possível considerar, simplificadamente, alguns dos importantes aspectos dessa discussão. Vejamos cada um deles. (1) *Identidade de gênero* faz referência a "como você se considera", ou seja, masculino/homem, feminino/mulher, ou ainda configurações além dessas categorias, como nos casos da androgenia ou do não binarismo. É nesse contexto que surgem denominações atualmente bastante empregadas, tais como cisgênero ou transgênero, que se articulam respectivamente à manutenção ou transposição do gênero que lhe foi aplicado ao nascer e durante sua criação, em geral, em função de identificações biológicas. (2) *Expressão de gênero* diz respeito a como a pessoa demonstra socialmente seu gênero. Nesse caso, tal expressão pode ou não estar em sintonia com sua identidade de gênero ou seu sexo biológico. As dificuldades de adequação entre a expressão de gênero, a identidade e o sexo biológico têm se constituído como significativa fonte de sofrimento social na contemporaneidade. (3) *Sexo biológico* é a referência tradicional que se tem na sociedade, diretamente associada aos órgãos sexuais masculino e feminino. (4) *Orientação afetivo-sexual* refere-se ao interesse que a pessoa apresenta por pessoas de gênero distinto, do mesmo gênero, de ambos, ou ainda por um gênero indefinido, cabendo ainda considerar aqui pessoas assexuadas, que expressam pouco ou nenhum interesse sexual.

Além das configurações mais tradicionais – homens e mulheres cisgênero heterossexuais, ou ainda homossexuais –, cabe observar que várias combinações entre tais elementos têm sido afirmadas no contexto das lutas e políticas de identidade. É o que se pode observar, por exemplo, no caso de alguém que tem o sexo biológico masculino, identidade e expressão de gênero feminina (mulher trans), e orientação sexual homoafetiva (lésbica), ou sexo biológico feminino, identidade e expressão de gênero masculino (homem trans), e orientação sexual heterossexual (interesse por mulheres), ou sexo biológico masculino, expressão de gênero não binário e orientação sexual bissexual, e assim por diante.

Atualmente, o termo que tem sido mais empregado, claramente uma ampliação inclusiva em relação à conhecida sigla LGBT, é o LGBTQIA+, que se refere a Lésbicas, Gays, Bissexuais, Transgêneros/Travestis, Queer (não binário), Intersexuais, Assexuais, permanecendo o símbolo + como indicativo de outras possibilidades não listadas.

A temática de gênero e sexualidade, particularmente em sua interface com a problemática da promoção da inclusão social e da diversidade, tem assumido grande destaque nas instituições públicas e nas empresas, como podemos observar, por exemplo, no quadro a seguir:

Conheça os 10 compromissos da empresa com a promoção dos direitos LGBT

1. Comprometer-se, presidência e executivos, com o respeito e com a promoção dos direitos LGBT.
2. Promover igualdade de oportunidades e tratamento justo às pessoas LGBT.
3. Promover ambiente respeitoso, seguro e saudável para as pessoas LGBT.
4. Sensibilizar e educar para o respeito aos direitos LGBT.
5. Estimular e apoiar a criação de grupos de afinidade LGBT.
6. Promover o respeito aos direitos LGBT na comunicação e marketing.
7. Promover o respeito aos direitos LGBT no planejamento de produtos, serviços e atendimento aos clientes.
8. Promover ações de desenvolvimento profissional de pessoas do segmento LGBT.
9. Promover o desenvolvimento econômico e social das pessoas LGBT na cadeia de valor.
10. Promover e apoiar ações em prol dos direitos LGBT na comunidade.

Tais compromissos são fundamentais para a promoção do respeito à diversidade nas empresas e podem estender-se também aos outros grupos, como mulheres, população negra ou de etnia específica, jovens, idosos, entre outros.

A seguir, algumas ideias para o alcance desses compromissos:

✓ Reflexões coletivas por meio de exercícios de grupo sobre gênero, respeito à diversidade, envolvimento dos homens sobre paternidade e cuidado, entre outros temas trabalhados neste caderno de ferramentas.

✓ Elaboração conjunta de campanhas, que envolvam estratégias criativas sobre respeito à diversidade, questionamento das normas de gênero e desigualdades raciais, entre outras.

- ✓ Licença semelhante à paternidade para a companheira de mulher lésbica que engravida.
- ✓ Aceitação dos diversos modos de se vestir. A atenção pode ser na proteção do corpo, e não no gênero da roupa.
- ✓ Preparação da equipe de recepção da empresa, para que evite discriminações baseadas na aparência e respeite o uso do nome social.
- ✓ Inclusão do nome social nos formulários, sistemas de informação e identificação.
- ✓ Tornar explícito e público o compromisso da empresa com o respeito à diversidade sexual, de gênero, raça e etnia.
- ✓ Promover a integração e o respeito entre as diferentes formas de família nas comemorações das empresas.
- ✓ Articular-se com outras organizações e buscar influenciar políticas públicas para facilitar a implementação do respeito à diversidade nas empresas.
- ✓ Estabelecer metas específicas para inclusão de travestis, transexuais, pessoas negras, de etnias diversas, mulheres e jovens em processos de recrutamento e seleção, realizando ações afirmativas para ampliar a participação do segmento no mercado de trabalho.
- ✓ Revisar ferramentas e procedimentos de avaliação e identificação de potenciais para desenvolvimento na carreira para o alinhamento com a postura de não discriminação da empresa e identificação de possíveis posturas discriminatórias.
- ✓ Inserir o tema da orientação sexual e identidade de gênero em censos e pesquisas internas (clima, engajamento, saúde, bem-estar etc.), com os devidos cuidados para não ampliar a discriminação, garantindo que o segmento LGBT seja considerado e os dados possam inspirar a criação de políticas e práticas específicas ou não.
- ✓ Revisar políticas e protocolos de recrutamento e seleção em relação a processos que produzem discriminação.
- ✓ Implantar ouvidoria ou canal de escuta ou queixa sobre discriminações na empresa.
- ✓ Promover debates com diferentes grupos para ouvir suas demandas de políticas pró-equidade.

- ✓ Revisar políticas de benefícios familiares para que sejam justas em relação às diferentes configurações de família.
- ✓ Promover eventos internos e externos em associação com grupos da sociedade civil que apoiem os direitos LGBT, das mulheres, das pessoas negras, de diferentes etnias e redução de diversas formas de opressão.
- ✓ Incentivar e apoiar a contratação de outras empresas que tenham políticas claras para a promoção da equidade entre os diferentes grupos.
- ✓ Promover projetos sociais para apoio educacional e de inclusão no mercado de trabalho.

Fonte: Fonseca et al., 2016.

A problemática étnico-racial, por sua vez, vem sendo tematizada intensamente nas últimas décadas por muitos autores contemporâneos, mostrando-se questão extremamente relevante na atualidade. Os séculos de horrores da escravidão deixaram como legado formas de preconceito e discriminação por vezes sutis, porém não menos violentas. As pessoas que foram escravizadas não desfrutam, ainda hoje, de condições equânimes no tratamento social ou nas oportunidades profissionais. Homens e mulheres negros estão muito mais sujeitos a violências sociais, marginalização e riscos de mortalidade. Contudo, deve-se notar que o racismo não se encontra presente apenas em situações vexatórias ou grotescas, como naquelas em que alguém se recusa a atender adequadamente uma pessoa negra ou que ofende outro cidadão em função de sua raça ou etnia. O racismo opera como um forte dispositivo social, entranhado em nosso modo de compreensão e julgamento das pessoas e dos fatos, o que leva as pessoas a comportamentos discriminatórios, em alguns casos sem nenhuma percepção de seus próprios atos. Há muito menos oportunidades de ascensão profissional, o que se torna evidente, por exemplo, quando consideramos a disparidade em relação à ocupação de cargos de gestão por negros. No cenário contemporâneo, sem dúvida, investir em promoção da inclusão e igualdade racial configura-se como importante demanda ética. No quadro a seguir podemos ver um pouco como o tema encontra-se presente e tem sido trabalhado no contexto social e organizacional.[2]

Com base em práticas de 20 empresas de grande porte no Brasil, a consultoria KPMG e a ONG Afrobras chegaram a uma lista de boas práticas para a promoção da equidade de oportunidades e a diversidade no mercado de trabalho e diferentes etnias, raça ou tons de pele.

As ações foram levantadas a partir de um estudo divulgado na quarta-feira, 21 de novembro – o Relatório de Gestão da Diversidade e Inclusão Racial – no seminário Jornadas da Diversidade, realizado pela Iniciativa Empresarial pela Igualdade Racial, em São Paulo.

A Iniciativa é um projeto da Afrobras, mantenedora da Faculdade Zumbi dos Palmares, que reúne executivos de 70 companhias para discutir formas de diminuir a desigualdade social no mercado de trabalho brasileiro. Entre as primeiras empresas signatárias deste movimento estão a fabricante de bebidas Coca-Cola e os bancos Bradesco, Itaú e Santander. Veja a seguir as dez práticas mais frequentes nas empresas para promover inclusão racial e aumentar a diversidade do quadro de funcionários:

1. **Processo contínuo**

A inclusão é um processo contínuo que permeia a cultura da organização. Portanto, o conjunto de comportamentos esperados deve ser constantemente reforçado até o ponto que o diverso esteja presente de forma natural em todos os ambientes e níveis da organização.

---

[2] Um material relevante para a compreensão do assunto aplicado ao ambiente organizacional pode ser encontrado na *Cartilha para diversidade de raça* (2018). Vale destacar também o *Índice de equidade racial nas empresas* (2021).

2. Envolvimento dos gestores

As empresas costumam promover a sensibilização dos seus gestores sobre atos de inclusão e valorização do indivíduo, bem como explicar sobre a relevância da diversidade para a sustentabilidade da empresa.

3. Exemplos fortes

É importante que membros do time executivo da companhia se posicionem sobre a necessidade de melhoria, a implantação de práticas inclusivas. Nesse contexto, a principal liderança da companhia assume um papel de protagonismo direto, ou cria um grupo de trabalho em nível executivo que se envolva nas estratégias de diversidade.

4. Questão estratégica

A maioria das empresas do estudo mantém um cargo ou equipe responsável pela diversidade que responde diretamente à presidência, visando dar maior autonomia e evidência às estratégias de inclusão.

5. Retenção e desenvolvimento

As principais ações de retenção e desenvolvimento estão focadas em treinamentos comportamentais e programas de mentoria. Workshops sobre vieses inconscientes também são frequentes.

6. Comunicação inclusiva

Comunicar claramente a intenção de aumentar a diversidade racial na empresa e os benefícios previstos com as iniciativas é um processo-chave da inclusão e diversidade. Na maioria dos casos, é necessário fazer uma revisão da linguagem utilizada na divulgação sobre vagas abertas, nos cursos e treinamentos internos.

7. Honrar a história

Outro ponto relevante é evidenciar a importância das datas relativas a direitos humanos e cidadania dos negros, reforçando o contexto histórico e promovendo a empatia nas empresas. Por exemplo: 21 de março, dia internacional para a eliminação da discriminação racial; 13 de maio, dia da abolição da escravatura e dia da luta pela discriminação racial; 20 de novembro, dia da consciência negra.

8. **Grupos de afinidade**

A criação de um comitê de diversidade para iniciar as atividades de inclusão e diversidade ocorre na maioria das empresas inclusivas. Esses comitês são geralmente formados por mais de cinco pessoas que representem diferentes áreas e níveis hierárquicos da empresa. A frequência das reuniões geralmente é mensal para garantir um acompanhamento eficiente das atividades.

9. **Cadeia de valor**

Algumas empresas estimulam que fornecedores, prestadores de serviços e clientes adotem, a seu exemplo, iniciativas de promoção da igualdade racial. Os recursos utilizados atualmente são ações educativas.

10. **Métricas e resultados**

As empresas contam com métricas para aferir o sucesso de suas iniciativas de diversidade racial ou étnica. Os indicadores são acompanhados regularmente nos processos seletivos, nas promoções, nos programas de estágio e nas diferentes localidades de suas operações. Conforme o nível de transparência da empresa, os resultados são divulgados nos relatórios de sustentabilidade, responsabilidade social corporativa ou nas redes sociais.

Fonte: *Exame*, 2018.

Durante séculos, o paradigma branco, masculino e heteronormativo moldou a elaboração discursiva, tornando necessário que os movimentos por equidade étnico-racial e diversidade de gênero e sexualidade problematizassem a compreensão dominante acerca de inúmeros fenômenos sociais. Isso corresponde diretamente aos clamores por ampliar a voz e a visibilidade social dos negros, dos indígenas, das mulheres, dos LGBTQIA+ etc. As formas de silenciamento são por vezes sutis e de difícil reconhecimento público; podem estar presentes em piadas cotidianas, desatenção a demandas apresentadas, ou sentimentos de superioridade e desprezo. Sem dúvida, é fundamental que cada um desses grupos possa elaborar significados, valores e propósitos para si mesmos e em relação ao mundo em que vivemos. Durante séculos, isso lhes foi negado, pois o homem branco heteronormativo sempre esteve à frente da construção discursiva acerca da compreensão das formas humanas de ser, das práticas morais e da própria realidade. Por isso, muito tem sido discutido sobre a importância de permitir mais pluralidade de vozes. Uma expressão que se notabilizou em relação a tal temática é "lugar de fala". Tem-se aqui claramente uma valoração, com intuito de ampliação da voz, do "contexto" a partir do qual determinado discurso é produzido. Simplificadamente, cabe destacar e valorizar o discurso da mulher sobre si mesma, que se encontra mais qualificado para tratar das especificidades de violências machistas ou sexistas às quais se encontra sujeita, e o mesmo, obviamente, aplica-se à importância da voz dos negros sobre o racismo, ou dos gays sobre a homofobia etc.

Todavia, cabe destacar certa dificuldade no âmbito das questões aqui abordadas. Por um lado, é inegável que seja crucial ampliar a visibilidade e a possibilidade discursiva de negros, indígenas, mulheres e LGBTQIA+, grupos que escapam à "branca heteronormatividade masculina", concedendo maior pluralidade de vozes na sociedade. Por outro lado, não se pode perder de vista que a evidente relevância e urgência de tais demandas, acaba por vezes permitindo excessos questionáveis do próprio ponto de vista ético aqui matizadamente trabalhado. Por exemplo, a valorização do "lugar de fala", sem dúvida um importante elemento de fomento à diversidade, não pode tornar-se, inversamente, um mecanismo de cerceamento da voz. Em outras palavras, não parece plausível empregar esse argumento para desqualificar ou invalidar o discurso de homens sobre mulheres, ou de brancos sobre negros, ou de héteros sobre gays etc. Conceder importância ao agente discursivo que se encontra propriamente no "contexto" do qual fala é completamente diferente de silenciar aqueles que não se encontram no mesmo "lugar".

Além disso, vale lembrar que, apesar da fundamental importância de combater o machismo, a homofobia, a transfobia e o racismo presentes na sociedade, não se pode indicar de modo indiscriminado a ocorrência de tais práticas, sem a devida atenção a cada caso, não devendo isso ser confundido com a discussão sobre sua presença dominante nas sociedades contemporâneas. A atitude filosófica nos exige, por definição, o exercício persistente do "espanto" e da interrogação crítica diante de cada situação. O cenário configurado pela urgência de tais questões pode instigar a julgamentos precipitados e clamores cegos que, mobilizando mídias e redes sociais, gerem perseguições e linchamentos. Assim, a tarefa ética fundamental de prevenção e combate às discriminações não pode jamais associar-se à injustiça ou à suspensão de direitos, tal como presentes na recusa ao contraditório ou à ampla defesa de qualquer cidadão.

4. Ética participativa: integrando saberes e assumindo riscos

Outra linha muito presente nos discursos contemporâneos, que pode ser compreendida filosoficamente como um desdobramento "*próativo*" da temática dos Direitos Humanos no âmbito organizacional e para além dele, diz respeito às éticas participativas. Nesse aspecto, não caberia apenas "combater o assédio moral", ou seja, impedir que violências à dignidade humana tenham lugar nas instituições: trata-se de promover diálogo, cooperação e participação.

Uma das perspectivas de solução da problemática aberta pela crise do projeto moderno aponta para necessidade de elaborar uma construção participativa para a resolução de conflitos, linha de discurso que pode ser retraçada em seu substrato mais fundamental à ética da ação comunicativa de Jürgen Habermas. Tem-se, sobretudo, considerando os direitos humanos e o atual pendor democrático, que as decisões encontrariam uma melhor fundamentação se alicerçadas em um processo de discussão organizada, do qual participassem todos aqueles envolvidos em determinada atividade. Quanto mais ampla e rica for a participação das diferentes partes interessadas, maior a garantia de deliberações éticas em cada contexto, seja ele interno ou externo. A ética da participação é um importante indicativo para o acolhimento das diferenças e para a ampliação da inclusão da diversidade social, étnica, racial, de gênero etc.

Essa proposta parece, pelo menos em tese, de acordo com o contexto cultural em que vivemos, no qual há tendência a problematizar a legitimidade e mesmo a veracidade de toda decisão que se apresente como pronta, acabada e conclusiva. A atualidade traz, nesse sentido, urgência de que se modifique a própria noção de "conhecimento", o que implica abdicar da percepção de que há algo a ser inequivocamente "transmitido pelos especialistas", ou seja, aceitar que há sempre muito a ser "compartilhado". Donde a importância da noção de participação, que surge como um indicativo ético importante na contemporaneidade, funcionando como metodologia de legitimação das decisões, seja no ambiente empresarial, na sociedade civil organizada ou nas instituições governamentais.

Há mesmo, em certos discursos recentes sobre gestão, uma tendência à mistura da ética e da eficiência, insinuando que é "vantajoso ser ético". Diz-se, por exemplo, em prol das vantagens da participação, que uma "grande ideia" pode surgir de onde menos se espera, que são conhecidos interessantes casos de importantes decisões empresariais que seguiram sugestões provenientes de setores operacionais. Faz-se importante, por isso, dar voz aos profissionais dos diferentes setores da empresa ou instituição, independentemente de sua qualificação, principalmente quando os problemas se referem a áreas nas quais eles trabalham.

Alega-se, além disso, que o crescimento do nível de participação no contexto de discussão e reflexão que antecede a tomada de decisão contribui diretamente para um maior engajamento dos indivíduos envolvidos na atividade, ampliando, simultaneamente, o senso de responsabilidade coletiva, ainda que isso retarde o processo decisório.

Naturalmente, há diferentes possibilidades de participação, que devem ser objeto de consideração ponderada por aqueles que ocupam as funções responsáveis por sua aprovação e coordenação, o que implica a disponibilidade por parte desses gestores de uma espécie de *sabedoria prática*, aristotélica. Em geral, somente gestores muito qualificados, confiantes em seus propósitos e efetivamente capazes de organizar a discussão e o compartilhamento das decisões, podem expor-se aos riscos de tal abertura participativa.

Questão parecida surge com outras roupagens, por exemplo aquela que se abriga sobre as rubricas de uma ética da diferença, da hospitalidade, da *abertura à alteridade*. Essas éticas podem ser retraçadas a outro nome importante na cena contemporânea, o filósofo Jacques Derrida. Em termos muito amplos, esse pensador formula:

[...] a hospitalidade absoluta exige que eu abra a minha casa e que eu dê não somente ao estrangeiro (dotado de um nome de família, de um estatuto social de estrangeiro etc.), mas ao outro absoluto, desconhecido, anônimo, e que eu lhe dê lugar, que o deixe vir, que eu o deixe chegar, e ter lugar no lugar que eu lhe ofereço, sem lhe pedir nem reciprocidade (a entrada em um pacto) nem mesmo seu nome. (Derrida, 1997: 29)

O que é sugerido por Derrida é uma abertura essencial ao outro – coisa que acarreta sempre a possibilidade de ter que reconsiderar posições próprias –, é um convite a uma experiência de abertura à alteridade. De fato, a implementação de um processo participativo e solidário depende de um constante esforço de respeito à diferença e à heterogeneidade daqueles que se propõem participar e construir soluções coletivas. Além disso, como não há uma fórmula ou regra que deva (ou, em última análise, possa) ser seguida para articular um amplo processo de democracia participativa, tal iniciativa sempre será marcada pelo ensaio e pelo risco, por estratégias que não podem evitar a dúvida e têm que ser repensadas em cada contexto e momento. Pode-se, enfim, dizer que a relação com o outro tem que ser renegociada em cada nova situação, assumindo-se sempre os riscos desse processo, e que este parece mesmo ser o melhor encaminhamento para a resolução de conflitos: investir em um processo de abertura à alteridade.

O desafio, percebe-se, é que essa abertura, no plano empresarial, marcado historicamente pela competitividade, jamais poderá ser uma abertura sem reservas ou ingênua. Lidar com esses riscos eticamente necessários, e possivelmente vantajosos, há, novamente, de envolver uma boa dose de sabedoria prática, visando construir filtros contra a alteridade predatória.

Promover inclusão, diversidade social e processos participativos, principalmente no que se refere à diversidade étnico-racial, de gênero e sexualidade, tem se mostrado um dos grandes desafios de nosso momento civilizacional. Trata-se aqui de um desafio fundamental não somente para cada um de nós individualmente, mas também para sociedade civil organizada, governos e empresas.

5. Assédio moral

No âmbito do conjunto de lutas em defesa da dignidade da pessoa humana, o combate ao assédio moral tem se notabilizado como importante fator nas sociedades democráticas de direito. Pode-se dizer que o termo hoje tem sido usado para referir-se a inúmeras formas de violência moral e psicológica, de discriminação social, étnica, racial, religiosa, sexual ou de gênero, principalmente presente em estruturas organizacionais, sejam elas públicas ou privadas. Por vezes, a noção é também empregada em sentido genérico, para expressar sentimentos de injustiça, exclusão ou ofensa pessoal. No entanto, é importante considerar mais especificamente aquilo que, de fato, pode ser considerado como assédio moral – o que de modo algum invalida a denúncia e o combate a outras formas de violência na sociedade. Trata-se de uma conduta abusiva, que se expressa "por comportamentos, palavras, atos, gestos, escritos, que possam trazer dano à personalidade, à dignidade ou à integridade física ou psíquica de uma pessoa, pôr em perigo seu emprego ou degradar o ambiente de trabalho" (Hirigoyen, 2001: 65).

O assédio moral é sobretudo uma conduta abusiva, mostrando-se como um comportamento que excede as práticas morais de determinado grupo social, como uma prática que apresenta visibilidade no contexto de tal coletividade e configura-se como uma ação repetida ao longo do tempo – o que afasta a possibilidade de caracterizá-la no contexto de uma mera ofensa pontual (Fiorelli, Fiorelli e Malhadas, 2007). Nesse sentido, deve-se distinguir a prática de dano moral daquilo que caracteriza o assédio moral: no primeiro caso, um excesso pontual, um descontrole emocional, certamente pode gerar dano à vítima e deve decerto ser reparado, podendo ser objeto de um pedido público de desculpas ou mesmo de uma ação cívil. O assédio moral, por sua vez, é uma conduta excessiva, eventualmente sutil, porém necessariamente continuada no tempo.

Embora alguns autores compreendam que o fator da intencionalidade, ou seja, a caracterização de que o assediador age com o objetivo de atingir a vítima, seja importante para tipificar o assédio moral, um dano devidamente comprovado pode configurar tal prática, ainda que não haja dolo, ou seja, intenção clara e consciente do agente.

Ainda que a forma de materialização das práticas de assédio, em geral, esteja muito condicionada a relações de poder, ou seja, comumente se manifeste entre níveis hierárquicos, pode-se também observá-la entre pares, indivíduos que se encontram na mesma condição, grupo ou equipe. No primeiro caso, tem-se o chamado assédio vertical, certamente o mais comum; no segundo caso, apresenta-se o assédio horizontal, facilmente verificado em contínuas ações ofensivas realizadas por grupos contra determinado indivíduo de mesmo nível hierárquico. Mas, em todos os casos, é muito comum a condição em que "a vítima é estigmatizada: dizem que é de difícil convivência, que tem mau caráter, ou então que é louca. Atribui-se à sua personalidade algo que é consequência do conflito" (Hirigoyen, 2001: 69).

Em um primeiro momento, consideramos como assédio moral práticas evidentemente discriminatórias e persecutórias em ambientes organizacionais, como a manifestação de preconceitos, ofensas ou agressões, sejam de caráter pessoal, social, étnico, racial, religioso, sexual ou de gênero. Todavia, é significativo considerar que tais práticas se fazem presentes muitas vezes de modo sutil e velado, conforme podemos observar no quadro a seguir.

As formas mais comuns de assédio moral, segundo Hirigoyen (2001):

- *Deformação da linguagem*: comunicação com voz neutra, monocórdica, desagradável, tom de voz que sugere ameaças veladas ou censuras não verbalizadas.

- *Recusa à comunicação direta*: conflito não explícito, no qual o agressor fere a dignidade da vítima de forma vaga e sem revelar os motivos. Por exemplo, acusa um colaborador de incompetência sem apresentar fatos e dados.

- *Desqualificação*: trata-se de negar as qualidades de uma pessoa, dirigir-lhe palavras ofensivas ou atribui-lhe algum apelido pejorativo.

- *Isolamento e deterioração do ambiente de trabalho*: semear a discórdia, insuflando as pessoas umas contra as outras.

- *Afronta à competência*: desrespeitar a formação e o talento profissional dos colaboradores, atribuindo-lhes tarefas irrelevantes, inadequadas à sua qualificação ou até mesmo humilhantes.

- *Indução ao erro*: levar uma pessoa a cometer uma falha, confundindo-a com informações irrelevantes ou inadequadas, criando oportunidades ou pretextos para que seja alvo de críticas ou rebaixamentos.

Tendo em vista que o assédio pode, efetivamente, caracterizar-se em ações sutis que expressem ofensa à dignidade humana, tal cenário abre, por outro lado, espaço para confundi-lo com o "sentimento de injustiça". Há muitos motivos, pertinentes ou não, para o surgimento de tal reação emocional, que certamente é perfeitamente legítima no âmbito individual, mas é preciso ainda considerar cuidadosamente se a prática de assédio moral deve aqui ser confirmada. Divergências de opinião ou religião, interesses econômicos, critérios não tão evidentes para a tomada de decisão, por exemplo, fazem parte da convivência social, e podem eventualmente ser conflituosos, porém muitas vezes são precipitadamente caracterizados como assédio moral.

A questão filosófica aqui implícita refere-se, no fundo, à compreensão do próprio conceito de *dignidade da pessoa humana*. Por um lado, certos atos são evidentemente formas de violência, preconceito, discriminação e exclusão social; por outro, há comportamentos que devem apenas ser compreendidos como diferentes de nosso entendimento da realidade, eventualmente estranhos ou diversos, ainda que possam gerar certo desconforto. Todavia, há certa "zona cinzenta" na qual não parece claro se estamos diante de uma ofensa moral ou se o que se apresenta é apenas um incômodo diante da nossa própria dificuldade de lidar com as diferenças. Dependendo de como compreendemos a noção de *dignidade humana*, modifica-se aquilo que deve nos mobilizar para impedir que violências morais sejam exercidas da sociedade. Torna-se desse modo essencial que a pergunta sobre o que é a "dignidade humana", o que a preserva ou viola, seja uma *questão* persistentemente recolocada por todos nós, de modo tão filosófico e corajoso quanto possível.

6. Modelos de gestão ética

O escopo da discussão sobre "modelos de gestão ética" é amplo. Vai da gestão do modo como as instituições e empresas se inserem em sua época e lugar até a administração de questões internas. Os dois âmbitos estão indissociavelmente ligados. O que acontece no âmbito externo influi no interno, e vice-versa. Assim, as soluções encontradas internamente por empresas ou arranjos de empresas, sobretudo devido à força de alguns desses arranjos, influenciam todo o sistema.

Outro problema encontrado quando se fala de "gestão ética" é o da identidade dos agentes. Tradicionalmente, a ética e a moral dizem respeito a decisões tomadas por indivíduos, ou seja, por unidades decisórias (ainda que cada um de nós, como disse Sigmund Freud, não seja exatamente "senhor da sua própria casa").

No contexto empresarial, todavia, em geral se fala do comportamento ético da empresa X ou da empresa Y, comportamento que concerne a escolhas feitas por grupos gestores mais ou menos numerosos, dependendo do tipo de empresa. Obviamente, não só os gestores têm importância na definição desse perfil mais ou menos ético da empresa, mas também o conjunto de colaboradores, além, menos diretamente, das demais parte interessadas ou *stakeholders*, como será visto mais adiante. Nesse contexto, os âmbitos interno e externo estão interligados igualmente.

Enfim, considerando essas ressalvas, vamos apresentar as linhas gerais que hoje balizam a ética no âmbito organizacional no que se refere às práticas internas de gestão. Uma cuidadosa aplicação dos "modelos de gestão ética" é fundamental para o adequado trato com ser humano no contexto organizacional, condição para preservação da dignidade da pessoa humana, tanto em seu aspecto *"próativo"* (promoção da inclusão e da diversidade) como em seu contexto *"protetivo"* (combate ao assédio moral).

*

Por tudo o que já foi dito, não deve mais causar surpresa o fato de serem os principais modelos de gestão ética remetidos teoricamente às matrizes filosóficas da ética. Uma possível perspectiva inicial de abordagem, adotada por exemplo por Henry Srour, em seu difundido livro *Ética empresarial*, parte da distinção anteriormente apresentada e feita por Max Weber, entre éticas da convicção e éticas da responsabilidade. Diz Weber que:

[...] toda atividade orientada pela ética pode subordinar-se a duas máximas totalmente diferentes e irredutivelmente opostas. Ela pode orientar-se pela ética da responsabilidade ou pela ética da convicção. Isso não quer dizer que a ética da convicção seja idêntica à ausência de responsabilidade e a ética da responsabilidade à ausência de convicção. Não se trata evidentemente disso. Todavia, há uma oposição abissal entre a atitude de quem age segundo as máximas da ética da convicção [...] e a atitude de quem age segundo a ética da responsabilidade, que diz: "Devemos responder pelas consequências previsíveis de nossos atos". (Weber, 1959: 172)

Pode-se observar que a chamada *ética da convicção* encontra seu fundamento primordialmente na deontologia kantiana, remetendo-se à teoria do imperativo categórico, embora possa caracterizar também outras teorias éticas principialistas, ou seja, que seguem mandamentos ou convicções prévias. A *ética da responsabilidade*, por sua vez, tem sua referência principal no utilitarismo de Bentham e Mill. No primeiro caso, seguem-se princípios, regras e normas estabelecidos de forma absoluta e incondicional. Segundo Srour, a "máxima da ética da convicção diz: 'cumpra suas obrigações' ou 'siga as prescrições'. É uma teoria pautada por valores e normas previamente estabelecidos, cujo efeito primeiro consiste em moldar as ações que deverão ser praticadas" (Srour, 2003: 108). No segundo caso, consideram-se as consequências prováveis das ações, avaliando em cada caso qual a melhor ação, tendo em vista a maximização da eficiência e o bem-estar coletivo. Trata-se de uma ética de análise de resultados. De acordo com Srour, a ética da responsabilidade

[...] apregoa que somos responsáveis por aquilo que fazemos. Em vez de aplicar ordenamentos previamente estabelecidos, os agentes realizam análises situacionais: avaliam os efeitos previsíveis que uma ação produz; planejam obter resultados positivos para a coletividade. (Srour, 2003: 110)

Aplicados à vida empresarial, esses dois sistemas de gestão ética oferecem vantagens e desvantagens, prós e contras, que devem ser considerados por cada gestor em seu ambiente corporativo no sentido. Se, por um lado, a ética da convicção padroniza de forma muito mais rigorosa o comportamento, evitando com mais eficiência seus desvios, por outro, deixa pouco espaço para a reflexão em situações atípicas ou emergenciais. No caso da ética da responsabilidade, se, por um lado, é possível considerar caso a caso a melhor atitude a ser tomada tendo em vista resultados previsíveis, por outro, abre-se um espaço bem maior para que decisões sejam tomadas de forma precipitada ou pouco cuidadosa, em um contexto eventualmente urgente ou emocionalmente tenso.

Tem-se em geral no mundo corporativo a composição desses diferentes modelos de gestão ética, dependendo das funções ocupadas pelos profissionais. Parece impossível, por um lado, que não exista um código de conduta profissional, com normas e procedimentos rígidos para determinadas atividades; todavia, parece também necessário que, em determinadas funções, seja incentivada a possibilidade de decisão diferenciada e criativa diante das várias situações. Ao que tudo indica, o grande desafio dos gestores é estabelecer claramente essa diferença em seu ambiente corporativo, bem como investir na qualificação de profissionais que possam tomar decisões ponderadas em contextos específicos.

Ética da Convicção (Dever)	Ética da Responsabilidade (Utilitarismo)
As decisões decorrem de princípios, ideais e normas.	As decisões decorrem de análise: (a) das circunstâncias; (b) dos riscos; (c) dos custos e benefícios.
Decidir é: (a) saber submeter os casos particulares às prescrições e regras gerais estabelecidas; (b) pensar e propor criticamente.	Decidir é presumir os resultados das ações e responder pelas consequências profissionais e sociais de cada atitude.

No ambiente corporativo, pode-se observar que as instituições e empresas que buscam alinhamento com as práticas éticas presentes na contemporaneidade aplicam, em geral, o modelo de gestão do dever nas áreas de contabilidade, segurança e controle de qualidade de produtos ou serviços. O modelo de gestão utilitarista, por sua vez, emprega-se nas áreas comercial e administrativa, bem como no marketing. Correlatamente, podemos observar a importância da aplicação da gestão do dever na dimensão *protetiva* dos direitos humanos, ou seja, é fundamental uma defesa incondicional do princípio de dignidade da pessoa humana para garantir o combate ao assédio moral. Por outro lado, no que se refere a dimensão *próativa* dos direitos humanos, é possível identificar a necessidade de uma análise de contexto, considerando os problemas específicos de cada organização para que melhores estratégias possam ser obtidas, tendo em vista que os resultados almejados de promoção da inclusão social, da diversidade e da participação sejam efetivamente alcançados.

Referências bibliográficas

BAUMAN, Zygmunt. *Modernidade e ambivalência*. Rio de Janeiro: Jorge Zahar Editor, 1999.

BITTAR, Carlos; ALMEIDA, Guilherme. *Curso de filosofia do direito*. São Paulo: Atlas, 2006.

BOBBIO, Norberto. *A era dos direitos*. Rio de Janeiro: Elsevier/Campus, 2004.

CARTILHA para diversidade de raça. Elaboração por KPMG e Faculdade Zumbi dos Palmares. 2018. Disponível em: https://assets.kpmg/content/dam/kpmg/br/pdf/2018/11/cartilha-diversidade-raca-2018.pdf/. Acesso em: mar. 2022.

CRENSHAW, Kimberlé. Documento para o encontro de especialistas em aspectos da discriminação racial relativos ao gênero. *Revista Estudos Feministas*, vol. 10, 1/2002.

DERRIDA, Jacques. *De l'hospitalité*. Paris: Calmann-Lévy, 1997.

EXAME. As dez práticas mais frequentes nas empresas para a inclusão racial. 2018. [online]. Acesso em: mar. 2022.

FIORELLI, José Osmir; FIORELLI, Maria Rosa; MALHADAS JUNIOR, Marcos Julio Olive. *Assédio moral: uma visão multidisciplinar*. São Paulo: LTr, 2007.

FONSECA, Vanessa et al. *Promoção do respeito à diversidade nas empresas: caderno de ferramentas*. Rio de Janeiro: Promundo, 2016. Disponível em: https://promundo.org.br/recursos/promocao-do-respeito-diversidade-nas-empresas-caderno-de-ferramentas/. Acesso em: out. 2021.

FOUCAULT, Michel. O sujeito e o poder. In: DREYFUS, H.; RABINOW, P. *Michel Foucault – uma trajetória filosófica*. Rio de Janeiro: Forense Universitária, 1995.

_____. *Vigiar e punir*. Petrópolis: Vozes, 2002.

_____. *Em defesa da sociedade*. São Paulo: Martins Fontes, 2005a.

_____. O que são as luzes? In: *Ditos e escritos II*. Rio de Janeiro: Forense Universitária, 2005b.

GUIA da diversidade LGBT. Prefeitura do Rio de Janeiro. Disponível em: www.multirio.rj.gov.br/media/ceds/index.php?pag=apresentacao/. Acesso em: out. 2021.

HIRIGOYEN, Marie-France. *Assédio moral: a violência perversa no cotidiano*. 2. ed. Rio de Janeiro: Bertrand Brasil, 2001.

ÍNDICE de equidade racial nas empresas (IERE). Elaborado por Afrobras e Faculdade Zumbi dos Palmares. 2021. Disponível em: https://iniciativaempresarial.com.br/. Acesso em: mar. 2022.

MACÊDO, I.; CHEVITARESE, L.; RODRIGUES, D.; FREICHAS, S. *Ética e sustentabilidade*. Rio de Janeiro: Editora FGV, 2015.

SROUR, Robert Henry. *Ética empresarial: a gestão da reputação*. Rio de Janeiro: Elsevier/Campus, 2003.

VEIGA-NETO, Alfredo. Incluir para excluir. In: LARROSA, J.; SKLIAR, C. (Orgs.). *Habitantes de Babel. Políticas e poéticas da diferença*. Belo Horizonte: Autêntica, 2001: 105-118.

_____. Quando a inclusão pode ser uma forma de exclusão. In: MACHADO, A. et al. *Psicologia e direitos humanos. Escola inclusiva. Direitos humanos na escola*. São Paulo: Casa do Psicólogo, 2005.

WEBER, Max. *Le savant et le politique*. Paris: Union Générale d'Éditions, 1959.

04 Hegemonia tecnológica e os efeitos da digitalização

1. Introdução

A hegemonia tecnológica que marca a contemporaneidade exige colocar a questão ética no escopo mais amplo tratado no início deste livro, isto é, a partir da polissemia da palavra *ethos* e do entrelaçamento entre as diversas instâncias de regulação de conduta: morais, políticas, jurídicas e técnico-burocráticas.

Relembrando, a postura *ética* assim pensada envolve o recuo crítico em relação aos procedimentos de mediação de conduta sedimentados numa coletividade ou contexto, visando ratificá-los ou retificá-los à luz de fundamentações tão examinadas, sedimentadas e amadurecidas quanto possível. Tais "coletividades" podem ser tão restritas quanto o círculo familiar ou tão amplas quanto o planeta, sendo igualmente importante perceber a relação recíproca e dinâmica, de vizinhança ou inclusão, entre esses contextos. É despropositado, por exemplo, adotar soluções familiares que inviabilizem a convivência, a negociação e a possível transformação da vizinhança para melhor; ou valorizar costumes num município que estejam em flagrante conflito com suas leis ou com as do país onde ele se situa.

Tais percepções são ainda mais importantes no âmbito da hegemonia tecnológica global. O mundo se tornou mais denso demograficamente, mais interligado por redes de transporte e comunicação e mais sensível a transformações pelas ações e poderes disponibilizados pela tecnologia, de modo que cada um de nós experimenta hoje, para o bem e para o mal, a soma das ações e decisões de todos os outros, de formas cada vez mais incisivas e aceleradas.

A tarefa de educar – formal e informalmente – cidadãos que não sejam *meros usuários de novas tecnologias* se torna por isso imperativa. A construção de um possível *ambiente ético* para o século XXI demanda atenção à singularidade das atuais formas de regulação e desregulação tecnológica de condutas, bem entendido, em sua ubiquidade, pervasividade, aceleração e interatividade. Demanda igualmente, posto que o atual momento não foi engendrado do dia para a noite, pensar historicamente o mundo no qual nos vemos inseridos como indivíduos e coletividades; em suma, discutir séria, profunda e abertamente, *eticamente*, nos termos deste livro, nosso atual "projeto civilizacional".

Tudo isso considerado, o presente capítulo se aterá à chamada de atenção para os atuais mecanismos de condicionamento das condutas, suas tensões, problemas e desafios, ocupando-se apenas subsidiária e ilustrativamente de dilemas tecnológicos pontuais como a clonagem e a engenharia genética, a privacidade e a propriedade dos dados, a tomada de decisão por máquinas e os efeitos da digitalização sobre as democracias.

2. A hegemonia tecnológica

O primeiro ponto a ser destacado ao perguntar pelas formas de regulação das condutas cabíveis na era da hegemonia tecnológica – e sobre como é possível agir para transformá-las para melhor – é *a dimensão do fenômeno*. Exemplo talvez mais eloquente, as redes sociais têm penetração nos mais diversos países e lugares, sendo o problema da sua efetiva regulação um problema ético, político e jurídico de primeira grandeza, problema que chega a receber atenções de filmes como *O dilema das redes* (Orlowski, 2020), veiculado por plataformas como a Netflix. Como afirma o cientista da computação Jaron Lanier, a quem cabe a fala final do filme, muitos duvidam que essa regulação possa ser feita pelas legislações dos vários países que se servem dessas redes. Caberia, segundo Lanier, às grandes corporações tecnológicas "arrumar a bagunça".

Entretanto, por mais visíveis e importantes que sejam, as redes sociais não dão conta do fenômeno em epígrafe. A tecnologia está em todos os lugares para os quais se olhe: nos meios de transporte, na comida, na comunicação em geral, nos meios de produção e comércio, nos fluxos de capital, nos cuidados com a saúde, nos dispositivos de habitação em todas as suas fases, da construção à demolição, passando pelas rotinas familiares diárias, enfim, nas técnicas de educação, administração e gestão do trabalho, ainda mais amplamente, na administração do tempo e da vida. Deriva daí a ideia de *hegemonia tecnológica*.

Pensada mais amplamente, para além de um conjunto de instrumentos outrora à nossa disposição, como o martelo e o alicate em nossa caixa de ferramentas, a tecnologia é hoje de fato ubíqua, onipresente. Autores como o alemão Martin Heidegger chamam atenção para a insuficiência da "concepção antropológico-instrumental" da técnica, isto é, para a ideia corriqueira de que a técnica contemporânea se resume a um grande acervo de instrumentos construídos por nós e à nossa disposição, em outras palavras, de meios por nós concebidos para a realização de fins à nossa soberana escolha. Diz esse autor, em seu texto referencial escrito em 1953, intitulado *A questão da técnica*[1], que essa acepção comum da técnica é sem dúvida correta, mas não nos descortina nada de mais essencial sobre o fenômeno contemporâneo, por exemplo, sobre o poder de condicionamento que a planetária rede tecnológica exerce sobre nossos hábitos e horizontes. Indo além da concepção por ele criticada como limitante, Heidegger propõe pensar provisoriamente a atual onipresença tecnológica como uma espécie de "enquadramento" ou "composição" (*Gestell*), que acaba funcionando como um fim em si mesmo e visa maximizar o controle ou a disponibilização pronta e eficiente de tudo que existe, num "projeto" que trata inclusive os homens como peças de reposição e estoque.

Heidegger entende a atual hegemonia como uma espécie de *destino* que precisa ser pensado em seu devir, não exatamente numa chave determinista, mas fortemente condicionante dos hábitos contemporâneos. Resta saber que formas de ação ética são possíveis em meio a tal enquadramento tecnológico, sendo a primeira e mais necessária delas, segundo o mesmo autor, tornar visível o fenômeno e investigar sua dominância, sem demonizá-lo ou idolatrá-lo. Tecnófobos e tecnófilos seriam igualmente incapazes de fazer frente a essa demanda.

Dada a importância do fenômeno, são na verdade muitos e em número crescente os chamados *filósofos da tecnologia*, sendo difícil fazer um mapeamento exaustivo dessa proliferação. Há quem entenda o referido condicionamento em chaves mais (ou menos) incisivas que Heidegger, como Jacques Ellul (ou Andrew

---

1 Heidegger (1953): *Die Frage ach der Technik.*

Feenberg). Há também quem recuse a ideia de uma "essência" única da tecnologia e prefira pensá-la de forma plural, como o chinês Yuk Hui, que escreveu, em título que faz menção a Heidegger, o livro *A questão da técnica na China* (Hui, 2016). Seja como for, unificado ou diversificado, administrável ou determinante, não se pode perder de vista a ubiquidade do fenômeno tecnológico. Mesmo a atual economia do conhecimento, da qual depende a crítica fundamentada do desenvolvimento técnico, é fortemente afetada pelo fenômeno, a saber, pelas atuais bases de dados, motores de busca, métricas e algoritmos de uso acadêmico. Encontrar espaço para uma reflexão que se esquive de precipitações tecnófilas ou tecnófobas é crucial para a construção de uma postura genuinamente ética.

Em vista disso, a próxima seção deste capítulo será dedicada ao mapeamento, mesmo que incompleto, dos múltiplos posicionamentos hoje identificáveis em face da hegemonia tecnológica. Isso é particularmente importante para orientar uma ação consequente e escalável, atenta simultaneamente às várias possíveis formas de regulação de conduta e à complexidade do contexto, em suma, às linhas de força, tensões e divergências que o atravessam.

3. Posições em face da hegemonia tecnológica

São muitas as categorizações da diversidade de posicionamentos e ações cabíveis em face da hegemonia tecnológica. Comecemos por elencar as questões mais prementes: – Quais são os problemas mais urgentes ou importantes? – Quão criticamente se avalia o atual estado tecnológico das coisas e seu porvir? – Que tipo de mundo se pensa construir a partir da atual hegemonia? – Que princípios ou valores devem ser inegociáveis nessa construção? Liberdade? Segurança? Igualdade? Justiça? Felicidade? – Como promovê-los? – Que formas de agência são cabíveis ou prioritárias para a ratificação ou retificação das presentes formas de regulação de conduta? Legislativas? Educativas? Tecnocráticas? Coercitivas? Não é difícil perceber que essas questões se entrelaçam de forma nada trivial.

Visando a uma organização do campo preliminar, retomamos a disjunção feita por Bill Devall em um artigo voltado para a relação entre desenvolvimento tecnológico e ambientalismo, chamado "The deep ecology movement" (Devall, 2003). Nesse artigo, o autor enxerga três grandes grupos de posturas diante do atual momento civilizacional. O primeiro compreende o alinhamento com o que ele chama de *paradigma dominante*, isto é, a crença de que o atual caudal desenvolvimentista está essencialmente correto e que seus problemas se resolverão na linha do tempo, com mais desenvolvimento.

O segundo grupo abriga as posições reformistas em geral, que acreditam que a atual rota civilizacional precisa ser corrigida, mas que isso pode ser feito de dentro, sem rupturas ou reestruturações mais drásticas. Entre os reformistas, contam-se principalmente os defensores dos discursos do *desenvolvimento sustentável*, ou simplesmente *sustentabilidade*.

O último e mais radical posicionamento é referido no texto como *deep ecology*, ecologia profunda. Nele se entende que o atual modelo desenvolvimentista precisa ser profundamente repensado e recriado, passando inclusive por alguma catástrofe ou crise estrutural irreversível, que permita a emergência de cosmovisões menos predatórias.

Sem detalhar a identificação dos três grupos feita no artigo, pode-se perceber que cada um desses posicionamentos leva a linhas de ação muito diferenciadas. Mesmo sem entrar na fundamentação de cada uma dessas posições, pode-se igualmente aceitar que fará grande diferença a consciência que se tenha da existência das outras posições, mais precisamente a presença de atenção a essas "fundamentações". O pior que pode acontecer, em termos éticos, é a afirmação selvagem e peremptória de uma posição, sem exame de fundamentos e interesse pelas bases divergentes.

Passamos por isso a uma tentativa de mapeamento mais matizada, visando destacar as complexidades mencionadas e melhor formular os concomitantes problemas e possibilidades de ação. Os autores e livros selecionados a seguir, é preciso frisar, têm papel apenas ilustrativo nesse mapeamento, sem preocupações qualitativas ou intenções de exaurir o campo.

Outra ressalva a fazer antes de iniciar o mapeamento é que as rubricas escolhidas não devem ser vistas como compartimentos estanques, e, sim, tendo contornos problemáticos e passíveis de entrelaçamentos com a vizinhança. Não custa repetir, trata-se de um estratagema didático para dar rosto ao contexto.

São em todo caso *sete* as rubricas a explorar.

A primeira é a dos *legalistas*, grupos de teóricos que lutam principalmente por *leis* capazes de impor limites ou comprometer os desenvolvedores de tecnologias com cuidados e ações de interesse geral. Autores como Murray Shanahan (2015), Cathy O'Neil (2016) e Hector Levesque (2017) podem, com as ressalvas apresentadas, ilustrar esses pleitos.

O segundo grupo é o dos *prudencialistas*, que defendem a necessidade de antever perigos e priorizar ações seguras, recusando o desenvolvimento *imprudente* a todo custo. Esse grupo defende a observação de protocolos que evitem imprevisibilidades e irreversibilidades nocivas. Nick Bostrom (2016), Max Tegmark (2017) e Yuval Noah Harari (2018), por mais diferentes que sejam suas reflexões e perigos identificados como prioritários, ilustram as características desse grupo. É oportuno indicar que todos os autores elencados permanecem em atividade, e seus pensamentos, em transformação. Nick Bostrom (2001), por exemplo, saiu de uma fase muito entusiasmada com as possibilidades do chamado "transumanismo" e passou a advertir sobre a prudência necessária aos desenvolvimentos em curso, postura muito visível em seu livro *Superinteligência*, de 2016.

O terceiro grupo demarcado é o dos *tecnicistas*. Eles entendem que os remédios para os efeitos colaterais do desenvolvimento tecnológico estão na própria tecnologia, isto é, na produção de *tecnologias mais aprimoradas, inovadoras e eficientes*. Ray Kurzweil (2005), Pedro Domingos (2015), Stuart Russell (2019), Michael Kearns e Aaron Roth (2020) podem dar face a esse grande grupo. Os autores nele perfilados talvez sejam ainda mais diversos entre si do que os incluídos nos precedentes. Basta comparar Stuart Russell com Ray Kurzweil, o primeiro mais próximo dos *prudencialistas*, e o segundo, dos *aceleracionistas*, próximo grupo descrito. Por mais diferente que cada um desses autores possa ser quanto ao otimismo destilado diante do desenvolvimento tecnológico, o que os reúne é o foco na tecnologia como autorregulável. O livro de Kerns e Roth – *O algoritmo ético* – é nesse sentido muito ilustrativo. Assim, os autores refletem sobre a possibilidade de inserir na própria programação antídotos que evitem maus usos ou efeitos colaterais indesejados.

Os já mencionados *aceleracionistas* constituem o quarto grupo. A ideia central é a de que o atual desenvolvimento tecnológico é irreversível, e que se trata de *acelerá-lo* com o objetivo de construir uma nova ordem planetária, radicalmente diferente da atual.

Divergem fortemente, todavia, quanto ao que esteja em gestação ou deva ser essa nova ordem. Autores como Peter Diamandis (2012), Nick Land (2013) e a dupla Robin MacKay e Armen Avanessian (2014) ilustram essa divergência: o primeiro defende um discurso claramente neoliberal, o segundo tende para uma espécie de extrema direita digital, e os últimos, para um socialismo reinventado. Para Diamandis, vivemos em "tempos exponenciais" fadados a uma abundância jamais vista, sendo um privilégio participar da "aceleração da aceleração" desse processo. Nick Land parece enxergar uma concentração de poder sem precedentes no final da linha aceleracionista, concentração capaz de restaurar a ordem planetária em meio ao atual caos. MacKay e Avanessian, por sua, vez, flertam com uma ruptura da atual ordem hegemônica, a partir da qual sociedades mais solidárias, igualitárias e efetivamente sustentáveis possam ser construídas. Bem recentemente, Slavoj Zizek (2020) se posicionou de forma semelhante em face da *epidemia de coronavírus*: seria, segundo ele, o fim do capitalismo e o início de uma nova ordem mundial. Resta saber se não seria melhor elencar sua profecia no grupo dos catastrofistas, a ser apresentado em sexto lugar.

Um quinto grupo identificável é o dos *teóricos do decrescimento*. Serge Latouche (2009) e Alberto Acosta (2013) talvez sejam os mais visíveis representantes desse grupo. A ideia central é a de que o atual desenvolvimento tecnológico é insustentável e começa a dar sinais de esgotamento, abrindo-se os caminhos para formas mais amenas de produção e troca, como as agriculturas orgânicas e as trocas justas (*fair trades*). Latouche não flerta com rupturas, mesmo porque entende que o colapso do atual modelo levaria a desfechos incertos, sem nenhuma garantia de futuros melhores. Economista, ele se esforça para mostrar com tópicos típicos desse campo os sinais da atual debacle econômica e a gradativa abertura de possibilidades de real inovação.

O sexto grupo é o dos *catastrofistas*. Esse rótulo pode produzir alguma confusão de foro ético, induzindo a pensar que os autores aí elencados flertam com alguma impossibilidade trágica e definitiva de transformação do atual *ethos* planetário. O traço comum entre eles é, de fato, a referência explícita a algum tipo de *catástrofe iminente* e importante, mas a partir daí importam sobretudo as diferentes razões que sustentam essas menções. Os títulos de alguns dos seus principais livros são bastante eloquentes a esse respeito. O sociólogo Ulrich Beck escreveu em 1992 o já clássico *Risk society* e, mais recentemente, *Emancipatory catastrophism: what does it mean to climate change and risk society?* (2014). Outrora conhecido como *Unabomber*, Theodore Kaczynski vem escrevendo desde 2008 a sequência *Technological slavery*. Isabelle Stengers publicou em 2009 *Au temps des catastrophes – résister à la barbarie qui vient*, traduzido para o português em 2019; e Bruno Latour, em 2015, reuniu os ensaios de *Face à Gaïa – huit conférences sur le nouveau régime climatique*, traduzido para o português igualmente em 2019. Por fim, os brasileiros Déborah Danowski e Eduardo Viveiros de Castro escreveram a quatro mãos o ensaio "Há mundo por vir?", publicado no Brasil em 2017 e hoje traduzido para inúmeras línguas. Feita a ressalva quanto às diferenças, pode-se dizer que a menção a catástrofes realizada por esses autores é uma forma de radicalizar a chamada de atenção para os nossos atuais problemas.

O sétimo e último grupo é o de mais difícil rotulação. Esse *grupo crítico* reúne iniciativas variadas para expor nosso novelo de problemas, em geral com pendor interrogativo e sem pressa de indicar linhas de ação para fazer-lhes face. A constelação é aqui de fato ampla, congregando desde o citado Heidegger e seu seminal "A questão da técnica" (1953) até as atuais investigações da pós-fenomenologia, que têm em Don Ihde e Peter-Paul Verbeek nomes proeminentes. Passa pelas vertentes ligadas à Escola de Frankfurt, da qual são herdeiros Herbert Marcuse e Andrew Feenberg, chegando a autores concretamente mais próximos dos engenheiros e cientistas da computação, como Herbert Dreyfus, Luciano Floridi e Mark Coeckelbergh.

A lista explode quando o foco se desloca para as prioridades de cada autor: um exemplo é a atenção inicial ao transumanismo, como abordado no *Cyborg manifesto – science, technology and the socialist-feminism in the late twentieth century*, escrito em 1991 por Donna Haraway. Outro exemplo é discussão dos problemas da relação mente-corpo, que envolve autores analíticos e continentais. Diante da celeridade dos desafios contemporâneos, alguns autores respondem com ensaios breves, buscando conjugar acessibilidade retórica com diagnósticos impactantes acerca das novas configurações sociais a partir do capitalismo e da tecnologia contemporâneos. É o caso do coreano-alemão Byung-Chul Han, cujas obras são prontamente traduzidas para o português.

4. Regulação das condutas

Os posicionamentos expressos no mapeamento apresentado podem, dependendo de como são pensados, assemelhar-se a um conjunto de "posicionamentos morais" diferenciados em face da hegemonia tecnológica" – e, quanto mais afirmativos se façam os seus implícitos, mais isso se torna evidente.

Isso não é, todavia, verdade na maioria dos casos elencados, e nem é essa a intenção da sua compilação. Não há dúvida de que alguns dos posicionamentos são mais assertivos ou engajados na defesa dos seus pontos de vista, mas, em geral, há consciência da forte complexidade do problema da regulação ética das condutas diante da hegemonia tecnológica.

Retomando pontos já tangenciados, percebe-se que as tecnologias recentes não se reduzem a meros instrumentos, passíveis de manuseio e desenvolvimento com propósitos mais ou menos lúcidos, melhores ou piores. Mesmo porque a ubiquidade tecnológica faz com que nossas representações e nosso conhecimento do mundo sejam tecnologicamente mediados; em outras palavras, que os sujeitos a quem cabe repensar eticamente o mundo contemporâneo são, também eles, atravessados e condicionados por implícitos tecnológicos dos quais podem ter maior ou menor consciência.

Pode-se dizer que esse condicionamento foi se sofisticando com o advento dos computadores caseiros e dos smartphones, mais recentemente com o desenvolvimento das aprendizagens de máquina e das inteligências artificiais, enfim, das realidades aumentadas e do *metaverso*. Fato é que somos condicionados num grau ainda desconhecido em sua profundidade, mesmo em nossas atividades de produção e crítica do conhecimento. Tudo isso para dizer que mais do que nunca a ética precisa distinguir-se da elaboração de códigos e normas de conduta, para, enfim, assumir sua dimensão eminentemente reflexiva e capaz de colocar em questão as formas de mediação em vigência.

Percebida essa complexidade, o elenco de posicionamentos apresentados deixa de oferecer alternativas com as quais possamos ou devamos nos identificar e passa a nos ajudar a pensar, sem reducionismos, formas de regulação de conduta de ambientes concretos particularmente dependentes de tecnologia: empresariais, militares, educacionais, comunicativos, e assim por diante.

Tomemos a título de ilustração uma escola regular de ensino médio, voltada para a formação dos jovens da elite brasileira para o mundo do século XXI. Uma escola como essa estará necessariamente às voltas com problemas de alinhamento curricular e necessidade de incorporar ao seu dia a dia pedagógico tecnologias tão atualizadas quanto possível: ambientes virtuais de aprendizagem (AVA) e plataformas síncronas de aulas, metodologias dinâmicas e adaptativas, computadores, aplicativos e equipamentos audiovisuais modernos. Espera-se, ainda, que seus alunos recebam conhecimentos de programação e atualização constante no uso de tecnologias digitais. Todas essas competências serão necessárias ao adequado preparo dos alunos para a obtenção de boas colocações nas universidades nacionais ou internacionais e, de forma geral, no futuro mercado de trabalho. Finalmente, um projeto escolar como esse precisará contar com professores capazes de interagir lucidamente com todo o aparato mencionado, exigindo contínua atualização profissional.

Toda essa tecnologização e otimização constante da modernidade somente terá sentido, por sua vez, se o ambiente escolar tiver bem equacionado o seu *ethos*, nele incluídos os hábitos e rotinas, as regras e valores estruturantes do convívio e o cuidado com sua observação. Isso certamente envolve instâncias técnico-burocráticas, que vão desde a organização do espaço-tempo da escola até critérios de avaliação, renovação de matrícula e pagamento de anuidades. Envolve histórias, mitos e exemplos, docentes e discentes; e regras tão claras e justas quanto possível, cuja razão de ser alunos, professores, funcionários e pais possam reconhecer e acolher.

Levando em conta apenas o parágrafo anterior, poderíamos perfeitamente estar falando de uma escola do século passado. O que precisa ser pensado, por conseguinte, é o deslocamento ético provocado pela adoção das tecnologias em epígrafe. Questões éticas escolares atravessadas tecnologicamente relacionam-se, por exemplo, ao modo de armazenagem e disposição dos dados e rastros deixados pelos alunos em suas atividades escolares; ou ao uso de redes sociais por pais e alunos, na medida em que esses usos podem envolver problemas de assédio ou cyberbullying; por fim, sem pretensões de ser exaustivo, acrescentem-se as questões relacionadas à *avaliação*, num mundo de abundância informativa cujo "último grito" é o uso das plataformas GPT com o propósito do plágio.

Problemas como esses podem decerto receber tratamentos pontuais ou protocolares, mas seria miopia perder de vista o contexto de sua fermentação. Está em curso uma forte transformação nos processos de subjetivação, operado principalmente pelas tecnologias digitais. A educação está no olho desse furacão, e isso exige que tais processos sejam percebidos e levados em conta na sua abrangência e radicalidade, sobretudo com vistas ao real aprimoramento de um *ethos* capaz digerir e preparar a comunidade escolar – não somente os alunos – para lidar com o mundo ao seu redor.

Entre os hábitos digitais que devem ser considerados está o uso informal de aplicativos das mais diversas espécies: educativos, informativos, pornográficos, de entretenimento, de "namoro" e até mesmo de compra e venda de criptomoedas. Os códigos de conduta sedimentados nesses ambientes, bem como a gestão digital dos desejos neles operada, influenciam diretamente os comportamentos e a sociabilidade em geral. O popular mundo dos games, por exemplo, é amplo e multifacetado. Para além de questões de cunho moral, suas versões mais imersivas afetam percepções tão elementares quanto as de tempo, espaço, orientação, ação e reação. A lista é decerto inesgotável.

Deve estar pacificado a esta altura, conforme reiterado ao longo do livro, que não se trata de demonizar essas novidades. Elas constituem a marca do nosso tempo e precisam ser compreendidas em seus implícitos e logísticas, sobretudo quando são preocupações *éticas* que estão em jogo. Imaginando que a escola escolhida como exemplo tenha entre seus fundamentos inegociáveis educar para a *emancipação* e a *capacidade crítico-reflexiva*, não há de se tratar apenas de arranjar tecnologias de ensino de modo a garantir uma convivência saudável entre as partes concernidas. Será necessário discutir e repensar pedagogicamente a formação de mais do que *meros usuários de novas tecnologias*, isto é, de alunos e professores capazes de lidar criticamente com tecnologias cada vez mais farta e variadamente disponíveis, muitas vezes norteadas por interesses de mercado nada afinados com ganho de autonomia.

5. Aceleração e complexidade

Assim como em todos os âmbitos já analisados, o posicionamento ético em face da hegemonia tecnológica envolve a consideração de instâncias técnico-burocráticas, depuração de costumes e sedimentação de narrativas estruturantes, disseminação de valores e atenção às políticas e leis que regulam cada âmbito de atividades. Em suma, é essencial sensibilizar-se para os problemas e estimular uma reflexão contínua e responsável sobre os dispositivos regulatórios em vigor.

A *aceleração* com que as novas tecnologias vão se desenvolvendo coloca, por si só, desafios novos e invulgares para a regulação ética das condutas. Esses desafios permeiam a proliferação de questões pontuais, como a garantia de privacidade e a utilização de dados pessoais, o uso de tecnologias de identificação facial, os algoritmos de auxílio judicial, as HFT (*High Frequency Trading*, ou técnicas de compra e venda acelerada de ativos financeiros), as técnicas de reprodução assistida e clonagem, o controle de veículos autodirigidos e de armas letais autônomas, o desenvolvimento de inteligências artificiais gerais, os problemas de geração e consumo de energia, e assim por diante. Pode-se dizer que a própria proliferação de questões éticas, para o bem ou para o mal, já é em si mesma uma consequência da mencionada aceleração.

De qualquer maneira, ambientes diferentes da escola de ensino médio aqui tomada ilustrativamente terão prioridades próprias, de cuja consciência dependerá a regulação a ser projetada. É razoável imaginar que uma instituição militar concentre preocupações no desenvolvimento de armas, dispositivos de informação e vigilância, e tenha clara a sua função na estrutura do Estado em que se insere; ou que uma empresa agrícola deva ter em permanente conta as legislações do setor, o dinamismo das técnicas de plantio e colheita, e a genuína preocupação com uma produção sustentável em todos os sentidos.

Diante do exposto, conclui-se que a questão mais aguda seja a ameaça de que a complexidade e a aceleração típicas do desenvolvimento tecnológico atrofiem a disposição ética de permanente aprimoramento das formas de regulação de conduta vigentes. Isso poderia reduzi-las a uma mera reprodução de usos e costumes nem sempre desejáveis para a comunidade em tela e para o mundo ao seu redor.

Referências bibliográficas

ACOSTA, Alberto. *Pós-extrativismo e decrescimento: saídas do labirinto capitalista*. São Paulo: Elefante, 2019.

_____. *O bem viver*. São Paulo: Elefante, 2013.

BECK, Ulrich. *Sociedade de risco – rumo a uma outra modernidade*. São Paulo: Editora 34, [1986] 2011.

_____. Emancipatory catastrophism: what does it mean to climate change and risk society? *Current Sociology*, vol. 63, n. 1, jan. 2015: 75-88.

BOSTROM, Nick. *What Is Transhumanism?*, 2001. Disponível em: https://nickbostrom.com/old/transhumanism/. Acesso em: abr. 2023.

_____. *Superinteligência – caminhos, perigos e estratégias para um mundo novo*. Rio de Janeiro: Darkside, 2018.

COECKELBERGH, Mark. *AI ethics*. Massachussets: MIT, 2021.

DANOWSKI, Déborah; VIVEIROS DE CASTRO, Eduardo. *Há mundo por vir?* São Paulo: Editora Isa, 2017.

DEVALL, Bill. The Deep ecology movement. In: SCHARFF, Robert; DUSEK, Val. *Philosophy of technology – the technological condition*. Malden: Blackwell, 2003.

DIAMANDIS, Peter. *Abundância – o futuro é melhor do que você imagina*. Rio de Janeiro: Alta Books, 2019.

DOMINGOS, Pedro. *O algoritmo mestre*. São Paulo: Novatec, 2017.

DREYFUS, Herbert. *What computers can't do?* New York: Harper and Row, 1972.

_____. *What computers still can't do? – A critic of artificial reason*. Massachusetts: MIT, 1992.

FEENBERG, Andrew. *Tecnossistema – a vida social da razão*. Lisboa: Inovatec, 2019.

FLORIDI, Luciano. *Philosophy and computing: an introduction*. London: Routledge. 1999.

HAN, Byung-Chul. *Infocracia – digitalização e a crise da democracia*. Petrópolis: Vozes, 2022.

HARARI, Yuval Noah. *21 lições para o século 21*. São Paulo: Companhia das Letras, 2018.

HARAWAY, Donna. *Cyborg manifesto – science, technology and the socialist-feminism in the late twentieth century*. New York: Routledge, 1991.

HEIDEGGER, Martin. A questão da técnica. In: *Ensaios e conferências*. Petrópolis: Vozes, 2002.

HUI, Yuk. *The question concerning technology in China – an essay in cosmotechnics*. United Kingdom: Urbanomic, 2016.

IHDE, Don. *Heidegger's technologies: postphenomenological perspectives.* New York: Fordham Press, 2010.

KACZYNSKI, Theodore. *Technological Slavery.* Vol 1. Scottsdale: Fitch&Madison Publishers, 2008.

KEARNS, Michel; ROTH, Aaron. *The ethical algorithm.* United States: Oxford University Press, 2019.

KURZWEIL, Ray. *A singularidade está próxima – quando os humanos transcendem a biologia.* São Paulo: Iluminuras, 2018.

LAND, Nick. *The dark enlightenment* 2013. Disponível em www.thedarkenlightenment.com/the-dark-enlightenment-by-nick-land/.

LATOUCHE, Serge. *Pequeno tratado do decrescimento sereno.* São Paulo: Martins Fontes, 2009.

LEVESQUE, Hector. *Common sense, the turing test, and the quest for real AI.* Massachusetts: MIT, 2018.

MACKAY, Robin; AVANESSIAN, Armen (Eds.). *#Accelerate#: the accelerationist reader.* Massachusetts: MIT, 2014.

O'NEIL, Cathy. *Algoritmos de destruição em massa – como o big data aumenta a desigualdade e ameaça a democracia.* São Paulo: Editora Rua do Sabão, 2016.

ORLOWSKI, Jeff. *O dilema das redes.* Documentário. Netflix, 2020.

RUSSELL, Stuart. *Human compatible – artificial intelligence and the problem of control.* New York: Penguin Books, 2020.

SHANAHAN, Murray. *The technological singularity.* Massachusetts: MIT, 2015.

STENGERS, Isabelle. *No tempo das catástrofes.* São Paulo: Cosac & Naify, 2015.

TEGMARK, Max. *Life 3.0: Being human in the age of artificial intelligence.* New York: Alfred Knopf, 2017.

VERBEEK, Peter-Paul; ROSENBERGER, Robert (Eds.). *Postphenomenological investigations: essays on human-technology relations.* Pennsylvania: Lexington Books, 2015.

ZIZEK, Slavoj. Coronavirus is "Kill Bill"– esque blow to capitalism and could lead to reinvention of communism. In: *RT Open Edition.* Disponível em: de www.rt.com/op-ed/481831-coronavirus-kill-bill-capitalism-communism/.

05 Meio ambiente e condições climáticas

1. Introdução

A melhor maneira de introduzir o problema ético trazido pelas atuais demandas ambientais é resgatando a disjunção feita por Bill Devall, no artigo "The deep ecology movement".[1] Os três posicionamentos elencados pelo autor evocam diferentes percepções do contexto contemporâneo e das preocupações ambientais a ele concernentes.

Recapitulando, a *primeira posição*, nomeada como paradigma dominante, baseia-se na crença de que o atual modo hegemônico de desenvolvimento está correto em sua essência, e que seus "efeitos colaterais" se resolverão na linha do tempo, com mais desenvolvimento e tecnologia.

O *segundo grupo* abriga posições reformistas, que defendem que a atual rota desenvolvimentista precisa ser efetivamente corrigida, mas que isso pode ser feito sem rupturas ou reestruturações drásticas. O reformismo compreende os clamores por sustentabilidade, responsabilidade socioambiental e suas variações, por

---
1 Ver capítulo 4, item 3.

exemplo, a recente demanda por ESG (*Environmental, Social and Corporate Governance*).

O terceiro posicionamento está identificado como as *deep ecologies*, ecologias profundas. Entende que o atual modelo de transformação do nosso *oikos*, em outros termos, nosso desenvolvimento econômico, precisa ser profundamente repensado e recriado, sendo provável que tenhamos para isso que experimentar alguma catástrofe ou crise estrutural mais séria, que permita um despertar qualitativa e quantitativamente relevante de cosmovisões "menos predatórias".

Diferentemente do que foi feito no capítulo anterior, dedicado à hegemonia tecnológica, a ideia aqui é detalhar cada uma dessas três posições, indicando inclusive a existência de zonas cinzentas entre elas. Já foi suficientemente frisado que a avaliação dos modos de regulação da *pólis* global hoje em vigência influenciará decisivamente o tipo de transformação a defender, bem como as ações estratégicas a empreender em prol de uma governança ética.

Por fim, tem posição central no campo das preocupações ambientais a questão da relação entre a ação individual e a ação coletiva, sobretudo a ação empresarial, pública ou privada. Os hábitos de consumo e os modos individuais de vida são certamente importantes para o meio ambiente, mas o *modus operandi* das empresas, suas ideologias, exemplos e formas de lidar com os passivos ambientais são cruciais para a consideração de transformações mais prontas e significativas.

2. O "paradigma dominante"

O chamado "paradigma dominante" é dado a caricaturas mais ou menos fiéis ou expressivas. Para evitar vieses despercebidos, vale apresentar uma definição específica da posição e trabalhar sobre ela, deixando claro que o paradigma pode ter instâncias mais rigidamente desenvolvimentistas, e mesmo antiéticas, ou mais próximas de preocupações reformistas em algum sentido defensáveis. A definição escolhida não é outra senão a apresentada no artigo de Bill Devall:

> O paradigma dominante nos EUA envolve a crença de que o "crescimento econômico", conforme medido pelo Produto Interno Bruto, é uma efetiva medida de progresso, em outras palavras, crença de que, depois da defesa nacional, a primeira meta dos governos dos Estados-nação deveria ser a criação de condições de incremento da produção de *commodities* e da satisfação das necessidades materiais dos cidadãos, enfim, aliada à ideia de que "a tecnologia pode resolver nossos problemas". Nesse paradigma, a natureza é apenas um repositório de recursos que deve ser "desenvolvido" para satisfazer a sempre crescente população de seres humanos e suas sempre crescentes demandas.[2] (Devall, 2003: 472)

Essa definição já foi talvez mais representativa, disseminada e aceita do que é hoje, não obstante o recente crescimento mundial da extrema direita, mas funciona bem para balizar a discussão. Ancorada num antropocentrismo forte, que põe o homem e a satisfação das suas necessidades materiais no absoluto centro dos propósitos desenvolvimentistas, essa visão abriga tendências de *legitimação de todo tipo de "externalidades"*, sejam elas a desigualdade social ou a exploração predatória dos recursos naturais do planeta. Nessa visão, mazelas, passivos e distorções socioambientais são deixados em segundo ou terceiro plano, a não ser quando começam a atrapalhar o próprio ímpeto desenvolvimentista.

---

2 Trad. Edgar Lyra.

É nesse momento que começa a se definir a zona cinzenta que se estende até a vizinhança das tendências reformistas. Mesmo quando cínica ou convictamente reivindicados como "éticos", o egoísmo e o imediatismo esbarram na incapacidade das "mãos invisíveis", do mercado ou das novíssimas tecnologias, tornarem minimamente *sustentável* o desejado desenvolvimento e sua concomitante lucratividade. A tendência, à medida que efeitos colaterais nocivos incidem mais e mais cabalmente sobre o mundo, é que mais desenvolvimentistas consintam que algo precisa ser revisto, ficando sempre por discutir com que real propósito e prioridade essa revisão deve acontecer. A partir daí se originam falsos discursos de sustentabilidade, como o *green washing e outros oportunismos, a distinguir no item seguinte das genuínas tendências reformistas.*

Tomar distância do atual *ethos* planetário para repensá-lo em busca de algum aprimoramento defensável, pautado por fundamentos como igualdade, liberdade, respeito pela diferença, maior utilidade ou felicidade para o maior número de pessoas, responsabilidade, dever, autonomia, se identifica, em todo caso, com o que neste livro entendemos por "ética". Em contrapartida, é difícil imaginar como defender – eticamente falando – a redução dos problemas ambientais a puras oportunidades de negócios e lucratividade, mesmo quando associadas à geração de empregos e mais possibilidades de negócios.

Vale dizer que não é fácil ter esse discernimento. Tomemos como exemplo do discurso do engenheiro Eric Drexler, primeiro ph.D. em nanotecnologia pelo MIT. Drexler deu uma conferência na PUC-Rio em 2007, publicada no livro *Uma sociedade pós--humana* (2019).

Buscando explicitamente captar recursos para suas pesquisas e desenvolvimentos, o engenheiro Drexler afirmava que o futuro do mundo depende de vontade política, e que, havendo verbas para a nanotecnologia, os pequenos robôs nos levariam em prazo mais curto do que se pensa a uma importantíssima revolução tecnológica. Possibilitariam a fabricação de computadores "com capacidades mil vezes superiores" aos de hoje, "consumindo menos que 1/100.000 daquela energia, com cerca de um milionésimo do peso e uma fração minúscula do custo" (Drexler, 2009: 47). Eles viabilizariam a produção de energia limpa, o sequestro de carbono, a dessalinização econômica da água, a fertilização de terras exauridas e ainda curas com precisão atômica e sem efeitos colaterais. Enfim, seja por questões de honestidade intelectual, de realismo político, ou de colocar força persuasiva na necessidade desse desenvolvimento, o conferencista aludia também aos novos horizontes abertos para o hardware militar, já que a nanotecnologia permitiria "produzir, pelo custo de um míssil de hoje, um número enorme deles". Sugeriu por fim que, assim como nas revoluções anteriores, aqueles que não aderissem ao caudal de desenvolvimento tecnológico estariam condenados à pobreza e à perda da soberania, da mesma forma que na chamada Revolução Industrial: "a poderosa e rica civilização chinesa viu-se prostrada e humilhada, recuperando-se somente agora" (Drexler, 2009: 52).

Questionado sobre seu posicionamento em relação aos perigos inerentes a essas novas tecnologias, por exemplo, sobre perdas de controle dos nanorrobôs ou possíveis terrorismos nanotecnológicos, Drexler respondeu em tom irônico que essas possibilidades são de fato preocupantes, mas que cabe aos filósofos, sociólogos e políticos encontrar tempestivas mediações e restrições que assegurem o bom uso dessas novas ferramentas. O que não é decerto possível, pontuou, seria ignorar essa potência.

Essa crônica é eloquente por destacar alguns pontos importantes nesse discurso, típico do paradigma dominante:
1. A tecnologia é intrinsecamente boa em sua promessa de progresso e solução de antigos problemas.
2. A história não tem maiores lições a oferecer sobre como esses problemas foram criados, sobretudo sobre sua relação com o próprio desenvolvimento. As coisas vão de um modo ou de outro se resolver.
3. A atual tecnologia continua sendo percebida como um simples instrumento, que pode ser bem ou mal usado pelos homens.
4. Cabe a terceiros cuidar de eventuais externalidades, em outras palavras, da regulação, contenção ou remediação de possíveis danos causados a humanos e não humanos.
5. Imoral seria não desenvolver o que pode ser desenvolvido tecnologicamente. Em se tratando de não "ficar para trás", não importa o risco.

Pode parecer bizarro, mas esse tipo de relação com os problemas a enfrentar ainda é comum e volta e meia eleva sua voz. Essa postura se assemelha ao que foi comentado na seção sobre hegemonia da tecnologia, quando se falava de certo *aceleracionismo* cioso de si e pautado por promessa de uma abundância jamais vista, todavia sem a preocupação com externalidades e riscos e muito centrada na ideia de "oportunidade única" a ser inteligentemente aproveitada. Peter Diamandis, um dos palestrantes do *Global Summit* de 2018, da *Singularity University*, propôs-se a falar da diferença entre *surfar na crista do tsunami digital ou ser por ele esmagado* (*being crushed*).[3] Vale insistir que não se trata do

---

[3] Ver o vídeo "Peter Diamandis | The future is faster than you think | Global Summit 2018 | Singularity University", no canal do YouTube da Singularity University, publicado em 14 set. 2018, acesso em jun. 2024.

discurso isolado de um CEO específico, mas de voz reverberada por toda parte, que, mesmo com modulações e tensionamentos, é capaz de justificar a nomeação de um "paradigma dominante". Fato é que a falta de consideração da complexidade dos problemas em suas múltiplas variáveis pode, no máximo, ser percebida como fidelidade a um ideário desenvolvimentista, às custas de responsabilidades e riscos transferidos a terceiros. Cabe aos sujeitos genuinamente éticos, no mínimo, chamar a atenção para essa complexidade, de modo a evitar oportunismos, atropelos e temeridades irreversíveis. A discussão continua no tópico que se segue.

3. Sustentabilidade e responsabilidade socioambiental

O ponto de partida é agora a referência de Puppim de Oliveira – professor e pesquisador da FGV – à polêmica declaração do famoso economista Milton Friedman, cujo artigo de maior repercussão apareceu no *The New York Times*, em 1970, afirmando que "a única responsabilidade social das empresas era gerar lucro para seus acionistas dentro das regras da sociedade (leis)".

> Segundo Friedman, a responsabilidade social desvirtuava as empresas por várias razões; a principal delas era que os donos (acionistas) são os que devem decidir como usar o dinheiro das empresas, e não os gestores (estes estavam fazendo nada mais que "caridade com o dinheiro dos outros"). Além do mais, corno as empresas não são especializadas em gestão social, poderiam estar sendo ineficientes na utilização dos recursos para o social. Sua afirmação recebeu desde então uma enxurrada de críticas dos diversos espectros ideológicos, mas ele nunca recuou do que disse por acreditar piamente nos efeitos benéficos do capitalismo de mercado para a sociedade, de acordo com a teoria econômica neoclássica. (Puppim de Oliveira, 2008: 67)

Por uma série de razões a esclarecer, o autor chama a atenção para a transformação operada desde então no modelo hegemônico de gestão empresarial, centralizado no compromisso com os acionistas, na confiança na "mão invisível do mercado" e no mero atendimento das exigências legais, na direção do hoje conhecido modelo de gestão com *stakeholders*, ilustrado pelo diagrama a seguir:

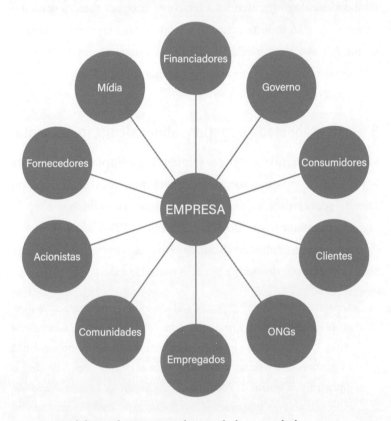

O modelo traduziria uma busca de legitimidade e preservação de imagem das empresas diante de uma série de pressões, multiplicando-se grandemente o número de alteridades com as quais elas têm que dialogar. Esse diálogo, naturalmente, é assimétrico: o peso dado a cada interlocutor depende de vários fatores, como por exemplo: o poder de cada um, a legitimidade e a urgência dos seus interesses e pleitos. Mas isso não invalida o diagnóstico da atual pluralização das linhas de influência e dos processos de decisão.

Vários motivos estariam por trás dessa transição.

Um deles tem certamente a ver com o atual momento de globalização e com problemas ligados ao meio ambiente em termos amplos, nele incluídos os homens cuja dependência recíproca é cada vez mais sentida e cujo futuro parece mais próximo e problemático do que nunca. O problema do *aquecimento global*, por exemplo, vem ganhando cada vez mais visibilidade, ainda que sejam discutíveis os avanços no seu enfrentamento. A mobilização que hoje envolve ONGs certificadoras, de vigilância, filantrópicas, formadores de opinião e os clamores da sociedade civil em geral tem certamente a ver com o *sentimento de que o atual modelo, hoje soberano sem a real concorrência comunista da época da Guerra Fria, pode não ser sustentável.*

Outro fator é a compreensão cada vez mais clara do *poder adquirido pelo mundo corporativo e da sua responsabilidade no rumo dos acontecimentos globais.* Parece fácil observar que a riqueza econômica das maiores empresas em atividade no cenário global – de acordo com pesquisa da Fortune Global 500,[4] que avalia as receitas totais, lucros e balanços patrimoniais – ultrapassa hoje o valor do PIB de boa parte dos países. A percepção desse poder, somada a uma desconfiança na real soberania dos governos, faz com que o rumo dos acontecimentos gere, cada vez mais diretamente, simpatia ou antipatia pelo mundo corporativo, afetando a imagem, as marcas e o valor das empresas, e por fim a sustentabilidade dos seus negócios. Isso faz com que

---

4 Fonte: *Exame* (2022).

as empresas, e mesmo o mercado, procurem sinalizar sua solidariedade com todos esses clamores, construindo perfis social e ambientalmente responsáveis. Tudo isso é tão presente que as bolsas de valores de Nova York e São Paulo já operam *índices de sustentabilidade*, respectivamente o Dow Jones Sustainability Index e o ISE (Índice de Sustentabilidade Empresarial).

> Pode-se certamente exercitar aqui a reflexão ética lançando mão das nossas matrizes. Endereçar recursos ou empreender ações em prol do meio ambiente em busca de lucro ou marketing institucional, certamente não encontrará respaldo em éticas da convicção ou na ética kantiana do dever. Kant diria: faz-se a coisa certa, mas pelos motivos errados. Já do ponto de vista utilitarista, o que importa é o cálculo dos resultados. Naturalmente, esse cálculo dependerá do preciso conhecimento dessas ações. Uma empresa que, por exemplo, invista uma quantia pífia em ações sociais ou ambientais, que faça um alarde gigantesco por tal empreendimento e, em suas outras interfaces, atue predatoriamente, não estará sendo social ou ambientalmente responsável, fazendo nesse último sentido a chamada "lavagem verde" ou *green washing*.

No entanto, é exatamente nesse sentido que se faz o esforço ético de *dar contornos às noções de responsabilidade social, ambiental e sustentabilidade*. Além disso, outra novidade é a implementação do sistema ASG[5] nas empresas, advinda da sigla em inglês ESG (*Enviromental, Social and Governance*), que envolve a articulação dos aspectos ambientais, sociais e de governança. Nessa iniciativa, evidencia-se a importância de que as ações socioambientais estejam inclusas no planejamento estratégico das empresas, bem como sua execução e monitoramento encontrem-se ancorados na própria estrutura da governança corporativa.[6]

---

5 Fontes: *Valor Econômico* (2022); IBGC (2020).
6 Segundo o Instituto Brasileiro de Governança Corporativa (IBGC), atuante na área desde 1995, a governança corporativa se define como "o sistema pelo qual as

O que indubitavelmente se constata, à luz dos motivos expostos, é que foi crescendo a percepção de que, com a globalização, era preciso fazer algo na direção de uma gestão responsável dos recursos comuns da humanidade e do planeta. Tornou-se cada vez mais claro que o modelo de desenvolvimento vigente não pode atender às demandas sociais, econômicas e ambientais.

A noção de *desenvolvimento sustentável* surgiu para tentar atender a essa demanda. A genealogia desse conceito remete ao ano de 1972, quando um grupo de pesquisadores (*Clube de Roma*) publicou o estudo "Os limites do crescimento" ("The limits of growth"), que "previa terríveis consequências para a qualidade de vida e mesmo para a segurança do planeta caso se continuasse a combinar crescimento geométrico da população com destruição acelerada de recursos naturais" (Vieira, 2002: 41).

A principal dificuldade encontrada na proposta formulada pelo Clube de Roma foi a defesa da retração do crescimento – o que implicava um entrave para o desenvolvimento dos países periféricos. No mesmo ano, acontecia a Conferência das Nações Unidas sobre o Meio Ambiente Humano, que ficou conhecida como Conferência de Estocolmo, da qual resultou a criação do Programa das Nações Unidas para o Meio Ambiente (Pnuma). Além disso, a Conferência de Estocolmo produziu um "Plano de Ação para a Política Ambiental" e criou um "Fundo Ambiental", que receberia contribuições voluntárias dos Estados participantes, além de ter publicado a "Declaração sobre o Ambiente Humano",

---

organizações são dirigidas, monitoradas e incentivadas, envolvendo as práticas e os relacionamentos entre proprietários, conselho de administração, diretoria e órgãos de controle". Disponível em: www.ibgc.org.br/.

que se tornou famosa pelo nome de "Declaração de Estocolmo" e influenciou discussões posteriores, a partir de seus 23 princípios para orientação da humanidade.

Seguiram-se: a proposta de "ecodesenvolvimento", associada a Maurice Strong e Ignacy Sachs, em 1973; a Declaração de Cocoyok, resultado de uma reunião da Conferência das Nações Unidas sobre Comércio-Desenvolvimento e do Programa de Meio Ambiente das Nações Unidas, em 1974; o Relatório Dag-Hammarskjöld, que aprofundou as conclusões da Declaração de Cocoyok, em 1975.

A Assembleia Geral das Nações Unidas, em 1983, criou a Comissão Mundial sobre Meio Ambiente e Desenvolvimento, presidida pela norueguesa Gro Brundtland, que teve como tarefa elaborar "uma agenda global para mudança". Entre seus objetivos, estavam a análise dos principais problemas referentes a desenvolvimento e conservação ambiental; a construção de propostas para enfrentá-los; a formulação de perspectivas de cooperação internacional diante dos desafios encontrados; a articulação de um maior engajamento de indivíduos, organizações populares, Estados, bem como da iniciativa privada etc. Uma das concepções ainda hoje mais utilizadas sobre "desenvolvimento sustentável" é a que ficou consagrada no relatório final dessa comissão, conhecido como Relatório Brundtland, que foi publicado pela Oxford University Press com o título *Our common future*, em 1987. Nesse documento, o "desenvolvimento sustentável" é definido como o desenvolvimento "que atende às necessidades do presente sem comprometer a possibilidade das gerações futuras de atenderem às suas próprias necessidades" (Comissão Mundial sobre Meio Ambiente..., 1991: 9).

O documento procura destacar também a importância da responsabilidade ética, não somente em relação às futuras gerações, mas também em relação à sociedade contemporânea, buscando listar uma série de medidas a serem implementadas em nível global. Esse mesmo relatório procura traçar uma interligação complexa entre problemas econômicos, sociais e ecológicos da sociedade mundial, vinculados ao emprego da tecnologia e a questões políticas. Nesse contexto, a "natureza" não é mais concebida como mero "depósito de recursos" para o progresso, mas, sim, como parte integrante de um conjunto de graves problemas, cujas soluções não podem prescindir de uma abordagem integrada das dimensões ambiental, social e econômica – que se encontram, atualmente, intensamente mediadas pela tecnologia.

Em 1989, a Assembleia Geral da ONU convocou a Conferência das Nações Unidas sobre o Meio Ambiente e o Desenvolvimento Humano, programando sua realização para junho de 1992, no Rio de Janeiro. A temática prevista para a Conferência envolvia um amplo leque de questões, desde a proteção da atmosfera até a erradicação da pobreza. O conceito de "desenvolvimento sustentável" foi reafirmado e tornou-se elemento norteador da Cnumad, que ficou mais conhecida como Conferência do Rio, ou, simplesmente, ECO-92. Essa conferência produziu a Convenção de Mudanças Climáticas e a Convenção da Diversidade Biológica, a Declaração sobre as Florestas e a Declaração do Rio, além de apresentar à comunidade internacional a conhecida: Agenda 21 Global (Conferência das Nações Unidas, 2001).

Trata-se de uma proposta que procura envolver os atores sociais na tematização dos principais problemas mapeados. Logo, visa encontrar soluções que sejam encaminhadas coletivamente por meio da construção de parcerias em diversos níveis, incluindo governos, iniciativa privada e a sociedade civil organizada. De caráter visivelmente otimista acerca dessas possibilidades, o documento oferece um conjunto de perspectivas que visam orientar o trabalho em prol do desenvolvimento sustentável.

Com base na compreensão de que as questões ambientais são indissociáveis das questões socioeconômicas, o documento produzido por essa conferência em 1992 propõe um processo de planejamento interligando questões estratégicas divididas em quatro grandes seções: (I) Dimensões sociais e econômicas, (II) Conservação e gerenciamento dos recursos para o desenvolvimento, (III) Fortalecimento do papel dos grupos principais e (IV) Meios de implementação. São tematizadas questões como (I) cooperação internacional, combate à pobreza, mudança dos padrões de consumo, dinâmica demográfica, promoção da saúde, tomada de decisões; (II) proteção da atmosfera, dos oceanos e mares, planejamento e gerenciamento dos recursos terrestres, combate ao desflorestamento, manejo e gerenciamento de ecossistemas frágeis, desenvolvimento rural e agrícola sustentável, manejo ecologicamente saudável de substâncias tóxicas e resíduos perigosos; (III) fortalecimento do papel da mulher, da juventude, da infância, das populações indígenas, das organizações não governamentais, dos trabalhadores e seus sindicatos, do comércio e da indústria, da comunidade científica e tecnológica, dos agricultores; (IV) recursos e mecanismos de financiamento, transferência de tecnologia ambientalmente saudável, promoção do ensino e treinamento, fortalecimento institucional, instrumentos e mecanismos jurídicos internacionais etc.

Vale considerar que um dos desdobramentos importantes da ECO-92 foi o Protocolo de Quioto, seguido do evento de Copenhagen. Infelizmente, apesar de toda essa movimentação, constatou-se em Johanesburgo, na Rio+10, em 2002, que pouco havia sido efetivamente conseguido para deter o ritmo do aquecimento global e do esgotamento dos recursos hídricos, entre outros problemas, como a pobreza.

Mais tarde, em 2015, a partir das atividades elaboradas na Rio+20, a ONU propôs aos seus países signatários a adoção de uma nova agenda, com 17 Objetivos para o Desenvolvimento Sustentável (ODS), com metas previstas para 2030. São eles:

> Fazendo um paralelo filosófico, a República de Platão agora é planetária e não tem no seu comando nenhum Rei-filósofo, somente os homens eticamente orientados, que devem empreender a difícil tarefa de reconhecer-se mutuamente em seu espalhamento pelas empresas, ONGs, partidos políticos, salas de aula etc. E pode-se mesmo considerar que a própria Agenda 21, bem como os 17 objetivos da ONU, são uma espécie de utopia contemporânea tal como a de Platão na Grécia, embora não no sentido de "algo impossível", "irrealizável", mas configurando-se como um horizonte em direção ao qual podemos caminhar. A visão lúcida de sua incompletude constitutiva pode nos oferecer uma percepção ampliada do horizonte de possibilidades que se abre pelo esforço em realizá-la.

Dadas essas direções, a finalização desta seção fica por conta de algumas indicações sobre o que hoje mais habitualmente se entende por Responsabilidade Social Corporativa (RSC), mesmo porque não existe uma definição consensual a esse respeito. O que encontramos são algumas tentativas interessantes de definição, como a empreendia por Thirty-Cherques:

> [...] a responsabilidade social das organizações compreende o conjunto de deveres morais que as organizações, na pessoa dos que as dirigem, têm para com a sociedade. Esses deveres são de *caráter preventivo* – por exemplo, quando uma empresa se esforça por não deteriorar o meio ambiente – e de *caráter reparador* – quando, por exemplo, uma empresa restaura o meio ambiente depois de um vazamento de efluentes. (Thirty-Cherques, 2008: 179, grifos nossos)

Tanto o caráter preventivo quanto o reparador fazem certamente parte da RSC. Os deveres para com a sociedade, todavia, não podem ser confundidos com pura filantropia ou ação social, envolvendo necessariamente um posicionamento amplo e sério em relação à pluralidade das partes interessadas e ao mundo em geral. Pode-se dizer que a RSC, em seu sentido autêntico, envolve toda a filosofia da empresa. Puppim de Oliveira esclarece:

> Por exemplo, se uma empresa faz ação social, como ajuda na construção de um centro médico na comunidade próxima, mas ao mesmo tempo polui o meio ambiente ou trata mal seus empregados, essa ação não poderia significar que essa empresa age com responsabilidade social. (Puppim, 2008: 69)

Segundo a já antiga definição de Archie Carroll, em 1979, "a responsabilidade social de uma empresa engloba as expectativas econômicas, legais, éticas e filantrópicas que uma sociedade tem das organizações em um determinado momento" (Carroll apud Puppim de Oliveira, 2008: 71).

Essas abordagens são importantes em muitos sentidos, para evitar tanto as "lavagens de imagem" quanto o equívoco de que a RSC, em seu aspecto ético, dissocia-se das responsabilidades econômicas. A ideia a ser defendida é antes de tudo a de que a prosperidade das empresas pode e deve caminhar em consonância com responsabilidades éticas, e que as primeiras podem se beneficiar das segundas.

> São hoje inclusive comuns os discursos, na linha utilitarista, de que é vantajoso ser ético, que apregoam quatro boas razões para aderir à RSC: 1) a possibilidade de reduzir custos a médio e longo prazo, evitando desperdícios e fomentando a eficiência; 2) o ganho de produtividade pela melhoria do "astral interno" das empresas; 3) a lucratividade e a satisfação associadas à construção de uma imagem responsável para a sociedade; e 4) a promessa de atrair investimentos públicos, de fazer boas parcerias e de crescer na Bolsa junto com seus índices de sustentabilidade.

É óbvio que em muitos casos, devido aos contextos, hábitos e circunstâncias, há conflito entre essas responsabilidades: empresas pequenas, por exemplo, têm dificuldade para arcar com custos sócioambientais enquanto crescem. Por conta disso, o processo de crescimento ético do mundo em direção à RSC deve ser feito numa ação concatenada e perene, envolvendo muitos atores, de diferentes pesos.

Percebe-se nessa ação multifária o refluxo para o plano interno de algumas empresas em seus esforços para encontrar soluções criativas e configurar-se como exemplares na construção da RSC. Mais internamente ainda, como toda empresa é composta por seres humanos, responsáveis em última instância pelo conjunto dos seus atos, consideramos que todos os que participam de uma instituição ou arranjo empresarial são eticamente responsáveis, em maior ou menor grau, pelas consequências das ações dessas entidades. As pressões na direção de uma gestão mais participativa e responsável podem, portanto, vir de dentro da empresa, de seus colaboradores mais internos, e não apenas dos *stakeholders* externos. Todavia, é bastante prudente que tais funcionários tenham em mente o exemplo socrático e a necessidade de agirem com inteligência prática.

Para finalizar, apresentamos uma interessante forma de resumir as diferentes práticas de RSC, por meio da formulação de "sete princípios norteadores".

Princípios norteadores de responsabilidade social:

"Accountability": Ato de responsabilizar-se pelas consequências de suas ações e decisões, respondendo pelos seus impactos na sociedade, na economia e no meio ambiente, prestando contas aos órgãos de governança e demais partes interessadas, declarando os seus erros e as medidas cabíveis para remediá-los.

Transparência: Fornecer às partes interessadas de forma acessível, clara, compreensível e em prazos adequados todas as informações sobre os fatos que possam afetá-las.

Comportamento ético: Agir de modo aceito como correto pela sociedade – com base nos valores da honestidade, equidade e integridade, perante as pessoas e a natureza – e de forma consistente com as normas internacionais de comportamento.

Respeito pelos interesses das partes interessadas (*stakeholders*): Ouvir, considerar e responder aos interesses das pessoas ou grupos que tenham interesses nas atividades da organização ou por ela possam ser afetados.

Respeito pelo Estado de direito: O ponto de partida mínimo da responsabilidade social é cumprir integralmente as leis do local onde está operando.

Respeito pelas normas internacionais de comportamento: Adotar prescrições de tratados e acordos internacionais favoráveis à responsabilidade social, mesmo que não que não haja obrigação legal.

 Direitos humanos: Reconhecer a importância e a universalidade dos direitos humanos, cuidando para que as atividades da organização não os agridam direta ou indiretamente, zelando pelo ambiente econômico, social e natural que requerem.

Fonte: www.responsabilidadesocial.com/o-que-e-responsabilidade-social/.

4. As "ecologias profundas"

A fundamentação teórica que se encontra presente na discussão sobre sustentabilidade que acabamos de analisar remete à obra de Hans Jonas, que, em 1979, publicou *O princípio responsabilidade*. Um dos pioneiros nessa discussão filosófica ambiental, Jonas desenvolve um argumento atualmente muito conhecido: "é necessário preocupar-se com as futuras gerações". Recuperando a deontologia kantiana – e modificando-a a seu modo –, Jonas elabora um "novo imperativo categórico", que seria mais adequado à civilização tecnológica em que vivemos:

> Aja de modo a que os efeitos da tua ação sejam compatíveis com a permanência de uma autêntica vida humana sobre a Terra; ou expresso negativamente: aja de modo que os efeitos de tua ação não sejam destrutivos para a possibilidade futura de uma tal vida; ou simplesmente: não ponha em perigo as condições necessárias para a conservação indefinida da humanidade sobre a Terra; ou em uso novamente positivo: Inclua na tua escolha presente a futura integridade homem como um dos objetos do teu querer. (Jonas, 2006: 47-48)

Segundo o autor, o primeiro dever que emerge em sua proposta de uma "ética do futuro" é a tarefa de visualizar os efeitos a longo prazo da dinâmica econômica e tecnológica, ou seja, buscar intencionalmente a caracterização das possíveis – e piores – consequências de nossas ações para as futuras gerações no planeta em que habitamos. Em segundo lugar, deve-se mobilizar o sentimento adequado à representação, compreendendo o esforço pela sensibilização acerca de nosso possível destino, fomentando a disposição para se deixar afetar pela contingência da salvação ou desgraça da humanidade. Tais "deveres" articulam-se ao emprego de uma *heurística do medo*. Trata-se da necessidade de utilizar a ciência – e suas previsões acerca do futuro planetário – como orientação de nossas ações, com base no sentimento de medo acerca das possíveis catástrofes a surgir. Segundo Jonas, "precisamos da ameaça à imagem humana – e de tipos de ameaça bem determinados – para, com o pavor gerado, afirmarmos uma imagem humana autêntica" (Jonas, 2006: 70). Isso posto, a mobilização do sentimento de medo se tornaria uma ferramenta importante para reconfigurar o horizonte de nossas ações. Não importa que tais projeções sejam apenas hipotéticas, pois apenas a sua possibilidade nos exigiria uma responsabilidade fundamental:

> No que se refere à dedução ética a partir de direitos e deveres, ela poderia ser anunciada assim: já que de qualquer modo haverá futuramente homens, essa sua existência, que terá sido independente de sua vontade, lhes dará o direito de nos acusar, seus antecessores, de sermos a causa de sua infelicidade, caso estivermos arruinando o mundo ou a constituição humana com uma ação descuidada ou imprudente? (Jonas, 2006: 91)

Em sua formulação, visivelmente consequencialista, o "novo imperativo" de Jonas ressalta a importância de uma atitude ética em relação ao meio ambiente, tendo em vista os possíveis – e catastróficos – resultados de nossas ações, a médio e longo prazo, para o futuro da humanidade. Todavia, parece evidente que tal proposta acaba por conceber a natureza como "meio" para tal "fim". Em outras palavras, apesar de a ética ambiental de Jonas enfatizar a *radical responsabilidade de todos com o meio ambiente*, tal princípio se edifica em função das gerações vindouras, mantendo-se, portanto, profundamente *humanista*. O cuidado com a natureza é um *meio*, um *instrumento*, para tal objetivo. Desse modo, pode-se problematizar se há, de fato, valor intrínseco à natureza, ou apenas valor instrumental para garantia da sobrevivência e qualidade de vida das futuras gerações.

Pode-se então interrogar, filosoficamente: seria possível estabelecer uma fundamentação ética que evitasse a perspectiva desenvolvimentista e consequencialista, como parece evidente na formulação de Hans Jonas, e que se possa também verificar no discurso corrente sobre o "desenvolvimento sustentável"?

As chamadas "ecologias profundas" pretendem oferecer uma perspectiva de resposta a tal questão, repensando a própria concepção de natureza e, necessariamente, reformulando o entendimento da relação homem-natureza.

O conceito de *"ecologia profunda"* é tradicionalmente associado ao ativista ambiental Arne Naess. O montanhista norueguês indicava que os antecedentes dessa concepção filosófica ambiental poderiam ser encontrados em autores como Henry David Thoreau, John Muir e Aldo Leopold. Segundo Naess (2005), é possível identificar principalmente duas diferentes formas de ambientalismo – ainda que não sejam necessariamente incompatíveis. A primeira delas foi denominada pelo autor "rasa e de curto prazo", pois suas iniciativas visavam apenas reduzir o impacto e as consequências nocivas do desenvolvimento capitalista, promovendo ações mitigadoras ou reparadoras, tais como a redução da emissão de gases poluentes, a promoção de tecnologias mais limpas, ou a reciclagem de produtos. Nessa abordagem, que tratava o problema ecológico de modo "superficial", seria possível perceber os mesmos valores, métodos e práticas presentes na economia industrial de consumo, apenas agora incluindo discursos e ações com temáticas ambientais.

Por outro lado, a outra forma de ambientalismo, chamada por Naess de "profunda e de longo alcance", constituiria uma forma mais intensa de questionamento acerca dos propósitos e valores civilizacionais, almejando mudanças mais significativas na forma como compreendemos a nossa relação com a natureza, a conservação da diversidade e dos ecossistemas, bem como transformar radicalmente o modo de produção de recursos e de descarte de resíduos. Nesse caso, seria necessário repensar e reconstruir a forma como habitamos o planeta, enfrentando significativamente a pergunta: o que significa "qualidade de vida"? – o que não deixa de ser uma retomada da clássica pergunta filosófica grega sobre o "bem-viver".

A "ecologia profunda" traz como característica distintiva a valorização intrínseca da natureza, que, nesse cenário, para usar uma expressão kantiana, assume um "fim em si mesmo". A preservação ambiental é um valor ético fundamental e não um meio para a manutenção seja dos negócios humanos, seja da garantia de vida para futuras gerações. A natureza é pensada como um cosmos do qual fazem parte os entes materiais, vegetais, animais e humanos – todos merecedores de máxima dignidade e respeito. Sem tal abordagem "profunda", não seria viável, segundo Naess, a conservação da diversidade natural e da beleza implícita ao mundo em que vivemos. Trata-se, portanto, de uma filosofia *ecocêntrica*.

Diferentes autores contemporâneos têm se alinhado, cada um a seu modo, com tal perspectiva filosófico-ambiental. A proposta de Félix Guattari (1990: 8), por exemplo, envolve a integração do que ele denomina "três ecologias": "só uma articulação ético-política – a que chamo ecosofia – entre os três registros ecológicos (o do meio ambiente, o das relações sociais e o da subjetividade humana) é que poderia esclarecer convenientemente tais questões". Nesse sentido, seria necessário repensar as relações humanas em articulação com o meio ambiente, o que não pode prescindir do desafio de produzir novas formas de subjetividade e convivência.

Para Edgar Morin, que sempre enfatizou a importância de uma análise mais complexa da realidade em que vivemos, seria fundamental renunciar aos "dois mitos maiores do Ocidente moderno: a conquista da natureza-objeto pelo homem sujeito do universo, [e] o falso infinito para o qual se lançavam o crescimento industrial, o desenvolvimento, o progresso" (Morin e Kern, 2022: 92).

Tal encaminhamento demanda abandonar definitivamente a obsoleta oposição cultura *versus* natureza, produzida pelo discurso da Modernidade:

> A história humana da natureza é uma longa história. Mas a nova figura antropológica que se apresenta a nós de forma massiva há vinte anos, e que põe em xeque as ciências humanas, é que não se trata mais de *violar* uma natureza supostamente dominável como contrapartida das revoluções científicas e industriais. Trata-se doravante de *proteger* um cosmos no interior do qual voltamos a nos tornar mera parte, mesmo que seja uma parte motriz. (Latour, Schwartz e Charvolin, 1998: 96)

Faz-se necessária uma reformulação da relação entre sociedade e natureza, pois a compreensão da fragilidade dos ecossistemas diante do avanço técnico-científico não exige simplesmente cuidados com esse "objeto" ameaçado, mas, sim, uma visão renovada que nos permita o entendimento do cosmos do qual fazemos parte. A experiência de ser parte integrante da natureza pode redimensionar a ânsia moderna por previsibilidade e dominação. Isso nos aponta a possibilidade de uma mudança de "olhar" e relação com a natureza, pois o que antes era inumano se humanizou. Nesse sentido, não caberia mais pensar a natureza como o "outro" que deve ser explorado ou administrado; atualmente, a luta é "entre nós" – jamais contra algo do qual não se participa. Deve-se constatar, portanto, que agora nos encontramos em condições de igualdade "com todas as outras sociedades, isto é, que como todas elas temos que internalizar a natureza. É o grande efeito da crise ecológica devolver-nos essa fraternidade perdida não só com as naturezas, mas também com as culturas" (Latour, Schwartz e Charvolin, 1998: 99-100).

Se não há mais natureza a ser dominada, se a natureza é "parte de nós", e a luta é entre nós, a tarefa parece reconhecer nessa experiência como um convite à valorização da diversidade biológica e cultural, e a cooperação social – não somente em relação aos humanos, como também à natureza da qual fazemos parte. Em sua obra *Políticas da natureza*, por exemplo, Latour (2004) apresenta a necessidade de integrar problemas considerados como "*questões da natureza*" àquelas questões tradicionalmente consideradas "científicas" ou "políticas", em uma interessante proposta de construção de um parlamento de humanos e não humanos.

Outro aspecto significativo a ser mencionado no âmbito dessas *perspectivas ecocêntricas* é o resgate da importância das visões de mundo e das práticas presentes em culturas tradicionais e populações indígenas diversas. Recentemente, assumiram maior espaço no cenário filosófico abordagens que resgatam e discutem filosofias ameríndias, que, por sua vez, enfatizam algumas concepções claramente presentes no discurso originário da "ecologia profunda" de Naess. Em seu prefácio ao livro *A queda do céu*, de Davi Kopenawa e Bruce Albert, o antropólogo Viveiros de Castro afirma:

> Somos representantes quaisquer desse povo bárbaro e exótico proveniente de além-mar, que espanta por sua absurda incapacidade de compreender a floresta, de perceber que "a máquina do mundo" é um ser vivo composto de incontáveis seres vivos, um superorganismo constantemente renovado pela atividade vigilante de seus guardiões invisíveis, os *xapiri*, imagens "espirituais" do mundo que são a razão suficiente e a causa eficiente daquilo que chamamos Natureza – em yanomami, *hutukara* –, na qual os humanos estamos imersos por natureza (o pleonasmo se autojustifica). (Viveiros de Castro, 2015: 13)

Além do desvelamento da incompreensão do homem ocidental acerca de sua própria condição e do caráter da natureza, evidencia-se a denúncia de seu poder destrutivo em relação ao que desconhece, seja floresta, sejam as populações indígenas. Nessa forma de "ecologismo xamânico" (Viveiros de Castro, 2015: 2)," o ser humano é pensado como imerso em uma natureza da qual faz parte, constituindo-se como parte integrante de um organismo vivo. Assim, formula-se uma compreensão de "ecologia" bem distinta daquela que costumamos ler em nossos livros didáticos. Nas palavras do Xamã Yanomami e ativista político e ambiental Davi Kopenawa:

Na floresta, a ecologia somos nós, os humanos. Mas são também, tanto quanto nós, os *xapiri*, os animais, as árvores, os rios, os peixes, o céu, a chuva, o vento, e o sol! É tudo que veio à existência na floresta, longe dos brancos; tudo o que ainda não tem cerca. Nossos antepassados nunca tiveram a ideia de desmatar a floresta ou escavar a terra de modo desmedido. Só achavam que era bonita, e que devia permanecer assim para sempre. As palavras da ecologia, para eles, eram achar que *Omama* tinha criado a floresta para os humanos viverem nela sem maltratá-la. E só. Somos habitantes da floresta. Nascemos no centro da ecologia e lá crescemos. (Kopenawa, Albert, 2015: 480)

Essa mesma abordagem pode ser bem observada em Ailton Krenak, também ativista ambiental engajado na luta pelos direitos das populações indígenas:

A ideia de que os brancos europeus podiam sair colonizando o resto do mundo estava sustentada na premissa de que havia uma humanidade esclarecida que precisa ir ao encontro da humanidade obscurecida. [...] Enquanto isso, *a humanidade vai sendo descolada de uma maneira absoluta desse organismo que é a terra*. Os únicos núcleos que ainda consideram que precisam ficar agarrados nessa terra são aqueles que ficaram meio esquecidos pelas bordas do planeta, nas margens dos rios, nas beiras dos oceanos, na África, na Ásia ou na América Latina. São caiçaras, índios, quilombolas, aborígenes – a sub-humanidade. (Krenak, 2019: 11-21, grifo nosso)

Talvez uma visão renovada acerca da questão ambiental não possa prescindir de um reencontro com a sabedoria ecológica presente nas diversas populações tradicionais, em suas visões de mundo e modos de sobrevivência na terra. Viveiros de Castro enfatiza a importância de compreender o perspectivismo ameríndio como forma de desconstruir o modo como ordinariamente concebemos o trato e o entendimento dos elementos da natureza. Se na compreensão da modernidade ocidental conhecer um ente é objetificá-lo, ou seja, coisificá-lo ao máximo, no perspectivismo ameríndio a tarefa parece inversa: trata-se de subjetivar os entes, ou seja, *experienciar a intencionalidade dos animais, plantas, montanhas* etc. A experiência xamânica promove uma transição e comunicação entre esses diferentes universos, permitindo que determinado ente seja conhecido precisamente em função do fato de que sua perspectiva foi vivenciada e transmitida. "Em suma, se no mundo naturalista da modernidade um sujeito é um objeto insuficientemente analisado, a convenção interpretativa ameríndia segue o princípio inverso: um objeto é um sujeito incompletamente interpretado. Aqui é preciso saber personificar" (Viveiros de Castro, 2017: 360).

No âmbito dessa abordagem, pode-se melhor compreender em que sentido todos os seres não humanos que compõem esse organismo vivo que é a natureza, podem "falar", "sentir", "sofrer" etc. Como afirma Krenak: "o rio Doce, que nós, os Krenak, chamamos de *Watu*, nosso avô, *é uma pessoa*, não um recurso, como dizem os economistas". (Krenak, 2019: 40).

São, em todo caso, verificavelmente diversificadas as posturas "profundas", tanto em suas *fontes de inspiração* – que vão do modo de vida de povos primitivos aos orientalismos, misticismos e à contracultura – quanto na materialização dos seus discursos e ações. Como já foi dito, essas posições tendem a afastar-se dos chamados "antropocentrismos" e a clamar por uma revisão da relação do homem com a *Natureza*, ou de sua posição no *Cosmos*, sobretudo buscando resgatar uma dignidade intrínseca para o não humano, fundada em algo diferente da mera capacidade utilitária de servir-nos.

Torna-se indispensável, nesses casos, discutir e tornar compreensíveis as bases da *dignidade do não humano*, até porque, sem esse esclarecimento, é muito provável que o sentimento de ridículo referido por Roderick Nash (1939),[7] professor de Estudos em História e Meio Ambiente na Universidade de Santa Bárbara, torne impossível qualquer diálogo e consequente deslocamento em relação às perspectivas mais utilitárias e antropocêntricas. Diz Nash no artigo "Do the rocks have rights?" (1977):

> As pedras têm direitos? Se vier o tempo em que para qualquer grupo considerável de norte-americanos tal questão não mais seja ridícula, estaremos à beira de uma mudança na estrutura de valores que poderá viabilizar medidas para lidar com a crescente crise ecológica. Espera-se que haja tempo suficiente. (Nash apud Devall, 2008: 476)[8]

A questão que assim se põe é, em suma, como agir não apenas de modo encapsulado, mas de modo a disseminar a dignificação em epígrafe.

Referências bibliográficas

COMISSÃO MUNDIAL sobre o Meio Ambiente e Desenvolvimento. *Nosso futuro comum*. Rio de Janeiro: Fundação Getulio Vargas, 1991.

CONFERÊNCIA DAS NAÇÕES UNIDAS sobre Meio Ambiente e Desenvolvimento. *Agenda 21*. 3. ed. Brasília: Senado Federal, Subsecretaria de Edições Técnicas, 2001.

DEVALL, Bill. The Deep ecology movement. In: SCHARFF, Robert; DUSEK, Val. *Philosophy of technology – The technological condition*. Malden: Blackwell, 2003.

---

[7] Cf. Nash, R. *Wilderness and the American mind* (1967) e *The rights of nature* (1989).
[8] O texto foi originalmente publicado em *The Center Magazine*, 10, Santa Barbara, 1977: 2.

DREXLER, Eric. Os nanossistemas – possibilidades e limites para o planeta e para a sociedade. In: NEUTZLING, Inácio; ANDRADE, Paulo F. Carneiro (Orgs.). *Uma sociedade pós-humana.* São Leopoldo: Editora Unisinos, 2009.

EXAME. Top 10 empresas mais valiosas do mundo. 2022. [online]. Acesso em: maio 2023.

GUATTARI, Félix. *As três ecologias.* São Paulo: Papirus, 1990.

IBGC (Instituto Brasileiro de Governança Corporativa). Transformação de empresas com ASG. 2020. Disponível em: www.ibgc.org.br/blog/artigo-transformacao-asg/.

JONAS, Hans. *O princípio responsabilidade: ensaio de uma ética para a civilização tecnológica.* Rio de Janeiro: Contraponto; Editora PUC-Rio, 2006.

KOPENAWA, D.; ALBERT, B. *A queda do céu: palavras de um xamã yanomami.* Prefácio de Eduardo Viveiros de Castro. São Paulo: Companhia das Letras, 2015.

KRENAK, Ailton. *Ideias para adiar o fim do mundo.* São Paulo: Companhia das Letras, 2019.

LATOUR, B.; SCHWARTZ, C.; CHARVOLIN, F. Crise dos meios ambientes: desafios às ciências humanas. In: DE ARAÚJO, H. R. (Org.). *Tecnociência e cultura: ensaios sobre o tempo presente.* São Paulo: Estação Liberdade, 1998.

LATOUR, Bruno. *Políticas na natureza: como fazer ciência na democracia.* São Paulo: Edusc, 2004.

MORIN, E; KERN, A.B. *Terra pátria.* Porto Alegre: Sulina, 2002.

NAESS, Arne. *The shallow and the deep, long-range ecology movement: a summary.* Disponível em https://openairphilosophy.org/wpcontent/uploads/2018/11/OAP_Naess_Shallow_and_the_Deep.pdf/.

OLIVEIRA, José Antonio Puppim. *Empresas na sociedade: sustentabilidade e responsabilidade social.* Rio de Janeiro: Elsevier, 2008.

ONU Brasil. Objetivos de desenvolvimento sustentável no Brasil. Disponível em: https://brasil.un.org/pt-br/sdgs/.

THIRTY-CHERQUES, H. R. *Ética para executivos.* Rio de Janeiro: Editora FGV, 2008.

VALOR ECONÔMICO. Entenda o que é ESG e por que a sigla é importante para as empresas. 2022. [online].

VIEIRA, S. C. A construção do conceito de desenvolvimento sustentável. In: FONSECA, D. P. R.; SIQUEIRA, J. C. (Orgs.). *Meio ambiente, cultura e desenvolvimento*. Rio de Janeiro: Sette Letras; Historia y Vida, 2002.

VIVEIROS DE CASTRO, Eduardo. O recado da mata. Prefácio. In: KOPENAWA, D.; ALBERT, B. *A queda do céu: palavras de um xamã yanomami*. São Paulo: Companhia das Letras, 2015.

_____. Perspectivismo e multinaturalismo na américa indígena. In: VIVEIROS DE CASTRO, Eduardo. *A inconstância da alma selvagem*. São Paulo: Ubu, 2017.

ANEXOS

1
Análise de casos

Caso 1

O filme *O poderoso chefão* (*The Godfather*), adaptação para as telas de Francis Coppola do livro de Mário Puzo (que participou do roteiro), gira, em sua primeira parte, em torno da personagem Don Vito Corleone, magistralmente representada por Marlon Brando. O cenário é a "América" urbana do pós-guerra (anos 1940), devastada pela corrupção. Don Corleone tem muitos "amigos", entre juízes, senadores e policiais, e não hesita em condenar à morte ou a castigos atrozes aqueles que se põem no caminho dos seus negócios e dos negócios dos seus amigos. Não aceita, todavia, pagamento por execuções. Mostra-se também extremamente apegado à família e a laços de amizade, laços que determinam dívidas de lealdade acima de qualquer transigência. O chefão Corleone opõe-se ainda, abertamente, à introdução do tráfico de drogas em seus negócios – ainda que o horizonte de lucros seja consideravelmente maior que os tradicionais, ligados ao jogo e à bebida. Recusa-se sobretudo a compartilhar suas influências jurídicas e políticas com as *famiglie* interessadas no novo filão. O custo dessa postura é uma guerra entre os clãs mafiosos.

Exemplo de análise: O *contexto* de corrupção no qual se insere Don Corleone coloca de pronto o problema da possibilidade de justificar ações em função das pressões externas em meio às quais elas se configuram. Maquiavel, por exemplo, afirmava que "os fins justificam os meios", mas os fins a que ele se referia eram "razões de Estado" – especificamente a manutenção da ordem e da soberania em meio às ameaças externas e internas de desagregação do Estado. Don Corleone não é propriamente um *Príncipe*. Luta no máximo pela manutenção da soberania e da ordem do seu negócio, que não colabora propriamente para a restauração da soberania do real Estado em que vive, ou para a superação da corrupção em que esse se acha imerso. Os "princípios" por ele supostamente acolhidos, por outro lado, colocam em questão suas motivações para acolhê-los. Pode-se imaginar que haja de fato *fidelidade a princípios familiares* arraigados, oriundos do sul da Itália, bem como uma aversão específica ao flagelo das drogas. Poderia haver, nesse caso, em Don Corleone, uma espécie de *"ética de convicção"*, ainda que segmentada, mas que talvez possa ser compreendida mais adequadamente como uma *"moral"*, alicerçada em *costumes e hábitos regionais*, fortemente marcada pelos referidos princípios. Por outro lado, seria certamente mais difícil supor que a adoção dos princípios se baseie no *cálculo utilitarista*, ainda que estejam em jogo fatores de agregação da integridade do seu negócio, em meio a um mundo de desconfiança. A recusa a compactuar com o tráfico de drogas, por exemplo, pode bem ser que se baseie num balanço de riscos que confira o peso maior à possibilidade de perder o apoio de magistrados e policiais, facilmente corruptíveis quanto a questões de jogo e bebida, mas provavelmente não de drogas. Todavia, parece pouco plausível que o referido cálculo esteja realmente orientado para maximização do benefício social, como preconiza o utilitarismo, e não apenas em uma estratégia de longevidade de seus próprios negócios ilícitos.

Caso 2

Em determinada sala de aula, o *bullying* é corriqueiro. Há um grupo dominante de alunos que se junta para ridicularizar colegas pelos motivos mais frívolos. Interpelado por um professor que o pegou em flagrante dirigindo crueldades verbais a uma colega, aluno responde que não sabe realmente por que se comporta dessa maneira. "Todos os seus amigos são assim", mas "eles só zoam os otários". O professor pergunta o que ele pensa da possibilidade de um criminoso, ou simplesmente outro garoto mais forte, por qualquer motivo, submetê-lo a humilhações físicas ou morais. O aluno responde que cabe apenas a ele não "dar mole". No caso do flagrante, por exemplo, consente que "não foi esperto" e por isso deixou-se apanhar, não por outro colega mais forte, mas pelo professor, que provavelmente o encaminhará à diretoria com pedido de providências sérias. Dando de ombros, pondera que, de qualquer forma, não reconhece no professor ou na direção da escola moral para repreendê-lo; na verdade, não reconhece autoridade moral em ninguém, seja em "políticos", juízes, polícia, pais, Deus... E conclui: No mundão "é só *nóis* mesmo".

Exemplo de análise: O fato de o *bullying* ser "corriqueiro" nessa escola denuncia uma *corrupção dos costumes* nela observados. Os motivos podem ser vários: falta de pulso firme (*coação*) por parte da direção e do corpo docente da escola, falha no seu *processo educativo*, ou mesmo impossibilidade de a escola fazer frente às pressões oriundas de uma sociedade que não cessa de dar *maus exemplos* aos seus cidadãos, sobretudo àqueles em idade tenra. É possível, a julgar pelas respostas do aluno que pratica o *bullying*, que se trate de uma combinação de todas essas hipóteses: afinal, ele não teme ou respeita "ninguém". Outro ponto relevante é que ele declara apenas agir como agem seus colegas próximos, demonstrando pouca permeabilidade à reflexão sobre suas razões e sobre as consequências dos seus atos. Lembremos que nossas raízes éticas, segundo Sócrates, estão na nossa *capacidade de refletir* profunda e consequentemente sobre o que fazemos. *Kant e sua noção de esclarecimento* também respaldariam esse diagnóstico, sendo que o rapaz é de fato *menor* e, portanto, carente de uma tutoria firme. Sobre o professor, podemos sugerir que ele tenta fazer o rapaz pensar um pouco sobre o que faz, mas que adota a postura de *tentar sensibilizá-lo, na linha da regra de ouro cristã, para a compaixão* pelos colegas que fustiga. O sucesso do professor é, entretanto, nenhum, posto que, em sua irreflexão, o menino parece tender para uma *postura "hobbesiana"*, conquanto ainda sem a contrapartida de medo dos reveses que poderiam fazê-lo desejar o advento de alguma autoridade. Enfim, como ele diz, em um português cheio de si e corrompido gramaticalmente: "é só *nóis* mesmo".

Caso 3

Organização estudantil tem em seu regimento interno regras claras sobre a aceitação de novos membros. Uma das diretrizes prevê a exigência de média global superior a 8 para a filiação à organização. A comissão de seleção instituída para preenchimento de novas funções, observando o regimento, recusa um candidato que tem média 7,5, mas que, fora isso, parece ter um perfil muito adequado. Passa, então, a sofrer pressões da presidência da organização, que tem o apoio de muitos membros da diretoria, para adotar um "procedimento de exceção", de modo a acolher o candidato. O chefe da comissão resolve resistir às pressões e manter a decisão. Escolha um ou mais argumentos a que ele poderia recorrer em apoio à sua decisão, *identificando as matrizes éticas em que eles se inspiram*. Não deixe, ao elaborar sua estratégia, de considerar *possíveis réplicas*.

Exemplo de análise: A questão envolve a *produção de um argumento* e da possibilidade de esse argumento resistir a eventuais réplicas. Algumas estratégias poderiam se basear: (a) no *imperativo categórico* de Kant – se a exceção se universalizar...; (b) no princípio legal da *isonomia* – o que vale para um vale para todos...; (c) na *alegação utilitarista* de que não compensaria abrir a exceção mesmo que o candidato fosse muito adequado. Vejamos. Na primeira opção (a), o argumento deveria enfatizar que uma exceção como essa exigiria que todos os casos atípicos fossem analisados pontualmente – o que tornaria implausível e desnecessária a própria regra. Muito mais adequado seria recusar o candidato de acordo com a norma vigente e propor, pelo exercício da razão pública, uma rediscussão dos critérios para uma nova formulação dos termos de admissão dos discentes no futuro. Na segunda alternativa (b), a ênfase se direciona para a necessidade de manutenção de um tratamento igualitário a todos os estudantes, garantindo o máximo respeito à dignidade da pessoa humana, pois, em alternativa diversa, seria possível permitir favorecimentos injustos ou protagonizar formas de discriminação e preconceito. Por fim, pela abordagem utilitarista (c), caberia formular e apresentar critérios que sugerissem que, em um cálculo de custos, riscos e benefícios, a admissão do candidato poderia não maximizar o benefício coletivo. Nesse caso, a força da argumentação dependeria da escolha de tais critérios e da possibilidade de que tais consequências eventualmente nocivas, seja à organização, seja à própria sociedade, fossem razoavelmente plausíveis. Essa última linha de alegação, claro, poderia também ser usada como réplica, invertendo os pesos, ou seja, ponderando que por um detalhe burocrático se deixaria de acolher um excelente candidato. A tréplica, claro, retomaria a linha anterior de argumentação, com a alegação de que não se trataria de um "mero detalhe burocrático". Ainda uma última linha de argumentação, um reforço à tréplica seria novamente a *linha kantiana*. Mesmo se tratando de "burocracia", cumprimos nesse caso a lei e, por termos observado sua inadequação, cuidamos em seguida de mudá-la, mas sem abrir de pronto a exceção.

Caso 4

Funcionário de alta patente de um governo foi enviado a um país vizinho para cumprir missão de segurança nacional, inadiável, da qual somente em momento oportuno tomaria conhecimento. O teor da instrução chocava-se, todavia, frontalmente com suas convicções morais. Considerando as possibilidades a seguir, qual seria a melhor decisão ética?

a) O agente recusa-se a cumprir a missão.

b) O agente cumpre a missão, demite-se em seguida e resolve tornar pública a sua discordância em relação às diretrizes que passaram a nortear o organismo para o qual trabalha.

c) O agente cumpre a missão e se cala.

Exemplo de análise: **Kantianamente** falando, o funcionário não poderia descumprir a lei, posto que, se todos na sua situação pudessem fazê-lo, o órgão de segurança nacional se esfacelaria. Fica evidente que tal ação não poderia ser "universalizada", tal como exige o imperativo categórico. Mas, se, por "*razões privadas*" (necessidade de obediência a leis, regras e normas estabelecidas), ele não poderia descumprir a ordem, teria em contrapartida o *dever* de se posicionar "*publicamente*" (exercício da razão pública: pensar e propor, como ser humano, cidadão e profissional), no sentido de evitar novas situações como essa, que gera conflito à sua *consciência moral*. Restaria saber como seria esse ato de se posicionar publicamente, dado que, por se tratar de assunto de Estado, portanto sigiloso, a oposição não poderia se dar indiscriminadamente. De resto, Kant deixa em aberto em seu texto sobre o "*esclarecimento*" a possibilidade de o funcionário se demitir se a ordem for de fato inteiramente incompatível com o restante dos seus deveres morais. Poderíamos ainda dizer que o descumprimento da ordem e a subsequente demissão tornam-se mesmo obrigatórios em algum caso em que se evidencie um risco claro e iminente à vida ou à dignidade humana. Acrescente-se, entretanto, que, mesmo se demitindo, ele não deveria se calar, como prevê a hipótese c), e, sim, atuar de modo a reformar as diretrizes que considera antiéticas. Talvez a situação fosse mais fácil para partidários de *morais religiosas*, fortemente leais a *princípios fixos* que determinam preferir, por exemplo, a lei de Deus à lei dos homens. Também para o *utilitarista*, salvo a complexidade do cálculo, a situação seria menos conflitada. Ele teria, de qualquer forma, de pensar os "prós e os contras" de agir conforme qualquer uma das alternativas apresentadas. Muitos fatores teriam que ser levados em conta: os reveses que poderia sofrer, os danos e ganhos para o país que representa, o número de pessoas envolvidas e a intensidade do sofrimento a elas causado pela missão etc.

Caso 5

O artigo 34 do novo *Código de Ética Médica*, vigente desde 13 de abril de 2010, diz que é vedado ao médico: "Deixar de informar ao paciente o diagnóstico, o prognóstico, os riscos e os objetivos do tratamento, salvo quando a comunicação direta possa provocar-lhe dano, devendo, nesse caso, fazer a comunicação a seu representante legal." Pode-se especular a partir desse artigo que, em face de uma doença cujo estado psicológico do paciente seja muito importante no êxito ou fracasso do tratamento, o médico está autorizado a omitir-lhe informações, ou mesmo mentir sobre sua real situação, no afã de manter sua esperança e vontade de cura vivas, desde que, todavia, reporte a verdade dos fatos ao "seu representante legal".

Exemplo de análise: A primeira questão que vem à tona é a de um possível *conflito entre os âmbitos legal e moral*. Pode bem ser que, por *convicção* de qualquer ordem, por exemplo, fidelidade a princípios morais religiosos, o médico seja radicalmente contrário ao uso da mentira. Mas, nesse caso, na medida em que a lei apenas *autoriza* a mentira – não a *obriga* –, o médico não necessariamente atentaria contra o código de ética da categoria, ao optar sempre pela verdade. Situação semelhante se daria no âmbito da *ética kantiana*. Como o *imperativo categórico* não permite nem a universalização da mentira, nem a do descumprimento da lei, o médico kantiano teria que ignorar a possibilidade de mentir para salvar a vida do paciente. Poderia, quem sabe, assim, cumprir a lei e pronunciar-se contra ela, lutando para alterá-la junto à sua classe. Trata-se do complemento kantiano que, no texto sobre o "*esclarecimento*", propõe uma separação entre *razão privada* (do médico como médico) e *razão pública* (do médico como homem e ser político). Uma última referência muito possível na análise do caso, mas que gera um questionamento complexo, é o *utilitarismo*. Caberia ao médico avaliar por um delicado cálculo quando a mentira compensaria; pois há sempre o risco de, vindo o paciente a desconfiar, ou mesmo saber da verdade de algum modo, perder inteiramente a confiança "no mundo", sendo isso "fatal" para ele, dado seu estado delicado. O cálculo a partir das variáveis *benthamianas* dá a dimensão do problema. Seria mesmo certo que a mentira faria bem ao paciente, caso ele não a descobrisse? Qual o risco da descoberta? A intensidade do bem que lhe seria feito – ter a vida salva – estaria amparada pela certeza de por meio desse recurso produzir tal bem?

Caso 6

Funcionário da Funai foi fortemente instruído a não interferir com as práticas culturais indígenas da região para a qual foi designado. Sua função deveria ser exatamente a de proteger o direito ao povo do sítio demarcada à singularidade da sua cultura e das suas tradições. Deparou-se, todavia, certo dia, com uma situação que o deixou perplexo. Uma criança com uma pequena deformidade física fora arrancada dos braços da mãe, ambas em prantos, para ser sacrificada seguindo os costumes da tribo. Ao avistar o funcionário da Funai, a mãe prostrou-se aos seus pés pedindo ajuda para salvar o filho. (Adaptado de *Super Interessante*, n° 253.)

Exemplo de análise: Percebe-se de imediato um problema de choque cultural, com *conflito entre morais distintas*, o que aciona um *problema ético*. O sacrifício de crianças com anormalidades é algo sancionado pelos *costumes* da tribo descrita, provavelmente em função de uma cultura de sobrevivência, que não permite o compromisso com a guarda futura de indivíduos incapazes de prover seu próprio sustento. O que parece uma *pequena* deformidade aos olhos de alguém estranho à tribo, não é assim entendido por seus líderes. O funcionário da Funai, como todos nós que vivemos em uma civilização pautada em padrões de produtividade, acumulação e, eventualmente, piedade, de todo modo comprometida com outros objetivos e princípios, choca-se com a cena. Seu impulso é o de interferir, ainda que tenha sido claramente instruído a não fazê-lo.

Pensando *kantianamente*, podemos especular: se todos os funcionários pudessem tomar a liberdade de decidir por si, em cada caso, se acatam ou não os princípios que, em suas empresas, definem suas ordens, a hierarquia das instituições simplesmente desapareceria. Por outro lado, se o acolhimento da ordem deve ser feito a partir de um ato de autonomia e esclarecimento, certamente o funcionário se depararia com as tensões internas da escolha. Acolher a ordem e *trabalhar publicamente* para alterar as diretrizes que a Funai adota poderia ser uma saída, ainda que não salvasse aquela criança em particular.

Imaginemos, seguindo outro caminho, que o funcionário colocasse a vida individual como um valor maior. *Utilitariamente* falando, a possibilidade de interferir no processo para salvar a criança esbarraria no *balanço* das consequências, problemático, ao levar em consideração os indicativos fornecidos por Bentham: *intensidade, duração, pureza/fecundidade, certeza, número de pessoas* etc., mesmo que se colocasse um grande peso (*intensidade*) na dor envolvida no sacrifício. Como proceder objetivamente para impedir a morte da criança? Tentaria o funcionário convencer a tribo a ficar com ela, prometendo-lhe apoio futuro, para evitar que sua incapacidade prejudicasse a sobrevivência dos demais? E como poderia, sozinho, arcar com tal promessa, especialmente a longo prazo, quando é sobre a instituição que o compromisso recairia? Será que essa "solução" de ajuda à tribo não traria consigo outros efeitos capazes de, eventualmente, desestabilizar toda a teia de costumes que a estrutura? Enfim, será que isso resolveria o problema só daquela criança, ou de todos os futuros casos semelhantes? Restaria ao funcionário oferecer-se para criar a criança. Para isso, entretanto, teria que se pautar por uma *convicção* quase que santa, seja fundada em *moral religiosa*, seja ainda baseada na teoria ética de Schopenhauer, voltada para *compaixão, despojamento, minimização do sofrimento humano* etc., posto que estaria alterando sua vida futura por amor à vida da criança. Estaria disposto a fazê-lo? Em caso negativo, talvez ele devesse se perguntar por que se acha no direito de tentar convencer a tribo a mudar a sua vida e costumes para salvar a mesma criança, se ele não se dispõe a mudar a sua. Trata-se, de todo modo, de observância à regra de *reciprocidade*.

À luz de todas essas reflexões, talvez o funcionário encontrasse por si próprio a razão de ser da ordem que recebeu, ainda que pudesse continuar chocado com o fato puro e simples do sacrifício. Podemos, por fim, recorrer ao "lado estoico" de Aristóteles, que considera *virtuoso* o homem capaz de aceitar aquilo que transcende a sua capacidade de ação. Ciente da *virtude* de ter buscado tanto quanto possível no *logos* o apoio para sua decisão, poderia não se deixar abalar e atravessar com alguma equanimidade o infortúnio com que se deparou, sobretudo mantendo-se em condição de agir em situações futuras.

Caso 7

Durante a hora de almoço em uma empresa metalúrgica, a equipe de produção revezou seus integrantes para não parar, a fim de atender a pedidos urgentes. Entretanto, uma máquina apresentou defeito e precisou de uma peça de reposição que se encontrava no almoxarifado. Imediatamente, o técnico de manutenção se dirigiu à seção e solicitou a peça. O responsável, todavia, solicitou-lhe o preenchimento do competente formulário, sem atentar para o precioso tempo que estava sendo desperdiçado. Depois de entregue o formulário, esse foi rejeitado, pois, conforme afirma o manual de normas e procedimentos, peça alguma pode ser entregue sem a assinatura dos supervisores responsáveis. Como o supervisor da área de manutenção estava almoçando fora da empresa, a solicitação não pôde ser atendida. Resultado: a produção sofreu atraso, horas extras foram pagas para compensar o contratempo, clientes reclamaram do atraso, contratos futuros foram perdidos. Diante disso, qual seria a melhor orientação ética para o almoxarife?

(Adaptado de Robert Henry Srour. *Ética empresarial: a gestão da reputação*. Rio de Janeiro: Elsevier/Campus, 2003)

Exemplo de análise: Diante desse problema, se recorrermos à "atitude socrática", interrogando com "espanto", podemos considerar que, se o supervisor era tão importante para avaliar a pertinência de liberação da peça, ele não poderia estar ausente; caso estivesse, deveria haver alguém tão competente quanto ele, previamente indicado, para substituí-lo. Ora, se isso é tão simples, por que não foi realizado? A resposta a essa pergunta parece nos remeter à "alegoria da caverna" de Platão: o aprisionamento a costumes e hábitos não permitiu uma reflexão crítica sobre o problema (como quando se diz: "isso sempre foi assim por aqui"). Avançando na análise, tendo em vista a ética do dever, de acordo com fundamentação presente na deontologia kantiana, é necessário cumprir regras e procedimentos estabelecidos (razão privada), bem como pensar e propor criticamente (razão pública). Essa perspectiva, ao que tudo indica, baseava a orientação ética concedida ao almoxarife. Não se poderiam, portanto, descumprir as normas estabelecidas. Deve-se destacar que, sob tal perspectiva, o máximo que ele poderia ter feito seria buscar o superior imediato e relatar o problema em andamento. Se, por outro lado, recorrermos ao utilitarismo, parece bastante razoável que seria necessário fazer uma análise de custos, riscos e benefícios tendo em vista a maximização do bem-estar coletivo, não somente para a empresa, mas para todos os parceiros envolvidos e para sociedade como um todo. Nesse sentido, em um primeiro momento, não parece ter sido adequada a atitude do almoxarife.

Contudo, como o caso nos questiona acerca de uma possível mudança de gestão? Seria o caso de sermos utilitaristas? Ao que tudo indica, não seria essa a melhor decisão, tendo em vista que o emprego do utilitarismo demanda uma capacidade de analisar o contexto em questão, bem como uma ampla visão das possíveis consequências a médio e longo prazo para todos os parceiros envolvidos – o que em geral não se pode esperar de um almoxarife. Caso solicitássemos tal competência nesse caso, isso exigiria, sem dúvida, muito treinamento e qualificação, o que obviamente envolve razoáveis custos.

Por outro lado, se recorrêssemos à fundamentação kantiana, poderíamos fazer uso da razão pública, para criticar e propor soluções que pudessem otimizar o processo, sugerindo alterações à norma vigente. Isso garantiria a manutenção do processo, a garantia de qualidade e a segurança de bens e informações, o que evitaria riscos indesejáveis. Esta parece ser a melhor solução: manter a gestão kantiana e melhorar os procedimentos vigentes.

Caso 8

O setor sob sua gestão é responsável pelo processo seletivo de profissionais de uma grande empresa. Segundo o perfil profissional solicitado, exige-se para esse cargo, no mínimo, uma pós-graduação em área afim. Esse foi, inclusive, o principal motivo que impediu o processo de seleção interna de atingir sucesso. Todavia, um dos candidatos atuais é um conhecido consultor, de extenso currículo e experiência na área. Em sua avaliação, esse profissional apresenta todas as habilidades e competências necessárias para o cargo, superando inclusive as expectativas iniciais. Entretanto, ele não tem a titulação solicitada. O que você faz?
(Adaptado de Macêdo et al. *Ética e sustentabilidade*. Rio de Janeiro: Editora FGV, 2015.)

Exemplo de análise: De acordo com a deontologia kantiana é fundamental seguir as normas estabelecidas, em uma atitude que atenda ao princípio de universalização de ação; simplificadamente: o que se aplica a um aplica-se a todos. Desse modo, a primeira solução parece ser rejeitar o currículo, seguindo as normas estabelecidas. Todavia, ainda em sintonia com a gestão kantiana, é possível não selecionar o candidato, mas, no exercício da razão pública, apresentar sugestões e críticas para revisão do processo em curso, conduzindo o caso a uma instância superior. É claro que não sabemos qual será a decisão da gestão à qual estamos submetidos, nem muito menos se tal decisão será ágil o suficiente para aproveitar o candidato em questão. Entretanto, agindo desse modo, cumprimos a regra estabelecida e expressamos nossa sugestão para o aperfeiçoamento da empresa e da sociedade. Neste cenário, tendo em vista que o caso nos afirma que consideramos ser esse o melhor candidato, parece ser essa a melhor solução na gestão kantiana.

Todavia, se empregarmos a gestão utilitarista, o cenário se modifica. Por essa perspectiva, cabe um cálculo da relação custo-benefício, buscando o melhor resultado para todas as partes interessadas, bem como para a sociedade. Assim, ao que tudo indica, a absorção desse profissional pode contribuir significativamente para o sucesso da equipe, da empresa e de seus parceiros. Nesse contexto, um desafio a ser enfrentado é, obviamente, a motivação da equipe, pois se normas forem flexibilizadas os colaboradores podem reagir negativamente. Consultar participativamente a equipe pode ser um importante instrumento de respeito aos profissionais envolvidos, bem como um "termômetro" para medir a receptividade do grupo a tal proposta, evitando desse modo o risco de *dano moral*. Dependendo dos resultados dessa consulta, a solução utilitarista pode mostrar-se interessante para todos os envolvidos, bem como para a empresa e seus *stakeholders*.

Caso 9

Você tem cerca de 20 funcionários sob sua gestão, em uma grande empresa que tem um rígido código de disciplina. Nos últimos seis meses, verificou-se a evasão de material de escritório (resmas de papel, borrachas, envelopes, canetas, grampeadores etc.). Segundo as normas da empresa, seria necessário abrir uma sindicância e, posteriormente, um inquérito administrativo, para apurar qualquer desvio de propriedade da empresa. Você já conversou com os funcionários sobre isso e o panorama não se alterou. Por outro lado, a produtividade de sua equipe é uma das melhores de toda a empresa: as cotas de produção são superadas e prêmios têm sido conquistados. O que você faz?

Exemplo de análise: Pela perspectiva kantiana, considerando o exercício da razão privada, deve-se seguir a orientação de abrir uma sindicância para apurar os acontecimentos registrados. No exercício da razão pública, pode-se ainda conduzir o caso a uma instância superior, sugerindo a revisão dos mecanismos de controle que permitiram tal situação, apresentando as razões e justificativas necessárias. Essa solução garante a isonomia, a transparência e a confiança nos procedimentos adotados pela empresa, embora, por outro lado, possa gerar certa desmotivação na equipe e, provavelmente, alguma perda de desempenho.

Todavia, se recorrermos à fundamentação utilitarista, temos a opção, por exemplo, de enviar uma circular alertando os funcionários de que desvios de material não serão tolerados e serão passíveis de punição. Entretanto, tal solução nos expõe à situação de não resolver o problema e agravar o contexto vigente, pois se evidenciam nosso conhecimento do caso em pauta e nossa falta de efetividade em resolvê-lo. Melhor seria, em uma abordagem utilitarista, tendo em vista que se trata de uma equipe com excelentes resultados, propor um controle do material que é alvo de desvios, por meio de algum sistema que oferecesse um melhor monitoramento organizacional desse material. Parece claro que, considerando-se que se trata de uma atitude excepcional, não prevista nas regras da empresa, seria importante um processo participativo para definir tal procedimento, promovendo inclusão e conquistando o envolvimento de toda a equipe para estabelecer os critérios e a gestão de tal controle.

Caso se consiga resolver efetivamente o problema, eliminando-se a evasão que vem sendo observada, garante-se a manutenção dos resultados, evitam-se o tempo, o custo e o desgaste emocional inevitáveis em um processo de investigação interna, e promove-se um melhor clima organizacional. De qualquer modo, caso não haja uma "boa ambiência" para o engajamento coletivo nessa solução interna, a solução kantiana sempre se apresentará como mais adequada diante desse dilema ético, evitando-se quaisquer riscos de assédio moral. É interessante observar que soluções utilitaristas podem maximizar o bem-estar coletivo, mas dependem fundamentalmente de uma cuidadosa análise de cenário, que nos exige uma atenção redobrada e uma abordagem crítica do contexto em que nos encontramos.

Caso 10

Na empresa em que você trabalha, está sendo discutida a possibilidade de desenvolvimento de um novo serviço, do qual você será responsável. É quase certo que a decisão é favorável, mas ela ainda não foi tomada, e nem existem verbas alocadas. Como é preciso estar pronto para iniciar a produção do serviço, você se pergunta sobre a importância de iniciar o contato com os fornecedores dos suprimentos essenciais. Você deveria entrar em contato com eles? Em caso afirmativo, o que você deveria dizer a eles?

Exemplo de análise: A "atitude socrática" sempre nos oferece o recurso de não agir impulsivamente ou de maneira padronizada. Por meio de tal postura, encontramo-nos em melhores condições de pensar filosoficamente sobre o dilema ético em pauta. Devemos considerar: se não existe ainda a aprovação do serviço, o que fazer? Pensando kantianamente, a solução parece clara: nada se deve fazer, pois nenhum cargo foi ainda assumido, e esperar a aprovação final é fundamental, garantindo a confidencialidade e a transparência. Entretanto, no exercício da razão pública, é possível ainda considerar a opção de fazer contatos iniciais com possíveis parceiros a título de uma sondagem inicial, transparente e universal, sem comprometimentos ou acordos. Essa atitude pode favorecer o prévio mapeamento de eventuais parceiros futuros, sem que haja risco, caso o projeto não seja aprovado.

Por outro lado, em uma perspectiva utilitarista, seria possível propor aos futuros parceiros iniciar trabalhos iniciais, principalmente aqueles de baixo custo, tais como levantamento de orçamento, logística e estoque, visando a uma otimização de resultados para todos os envolvidos. Tal atitude ofereceria melhores soluções coletivas a médio e longo prazo, caso o projeto se confirme – o que parece uma previsão razoável. Consultar sua equipe participativamente acerca dessa intenção pode mostrar-se proveitoso, promovendo inclusão e debate sobre o tema. De qualquer modo, tal contato com os parceiros deve ser feito com clareza e honestidade, de modo a minimizar possíveis desconfortos, caso o projeto não se realize por qualquer motivo.

É interessante também que se trabalhe com parceiros previamente conhecidos, que já tenham demonstrado valores técnicos e socioambientais adequados à participação em sua cadeia produtiva, respeitando desse modo os princípios de sustentabilidade e distributividade, em sintonia com as exigências de responsabilidade social.

Caso 11

Você ocupa uma função de liderança no departamento de Recursos Humanos de uma grande empresa, que atualmente tem se notabilizado no cenário nacional em função de práticas significativas na área de promoção da diversidade e da sustentabilidade. Há um processo seletivo em curso para um importante cargo de gestão, cuja data de entrega já é iminente. Dos candidatos avaliados no processo de seleção interna, três se destacaram, atendendo aos requisitos para o cargo. Aquele que mais se evidenciou, a partir do processo de avaliação das competências e habilidades requeridas, é um negacionista da crise climática e ambiental. Tal fato pode ser facilmente verificado pelo modo como se dá sua intensa participação em inúmeras redes sociais. Cabe destacar que esse é um assunto sobre o qual não se comenta no ambiente organizacional. A segunda colocada é uma mulher e o terceiro colocado é um dos poucos negros que trabalham na empresa. A decisão é sua, O que você faz?

Exemplo de análise: Em uma perspectiva kantiana de análise, é necessário considerar que todos devem ser sempre tratados com absoluto respeito à dignidade humana, mantendo-se os princípios de isonomia, equidade e transparência. É também fundamental garantir o cumprimento das regras e procedimentos estabelecidos, bem como respeitar os valores fundamentais erigidos pela organização. Nesse caso, ainda que possamos pensar, em um primeiro momento, que o melhor classificado no processo seletivo deva ser indicado para o cargo, não se pode perder de vista que sua conduta *pública* – e cabe recordar que a manifestação nas redes sociais deve ser assim compreendida, sendo passível de sanções éticas, civis ou mesmo criminais – revela-se em pleno desacordo com os valores de sustentabilidade praticados pela empresa.

Desse modo, kantianamente, o primeiro colocado deve ser desclassificado para tal promoção, e deve-se ainda informá-lo sobre os motivos para tal decisão, visando ao esclarecimento e à reflexão crítica. Ainda que a liberdade de expressão seja um valor fundamental em nossa sociedade democrática de direito, manifestações públicas de negacionismo ambiental, ou ainda de xenofobia, racismo, homofobia etc., podem ser tomadas como ofensivas aos princípios éticos e direitos fundamentais que sustentam essa mesma sociedade. Nesse caso, a liberdade de expressão se converte em violência à própria dignidade humana, bem como às condições para mantê-la, tal como a preservação ambiental.

Em uma abordagem utilitarista, ainda que se esteja diante de um complexo cálculo para determinar aquilo que maximiza o bem-estar social, pareceria razoável considerar que não se promove o bem comum permitindo manifestações públicas que sejam ofensivas a direitos fundamentais. Além disso, caberia destacar que promover o funcionário significaria projetá-lo para um lugar de maior visibilidade digital, em uma inevitável articulação com a imagem e a reputação social da organização – o que poderia trazer significativos prejuízos à empresa, aos seus parceiros e à própria sociedade como um todo. Restaria ainda interrogar se, em uma perspectiva utilitarista, haveria uma melhor probabilidade de gerar benefício coletivo ao promover a segunda ou o terceiro colocado no processo seletivo. A melhor resposta para essa pergunta certamente demanda uma análise de cenário que não somente investigue as condições de efetividade da equidade de gênero e de inclusão da diversidade racial na organização, mas também considere o contexto social em que a organização se encontra inserida.

Caso 12

É comum as empresas e instituições hoje se verem às voltas com o problema das notícias falsas nas redes sociais, e com a forma como a proliferação da desinformação digital impacta sua reputação. O problema é a princípio comunicacional e estratégico, mas também pode e deve ser abordado por uma perspectiva ética, na medida em que a desinformação tem influência sobre seu *ethos* interno e no modo como é vista e se relaciona com suas parceiras e público interessado. Explicite a dimensão ética do problema e sugira uma forma ética de lidar com ele.

Exemplo de análise: A circulação de notícias e a transformação de opiniões que dela advém é certamente um elemento de grande importância na regulação das condutas de quaisquer comunidades, não sendo exceção às comunidades empresariais ou institucionais. A seguir o ensinamento de Aristóteles, de que a genuína virtude envolve não apenas a observação de valores, princípios e equilíbrio nas decisões e ações, mas também sabedoria prática para lidar com o mundo pelo qual se precisa eticamente zelar, torna-se de suma relevância investir numa suficiente compreensão dos fluxos digitais no qual nos encontramos imersos. Com o advento das redes sociais, a circulação de notícias sofreu forte transformação, resultando menos centralizada e mais incerta a regulação da sua pluralidade de expressões. Não é por acaso que o problema da *liberdade de expressão* recebe hoje tanta atenção. Essa liberdade é decerto um valor democrático, mas nem por isso pode se constituir como *direito absoluto*, podendo ser eticamente reprovável na medida em que atente contra a dignidade humana ou seja dolosa e caluniosamente usada para causar danos a terceiros. Essa matéria por certo não pode ser apreciada, na sua complexidade, no escopo desta análise, mas algumas matrizes éticas podem nos ajudar numa instrutiva reformulação da questão. Segundo Kant e seu *imperativo categórico*, a mentira não pode ser transformada num direito universal, na medida em que apagaria a fronteira entre verdade e mentira, com indesejado impacto na coesão social, na possibilidade de celebração de tratos e pactos, terminando por descartar o discurso como elemento de negociação e mediação de dissensos. Imaginar que semelhante apagamento de fronteiras encontraria alguma forma de autorregulação antes que conflitos irreversíveis se perpetuem nos parece no mínimo temerário. Não só kantianamente, também numa perspectiva *utilitarista* é possível antever os graves riscos e prejuízos sociais da disseminação de notícias falsas, principalmente em áreas sensíveis como a saúde coletiva e a segurança pública. Se isso é correto, pugnar no grande plano político por alguma forma de limitação do direito à livre expressão nas redes sociais se torna um imperativo ético nestes tempos digitais. No âmbito mais pontual das ações de integridade das empresas e instituições, algumas providências cabíveis, dependendo do tipo de atividade que as caracteriza, podem ser pensadas. A primeira delas, já tangenciada, tem a ver com um trabalho sério competente de comunicação institucional, que conheça o funcionamento das redes e saiba retoricamente reagir, tempestiva e convincentemente, à desinformação potencialmente desestabilizante. Dada a porosidade que caracteriza o mundo digital, essa comunicação tem que ser tão boa internamente quanto externamente, sobretudo sintonizada com os valores, esforços de transparência e educação ética continuada da comunidade pela qual zela. Por fim, na medida em que se trata de defender o *ethos* institucional de inverdades desestabilizantes, não parece haver outra chave que o cultivo amplo da confiança, cujos pilares são a clareza, a honestidade e o despojamento. Trata-se por certo de um trabalho de Sísifo, ainda mais difícil e importante em função da aceleração que caracteriza o mundo digital.

2
Textos complementares

PLATÃO

Platão. *A defesa de Sócrates.* Trad. Jaime Bruna. Coleção Os Pensadores, vol. Sócrates. São Paulo: Nova Cultural, 1996.

Trecho: Ciência e Missão de Sócrates (32-34)

Um de vós poderia intervir: "Afinal, Sócrates, qual é a tua ocupação? Donde procedem as calúnias a teu respeito? Naturalmente, se não tivesses uma ocupação muito fora do comum, não haveria esse falatório, a menos que praticasses alguma extravagância. Dize-nos, pois, qual é ela, para que não façamos nós um juízo precipitado". Teria razão quem assim falasse; tentarei explicar-vos a procedência dessa reputação caluniosa. Ouvi, pois. Alguns de vós achareis, talvez, que estou gracejando, mas não tenhais dúvida: eu vos contarei toda a verdade. Pois eu, Atenienses, devo essa reputação exclusivamente a uma ciência. Qual vem a ser a ciência? A que é, talvez, a ciência humana. É provável que eu a possua realmente, os mestres mencionados há pouco possuem, quiçá, uma sobre-humana, ou não sei que diga, porque essa eu não aprendi, e quem disser o contrário me estará caluniando. Por favor, Atenienses, não vos amotineis, mesmo que eu vos pareça dizer uma enormidade; a alegação que vou apresentar nem é minha; citarei o autor, que considerais idôneo.

Para testemunhar a minha ciência, se é ciência e qual é ela, eu vos trarei o Deus de Delfos.[1] Conhecestes Querefonte, decerto. Era meu amigo de infância e também amigo do partido do povo e seu companheiro naquele exílio de que voltou conosco. Sabeis o temperamento de Querefonte, quão tenaz nos seus empreendimentos. Ora, certa vez, indo a Delfos, arriscou uma consulta ao Oráculo – repito senhores, não vos amotineis – ele perguntou se havia alguém mais sábio que eu; respondeu a Pítia[2] que não havia ninguém mais sábio. Para testemunhar isso tendes aí o irmão dele porque ele já morreu. Examinai por que vos conto eu este fato; é para explicar a procedência da calúnia. Quando soube daquele oráculo pus-me a refletir assim: "Que quererá dizer o Deus? Que sentido oculto pôs na resposta? Eu cá não tenho consciência de ser nem muito sábio nem pouco; que quererá então ele significar declarando--me o mais sábio? Naturalmente não está mentindo, porque isso lhe é impossível". Por muito tempo fiquei nessa incerteza sobre o sentido; por fim, muito contra o meu gosto, decidi-me por uma investigação que passo a expor. Fui ter com um dos que passam por muito sábios, porquanto, se havia lugar, era ali que, para rebater o oráculo, mostraria ao deus: "Eis aqui um mais sábio que eu quando tu disseste que eu o era!" Submeti a exame essa pessoa – é escusado dizer o seu nome; era um dos políticos. Eis, Atenienses, a impressão que me ficou do exame e da conversa que tive com ele; achei que ele passava por sábio aos olhos de muita gente, principalmente aos seus próprios, mas não o era. Meti-me, então,

---

1 Em Delfos, havia um templo onde Apolo dava oráculos, predizendo o futuro. A alusão é o exílio sofrido pelos partidários da democracia, no ano de 404 a.c., quando se instalou em Atenas a tirania dos Trinta. [N.T.]
2 Assim se chamava a sacerdotisa do templo de Delfos, que formulava os oráculos. [N.T.]

a explicar-lhe que supunha ser sábio, mas não o era. A consequência foi tornar-me odiado dele e de muitos dos circunstantes.

Ao retirar-me, ia concluindo de mim para comigo: "Mais sábio do que esse homem eu sou; é bem provável que nenhum de nós saiba nada de bom, mas ele supõe saber alguma coisa e não sabe, enquanto eu, se não sei, tampouco suponho saber. Parece que sou um nadinha mais sábio que ele exatamente em não supor que saiba o que não sei". Daí fui ter com outro, um dos que passam por ainda mais sábio e tive a mesmíssima impressão; também ali me tornei odiado dele e de muitos outros.

Depois disso, não parei, embora sentisse, com mágoa e apreensões, que ia me tornando odiado; não obstante parecia-me imperioso dar a máxima importância ao serviço do deus. Cumpria-me, portanto, para averiguar o sentido do oráculo, ir ter com todos os que passavam por senhores de algum saber. Pelo Cão, Atenienses! Já que vos devo a verdade juro que se deu comigo mais ou menos isto: investigando de acordo com o deus, achei que aos mais reputados pouco faltava para serem os mais desprovidos, enquanto outros, tidos como inferiores, eram os que mais visos tinham de ser homens de senso. Devo narrar-vos os meus vaivéns nessa faina de averiguar o oráculo.

Depois dos políticos, fui ter com os poetas, tanto os autores de tragédias como os de ditirambos e outros, na esperança de aí me apanhar em flagrante inferioridade cultural. Levando em mãos as obras em que pareciam ter posto o máximo da sua capacidade, interrogava-os minuciosamente sobre o que diziam, para ir, ao mesmo tempo, aprendendo deles alguma coisa. Pois bem, senhores, coro de vos dizer a verdade, mas é preciso. A bem dizer, quase todos os circunstantes poderiam falar melhor que eles próprios sobre as obras que compuseram. Assim, logo acabei compreendendo que tampouco os poetas compunham suas obras por sabedoria, mas por dom natural, em estado de inspiração, como os adivinhos e profetas. Estes também dizem muitas belezas, sem nada saber do que dizem; o mesmo, apurei, se dá com os poetas; ao mesmo tempo notei que, por causa da poesia, eles supõem ser os mais sábios dos homens em outros campos em que não o são. Saí, pois, acreditando superá-los na mesma particularidade que aos políticos.

Por fim, fui ter com os artífices; tinha consciência de não saber, a bem dizer, nada, e certeza de neles descobrir muitos belos conhecimentos. Nisso não me enganava; eles tinham conhecimentos que me faltavam; eram, assim, mais sábios que eu. Contudo, Atenienses, achei que os bons artesãos têm o mesmo defeito dos poetas; por praticar bem a sua arte, cada qual imaginava ser sapientíssimo nos demais assuntos, os mais difíceis, e esse engano toldava-lhes aquela sabedoria. De sorte que perguntei a mim mesmo, em nome do oráculo, se preferia ser como sou, sem a sabedoria deles nem sua ignorância, ou possuir, como eles, uma e outra; e respondi, a mim mesmo e ao oráculo, que me convinha mais ser como sou.

Dessa investigação é que procedem, Atenienses, de um lado tantas inimizades, tão acirradas e maléficas, que deram nascimentos a tantas calúnias, e, de outro, essa reputação de sábio. É que, toda vez, os circunstantes supõem que eu seja um sábio na matéria em que confundo a outrem. O provável, senhores, é que, na realidade, o sábio seja o deus e queira dizer, no seu oráculo, que pouco valor ou nenhum tem a sabedoria humana; evidentemente, se terá servido deste nome de Sócrates, para me dar como exemplo, como se dissesse: "O mais sábio dentre vós, homens, é quem como Sócrates, compreendeu que sua sabedoria é verdadeiramente desprovida do mínimo valor". Por isso não parei essa investigação até hoje, vagueando e interrogando, de acordo com o deus, a quem, seja cidadão, seja forasteiro, eu tiver na conta de sábio, e, quando julgar que não o é, coopero com o deus, provando-lhe que não é sábio. Essa ocupação não me permitiu lazeres para qualquer atividade digna de menção nos negócios públicos nem nos particulares; vivo numa pobreza extrema, por estar ao serviço do deus.

Além disso, os moços que espontaneamente me acompanham – e são os que dispõem de mais tempo, os das famílias mais ricas – sentem prazer em ouvir o exame dos homens; eles próprios imitam-me muitas vezes; nessas ocasiões metem-se a interrogar os outros; suponho que descobrem uma multidão de pessoas que supõem saber alguma coisa, mas pouco sabe, quiçá nada. Em consequência, os que eles examinam se exasperam contra mim e não contra si mesmos, e propalam que existe um tal Sócrates, um grande miserável que corrompe a mocidade. Quando se lhes pergunta por quais atos ou ensinamentos, não têm o que responder; não sabem, mas, para não mostrar seu embaraço, aduzem aquelas acusações contra todo filósofo, sempre à mão: "os fenômenos celestes – o que há sobre a terra – a descrença dos deuses – o prevalecimento da razão mais fraca". Porque, suponho, não estariam dispostos a confessar a verdade; terem dado prova de que fingem saber, mas nada sabem. Como são ciosos de honrarias tenazes e numerosos, persuasivos no que dizem de mim por se confirmarem uns aos outros, não é de hoje que eles têm enchido vossos ouvidos de calúnias assanhadas. Daí a razão de me atacarem Meleto, Ânito e Licão – tomando Meleto as dores dos poetas; Ânito, as dos artesãos e políticos; e Licão a dos oradores. Dessarte, como eu dizia ao começar, eu ficaria surpreso se lograsse, em tão curto prazo, delir em vós os efeitos dessa calúnia assim avolumada. Aí tendes, Atenienses, a verdade; em meu discurso não vos oculto nada que tenha alguma importância, nada vos dissimulo. Sem embargo, sei que estou me tornando odioso por mais ou menos os mesmos motivos, o que comprova a verdade do que digo, que é essa mesmo a calúnia contra mim e são mesmo essas as suas causas. É o que haveis de descobrir, se investigardes agora ou mais tarde.

***

Platão. *Críton*. Coleção Os Pensadores. São Paulo: Nova Cultural, 2000.

[...] CRÍTON: Que assim seja, ó Sócrates, mas responda-me: o que te impossibilita de sair daqui é o medo do que poderia ocorrer a mim e a outros amigos teus? De que, se saísses, nos causarias aborrecimentos a denúncia de algum delator, acusando-nos de haver propiciado a tua fuga, e que por isso acabemos perdendo nossos bens, pagando pesadas multas ou ainda algo pior? Se este é o teu receio, Sócrates, esquece-o. É justo que a fim de salvar-te tenhamos que enfrentar os piores perigos. Sócrates, peço-te, não te oponhas e concorda com o que te proponho.

SÓCRATES: Tens razão, Críton, tenho esses receios e outros mais.

CRÍTON: Fica sossegado, então. Porque, em primeiro lugar, a importância que exigem para deixar-te sair daqui não é muito grande. E, depois, conheces perfeitamente a péssima situação financeira daqueles que nos poderiam acusar e a diminuta quantia que seria necessária para fazê-los calar. Meus bens, que também são teus, são o bastante. Se vês nisso algum problema, existem aqui muitos estrangeiros que põem sua renda à tua disposição. E um deles, Símias de Telos, trouxe uma importância suficiente;

Cebes te oferece a mesma quantia, e vários outros também. Não percas, por este motivo, a oportunidade de salvar-te. E pelo que disseste outro dia aos juízes, de que se fosses condenado ao exílio não saberias viver, não te detenhas por isto. Em qualquer lugar do mundo terás boa acolhida. Se fores para a Tessália, ali possuis amigos que te distinguirão com honrarias como mereces e te protegerão contra qualquer investida. Além do mais, ó Sócrates, ao te entregares, embora podendo salvar-te, cometes, ao meu ver, uma ação injusta trabalhando para facilitar a tua morte, conforme querem teus inimigos. E trais a teus filhos, abandonando-os quando tens a obrigação de alimentá-los e educá-los. Pesarão sobre eles todas as desgraças que sempre atormentam os pobres órfãos. Ou não se deve ter filhos ou, se os temos, devemos pensar neles com o máximo desvelo e esforço que sua educação exige. Adotaste a postura mais cômoda, quando deverias portar-te como homem de coração, e mais que ninguém és culpado nisto, tu que sempre te orgulhaste de pautar tua vida pela virtude. Sócrates, sinto vergonha por ti e por nós, teus amigos; além de acusarem a nossa covardia por permitir a consumação deste fato, considera que irão censurar-te, primeiro por haver comparecido diante deste tribunal, o que poderias ter evitado, depois pela vergonha de teu processo e, finalmente – e isto é o mais ridículo de tudo –, nos culparão porque, covardes e mesquinhos, abandonamos-te, deixamos de salvar-te, e dirão que por nossa culpa não te salvaste, embora pudesses fazê-lo, por pouco que tivéssemos te ajudado. Tal comportamento, Sócrates, não seria ao mesmo tempo condenável e vergonhoso para ti e para nós? Decida-te logo, não é tempo de meditar, deves decidir-te sem pensar mais, tudo deve ser feito nesta noite; se esperarmos mais, todos os nossos esforços terão sido estéreis. Acredita em mim, Sócrates, e faça o que digo.

SÓCRATES: [...] O que responderíamos a isto, Críton? Reconheceríamos que as leis dizem a verdade?
CRÍTON: Creio que estás com a razão.
SÓCRATES: "Vês então, ó Sócrates", continuariam as leis a dizer, "que, se temos razão, é injusto o que pretendes empreender contra nós. Contra nós que te permitimos nascer, te sustentamos, educamos e, finalmente, como a todos os outros cidadãos, te demos acesso a todos os bens de que dispomos. Não deixamos de publicar que todos os atenienses que o desejem, após ter entrado de posse de seus direitos civis, após analisar a lei e os costumes da República, se não forem de seu agrado, podem mudar-se para onde quer que queiram, levando todos os seus bens. Se algum de vós, não conseguindo habituar-se às normas, desejar partir para alguma colônia ou viver em qualquer outro lugar, ninguém se oporá a isto. Nenhum de nós proíbe que qualquer cidadão se retire com todos os seus bens e vá se instalar onde for de seu agrado. Contudo, aquele que permanecer aqui após concordar com essa nossa maneira de administrar a justiça e com a política seguida pela República, será obrigado a obedecer a tudo que lhe ordenamos e, se desobedecer, declararemos que é culpado de três modos: por que desobedece àquelas leis que lhe permitiram nascer, porque perturba aquelas que o amamentaram e alimentaram e porque, após obrigar-se a obedecer-nos, ofende a fé jurada e não se esforça em persuadir-nos se lhe parece que existe algo de injusto em nós. E mesmo que nós não façamos mais que propor coisas, sem utilizar a violência para nos fazer obedecer, e que permitamos que escolha entre apresentar-nos suas críticas ou obedecer-nos, não faz uma coisa nem outra. Estas são, ó Sócrates, as imputações das quais se farias merecedor se concluísses teu plano e serias muito mais condenável que qualquer outro cidadão". E se eu lhes

indagasse o porquê disso, far-me-iam calar dizendo que mais que qualquer outro me submeti às suas condições. "Possuímos", diriam, "importantes provas de que nós e a República sempre te agradamos, porque permaneceste na cidade mais que qualquer outro ateniense e não houve espetáculo que te fizesse sair dela, salvo quando te dirigiste ao istmo de Corinto para assistir aos jogos. Nunca saíste, exceto para expedições militares e nunca fizeste viagem alguma, como todos os cidadãos têm o hábito de fazê-lo, não tiveste a curiosidade de conhecer outras cidades e outras leis; nos amavas tanto e tão decidido estavas em viver à nossa maneira, que aqui tiveste teus filhos, testemunhos vivos de quanto isto te agradava, e até ao longo do teu processo poderias haver-te condenado ao exílio se o quisesses, e então fazer, com a anuência da tua cidade, o que pensas fazer apesar dela. Tu, que te declaravas indiferente ante a morte e que dizias que era preferível ao exílio sem envergonhar-te com essa linguagem, sem nos respeitar, a nós, leis, intentas aniquilar-nos, ages como agiria o mais reles escravo e procuras salvar-te transgredindo a convenção que te obriga a viver como bom cidadão. Responde-nos, então: dizemos a verdade quando afirmamos que te submeteste a esta convenção, não por palavras, mas de fato e de forma irrestrita?" O que responderíamos a isto e o que nos seria possível fazer exceto admiti-lo?

CRÍTON: Deveríamos admiti-lo, ó Sócrates.

***

Platão. *A república*, Livro VII. Trad. Enrico Corvisieri. Coleção Os Pensadores. São Paulo: Nova Cultural, 1997.

Livro VII

SÓCRATES – Agora imagina a maneira como segue o estado da nossa natureza relativamente à instrução e a ignorância.

Imagina homens numa morada subterrânea, em forma de caverna com uma entrada aberta à luz; esses homens estão aí desde a infância, de pernas e pescoço acorrentados, de modo que não podem mexer-se e nem ver senão o que está diante deles, pois as correntes os impedem de voltar a cabeça; a luz chega-lhes de uma fogueira acesa numa colina que se ergue por detrás deles; entre o fogo e os prisioneiros passa uma estrada ascendente. Imagina que ao longo dessa estrada está construído um pequeno muro, semelhante às divisórias que os apresentadores de títeres armam diante de si e por cima das quais exibem as suas maravilhas.

GLAUCO – Estou vendo.

SÓCRATES – Imagina agora, ao longo desse pequeno muro, homens que transportam objetos de toda a espécie, que o transpõem: estatuetas de homens e animais, de pedra, madeira e toda espécie de matéria; naturalmente, entre esses transportadores uns falam e outros seguem em silêncio.

GLAUCO – Um quadro estranho e estranhos prisioneiros.

SÓCRATES – Assemelham-se a nós. E para começar, achas que, numa tal condição, eles tenham alguma vez visto, de si mesmos e dos seus companheiros, mais do que as sombras projetadas pelo fogo na parede da caverna que lhes fica defronte?

GLAUCO – Como, se são obrigados a ficar de cabeça imóvel durante toda a vida?

SÓCRATES – E com as coisas que desfilam, não se passa o mesmo?

GLAUCO – Sem dúvida.

SÓCRATES – Portanto, se pudessem se comunicar uns com os outros, não acha que tomariam por objetos reais as sombras que veriam?

GLAUCO – É bem possível.

SÓCRATES – E se a parede do fundo da prisão provocasse eco, sempre que um dos transportadores falasse, não julgariam ouvir a sombra que passasse diante deles?

GLAUCO – Sim, por Zeus!

SÓCRATES – Dessa forma, tais homens não atribuirão realidade senão às sombras dos objetos fabricados.

GLAUCO – Assim terá de ser.

SÓCRATES – Considera agora o que lhes acontecerá, naturalmente, se forem libertados de suas cadeias e curados da sua ignorância. Que se liberte um desses prisioneiros, que seja ele obrigado a endireitar-se imediatamente, a voltar o pescoço, a caminhar, a erguer os olhos para a luz: ao fazer todos esses movimentos sofrerá, e o deslumbramento impedi-lo-á de distinguir os objetos de que antes via as sombras. Que achas que responderá se alguém lhe vier dizer que não viu até agora senão fantasmas, mas que agora, mais perto da realidade e voltado para os objetos mais reais, vê com mais justeza? Se, enfim, mostrando-lhe cada uma das coisas que passam, o obrigar, à força de perguntas, a dizer o que é? Não achas que ficará embaraçado e que as sombras que viam outrora lhe parecerão mais verdadeiras do que os objetos que lhe mostram agora?

GLAUCO – Muito mais verdadeiras.

SÓCRATES – E se o forçarem a fixar a luz, os seus olhos não ficarão magoados? Não desviará ele a vista para voltar às coisas que pode fitar e não acreditará que estas são realmente mais distintas do que as que se lhe mostram?

GLAUCO – Com toda certeza.

SÓCRATES – E se o arrancarem à força da sua caverna, o obrigarem a subir a encosta rude e escarpada e não o largarem antes de o terem arrastado até a luz do Sol, não sofrerá vivamente e não se queixará de tais violências? E quando tiver chegado à luz, poderá, com os olhos ofuscados pelo seu brilho, distinguir uma só das coisas que ora denominamos verdadeiras?

GLAUCO – Não o conseguirá, pelo menos de início.

SÓCRATES – Terá, creio eu, necessidade de se habituar a ver os objetos da região superior. Começará por distinguir mais facilmente as sombras; em seguida, as imagens dos homens e dos outros objetos que se refletem nas águas; por último, os próprios objetos. Depois disso, poderá, enfrentando a claridade dos astros e da lua, contemplar mais facilmente, durante a noite, os corpos celestes e o próprio céu do que, durante o dia, o Sol e sua luz.

GLAUCO – Sem dúvida.

SÓCRATES – Por fim, suponho eu, será o Sol, e não as suas imagens refletidas nas águas ou em qualquer outra coisa, mas o próprio Sol, no seu verdadeiro lugar, que poderá ver e contemplar tal como é.

GLAUCO – Necessariamente.

SÓCRATES – Depois disso, poderá concluir, a respeito do Sol, que é ele que faz as estações e os anos, que governa tudo no mundo visível e que, de certa maneira, é a causa de tudo o que ele via com os seus companheiros, na caverna.

GLAUCO – É evidente que chegará a essa conclusão.

SÓCRATES – Ora, lembrando-se da sua primeira morada, da sabedoria que aí se professa e daqueles que aí foram seus companheiros de cativeiro, não achas que se alegrará com a mudança e lamentará os que lá ficaram?

GLAUCO – Sim, com certeza, Sócrates.

SÓCRATES – E se então distribuíssem honras e louvores, se tivessem recompensas para aquele que se apercebesse, com o olhar mais vivo, da passagem das sombras, que melhor se recordasse das que costumavam chegar primeiro ou em último lugar, ouvirem juntas, e que por isso era o mais hábil em adivinhar a sua aparição, e que provocasse a inveja daqueles que, entre os prisioneiros, são venerados e poderosos? Ou então, como o herói Homero, não preferirá mil vezes ser um simples criado de charrua, a serviço de um pobre lavrador, e sofrer tudo no mundo, que voltar às antigas ilusões e viver como vivia?

GLAUCO – Sou da tua opinião, Preferirá sofrer tudo a ter que viver dessa maneira.

SÓCRATES – Imagina ainda que esse homem volta à caverna e vai sentar-se no seu antigo lugar: não ficará com os olhos cegos pelas trevas ao se afastar bruscamente da luz do Sol?

GLAUCO – Por certo que sim.

SÓCRATES – E se tiver de entrar de novo em competição com os prisioneiros que não se libertaram de suas correntes, para julgar essas sombras, estando ainda a sua vista confusa e antes que seus olhos se tenham recomposto, pois habituar-se à escuridão exigirá um tempo bastante longo, não fará que os outros se riam à sua custa e digam que, tendo ido lá acima, voltou com a vista estragada, pelo que não vale a pena tentar subir até lá? E se a alguém tentar libertar e conduzir para o alto, esse alguém não o mataria, se pudesse fazê-lo?

GLAUCO – Sem dúvida nenhuma. [...]

***

Platão. *A república.* O anel de Giges. In: Marcondes, Danilo. *Textos básicos de ética.* Rio de Janeiro: Zahar, 2007 (trad. mod.).

[359 b – 360 a] GLAUCO: Vamos provar que a justiça só é praticada contra a própria vontade dos indivíduos e devido à incapacidade de se fazer a injustiça, imaginando o que se segue. Vamos supor que se dê ao homem de bem e ao injusto igual poder de fazer o que quiserem, seguindo-os para ver até onde os leva a paixão. Veremos com surpresa o homem de bem tomar o mesmo caminho do injusto, este impulsionado a querer sempre mais, impulso que se encontra em toda a natureza, mas ao qual a força da lei impõe limites.

O melhor meio de testá-los da maneira como digo seria dar--lhes o mesmo poder que, segundo dizem, teve Giges, o antepassado do rei da Lídia. Giges era um pastor a serviço do então soberano da Lídia. Devido a uma terrível tempestade e a um terremoto abriu-se uma fenda no chão onde pastoreava o seu rebanho. Movido pela curiosidade, desceu pela fenda e viu, admirado, um cavalo de bronze, oco, com aberturas. Ao olhar através de uma das aberturas viu um homem de estatura gigantesca que parecia estar morto. O homem estava nu e tinha apenas um anel de ouro na mão. Giges o pegou e foi embora. Mais tarde, tendo os pastores se reunido, como de hábito, para fazer um relatório sobre os rebanhos do rei, Giges compareceu à reunião usando o anel. Sentado entre os pastores, girou por acaso o anel, virando a pedra para o lado de dentro da sua mão e imediatamente tornou-se invisível para os outros, que falavam dele como se não estivesse ali, o que o deixou muito espantado. Girou de novo o anel, rodando a pedra para fora e tornou-se novamente visível. Perplexo, repetiu o feito para certificar-se de que o anel tinha esse poder e concluiu que ao virar a pedra para dentro tornava-se invisível e ao girá-la para fora voltava a ser visível. Tendo certeza disso, juntou-se aos pastores que iriam até o rei representando o grupo. Chegando ao palácio, tratou de seduzir a rainha e, com a ajuda dela, atacou e matou o soberano, apoderando-se do trono.

Vamos supor agora que existam dois anéis como este e que seja dado um ao justo e outro ao injusto. Ao que parece, não encontraremos ninguém dotado de força de vontade para permanecer justo e resistir à tentação de tomar o que pertence aos outros, já que poderia impunemente tomar o que quisesse no mercado, invadir as casas e ter relações sexuais com quem quisesse, matar e quebrar as armas dos outros; em suma, agir como se fosse um deus. Nada o distinguiria do injusto, ambos tenderiam a fazer o mesmo e veríamos nisso a prova de que ninguém é justo porque deseja, mas por imposição. A justiça não é, portanto, uma qualidade individual, pois sempre que acreditarmos que podemos praticar atos injustos, não deixaremos de fazê-lo.

De fato, todos os homens creem que a injustiça lhes traz mais vantagens do que a justiça, e têm razão se levarmos em conta os adeptos dessa doutrina. Se um homem que tivesse tal poder, não consentisse nunca em cometer um ato injusto e tomar o que quisesse de outro, acabaria por ser considerado, por aqueles que conhecem o seu segredo, como o mais infeliz e tolo dos homens. Não deixariam de elogiar publicamente a sua virtude, mas para disfarçarem, por medo de sofrerem eles próprios alguma injustiça. Era isso o que tinha a dizer.

***

Platão. *Górgias.* In: Marcondes, op. cit.

[469 b-c] SÓCRATES: [...] Porque o maior dos males consiste em praticar uma injustiça.

PÓLO: Esse é o maior? Não é o maior sofrer uma injustiça?

SÓCRATES: Absolutamente não.

PÓLO: Preferias então sofrer uma injustiça e praticá-la?

SÓCRATES: Não preferiria uma coisa nem outra; mas, se fosse inevitável sofrer ou praticar uma injustiça, preferia sofrê-la. [...]

[478 d-e] SÓCRATES: [...] Considerando-se dois doentes, seja do corpo ou da alma, qual o mais infeliz: o que se trata e obtém a cura, ou aquele que não se trata e permanece doente?

PÓLO: Evidentemente, aquele que não se trata.
SÓCRATES: E não é verdade que pagar pelos próprios crimes seria a libertação de um mal maior?
PÓLO: É claro que sim.
SÓCRATES: Isso porque a justiça é uma cura moral que nos disciplina e nos torna mais justos?
PÓLO: Sim.
SÓCRATES: O mais feliz, porém, é aquele que não tem maldade na alma, pois ficou provado que esse é o maior dos males.
PÓLO: É claro.
SÓCRATES: Em segundo lugar vem aquele que dessa maldade foi libertado.
PÓLO: Naturalmente.
[479 c-e] SÓCRATES: Conclui-se que o maior mal consiste em praticar uma injustiça.
PÓLO: Sim, ao que parece.
SÓCRATES: No entanto, ficou claro que pagar pelos seus crimes leva à libertação do mal.
PÓLO: É possível que sim.
SÓCRATES: E não pagar por eles é permanecer no Mal.
PÓLO: Sim.
SÓCRATES: Cometer uma injustiça é então o segundo dos males, sendo o primeiro, e maior, não pagar pelos crimes cometidos.
PÓLO: Sim, ao que parece.
SÓCRATES: Mas, meu amigo, não era disso que discordávamos? Tu consideravas feliz Arquelau por praticar os maiores crimes sem sofrer nenhuma punição; a meu ver, é o oposto. Arquelau, ou qualquer outro que não pague pelos crimes que comete, deve ser mais infeliz do que todos. Será sempre mais infeliz o autor da injustiça do que a vítima, e mais ainda aquele que permanece impune e não paga por seus crimes. Não era isso o que eu dizia?

PÓLO: Sim.

[508e-509d] SÓCRATES: [...] Afirmo, Cálicles, que o maior mal não é ser golpeado na face sem motivo, ou ser ferido, ou roubado. Bater-me e ferir a mim e aos meus, escravizar-me, assaltar minha casa, ou, em suma, causar a mim e aos meus algum dano é pior e mais desonroso para quem o faz do que para mim, que sofro esses males. Essas conclusões a que chego foram provadas ao longo de nossa discussão e, para usar uma imagem forte, firmemente estabelecidas por uma cadeia de argumentos rígidos como o ferro, tanto quanto posso julgar até esse momento. E a menos que tu, ou alguém mais radical, rompa essa cadeia, ninguém que afirme algo diferente pode estar certo. De minha parte, sigo meu princípio invariável. Não sei se isso é verdade, mas de todas as pessoas que encontrei até agora nenhuma foi capaz de afirmar o contrário sem cair no ridículo. Assumo, portanto, que esta seja a verdade. E se estou correto, e fazer o Mal é o pior que pode ocorrer para aquele que o pratica, e maior mal ainda, se possível, é não ser punido por isto, que tipo de proteção seria ridículo um homem não poder prover para si próprio? Deveria ser, com certeza, a contra o que nos causa o maior mal.

***

ARISTÓTELES

Aristóteles. *Ética a Nicômaco*. Trad. Leonel Vallandro e Gerd Bornheim, a partir da versão inglesa (mod.). Coleção Os Pensadores. São Paulo: Abril Cultural, 1973. (títulos de capítulos meus)

Livro I

I – Os fins últimos e os fins subordinados

Admite-se geralmente que toda a técnica[3] e toda a investigação, assim como toda ação e toda escolha, têm em mira um bem qualquer; e por isso foi dito, com muito acerto, que o bem é aquilo a que todas as coisas tendem. Mas observa-se entre os fins uma certa diversidade: alguns são atividades, outros são produtos distintos das atividades que os produzem. Onde existem fins distintos das ações, são eles, por natureza, mais excelentes que estas últimas.

Ora, como são muitas as ações, técnicas e ciências, muitos são também os seus fins: o fim da técnica médica é a saúde, o da construção naval é um navio, o da estratégia é a vitória e o da economia é a riqueza. Mas, no caso de tais técnicas não se subordinarem a apenas uma única faculdade – assim como a selaria e as outras técnicas que se ocupam com os aprestos dos cavalos se incluem na técnica da equitação, e esta, juntamente com todas as ações militares, na estratégia, havendo outras técnicas que também se incluem em terceiras –, em todas elas os fins das técnicas fundamentais devem ser preferidos a todos os fins subordinados, porque estes últimos são procurados a bem dos primeiros. Não faz diferença que os fins das ações sejam as próprias atividades ou algo distinto destas, como ocorre com as ciências que acabamos de mencionar.

II – A finalidade da política se sobrepõe a todas as outras

Se, pois, para as coisas que fazemos existe um fim que desejamos em si mesmo e tudo o mais é desejado no interesse desse fim; e se é

---

3 A palavra grega *techné* é traduzida no texto transcrito por "arte". Alterei em certas passagens para "técnica". Nenhuma das duas palavras (técnica ou arte) dá exata conta do sentido ampliado que tem a *techné* grega, mas, sendo a "arte", hoje, geralmente entendida como produto do artista, em algumas passagens, sobretudo quando a relação a *fins* está mais evidenciada, a tradução por "arte" resulta inadequada.

verdade que nem toda coisa desejamos com vistas a outra (porque então o processo se repetiria ao infinito, e inútil e vão seria o nosso desejar), evidentemente tal fim será o bem, ou antes o sumo bem. Mas não terá o seu conhecimento, porventura, grande influência sobre a nossa vida? Semelhantes a arqueiros que têm um alvo certo para a sua pontaria, não alcançaremos mais facilmente aquilo que nos cumpre alcançar? Se assim é, esforcemo-nos por determinar, ainda que apenas em linhas gerais, o que seja ele e de qual das ciências ou faculdades constitui o objeto. Ninguém duvidará de que seu estudo pertença à arte mais prestigiosa e que verdadeiramente se pode chamar de arte mestra. Ora, a política mostra ser dessa natureza, pois é ela que determina quais ciências devem ser estudadas num Estado, quais são as que cada cidadão deve aprender e até que ponto; e vemos que até as faculdades tidas em maior apreço, como a estratégia, a economia e a retórica estão sujeitas a ela. Ora, como a política utiliza as demais ciências e, por outro lado, legisla sobre o que devemos e o que não devemos fazer, a finalidade dessa ciência deve abranger as das outras, de modo que essa finalidade será também o bem humano. Como efeito, ainda que tal fim seja o mesmo tanto para o indivíduo como para o Estado, o deste último parece ser algo maior e mais completo, quer a atingir, quer a preservar. Embora valha bem a pena atingir esse fim para um indivíduo só, é mais belo e mais divino alcançá-lo para uma nação ou para as Cidades-estados. Tais são, por conseguinte, os fins visados pela nossa investigação – pertencem à ciência política numa das acepções do termo.

III – Rigor e condições adequadas ao estudo da política

Nossa discussão será adequada se tiver tanta clareza quanto comporta o assunto, pois não se deve exigir a precisão em todos os raciocínios por igual, assim como não se deve buscá-las nos produtos de todas as técnicas. Ora, as ações belas e justas, que a ciência política investiga, admitem grande variedade e flutuações de opinião, de forma que se pode considerá-las como existindo por convenção apenas, e não por natureza. Em torno dos bens há uma flutuação semelhante, pelo fato de serem até prejudiciais em muitos casos: houve por exemplo quem perecesse devido à sua riqueza, e outros por causa de sua coragem.

Ao tratar, pois, de tais assuntos e partindo de tais premissas, devemos contentar-nos em indicar a verdade aproximadamente e em linhas gerais; e ao falar de coisas que são verdadeiras apenas em sua maior parte e com base em premissas dessa espécie, só podemos tirar conclusões da mesma natureza. É, enfim, dentro do mesmo espírito que cada proposição deverá ser recebida, pois é próprio do homem culto buscar a precisão, em cada gênero de coisas, apenas na medida em que a admite a natureza do assunto. Evidentemente, não seria menos insensato aceitar um raciocínio provável da parte de um matemático do que exigir provas científicas de um retórico.

Ora, cada qual julga bem as coisas que conhece, e dessas coisas é bom juiz. Assim, o homem que foi instruído a respeito de um assunto é bom juiz nesse assunto, e o homem que recebeu instrução sobre todas as coisas é bom juiz em geral. Por isso, um jovem não é bom ouvinte de preleções sobre ciência política. Com efeito, ele não tem experiência dos fatos da vida, e é em torno destes que giram as nossas discussões; além disso, como tende a seguir as suas paixões, tal estudo lhe será vão e improfícuo, pois o fim que tem em vista não é o conhecimento, mas a ação. E não faz diferença que seja jovem em anos ou no caráter; o defeito não depende da idade, mas do modo de viver e de seguir um após outro cada objetivo que lhe oferece a paixão. A tais pessoas, como aos incontinentes, a ciência não traz proveito algum; mas aos que desejam e agem de acordo com um princípio racional, o conhecimento desses assuntos trará grande vantagem.

Sirvam, pois, de prefácio estas observações sobre o estudante, sobre a espécie de tratamento a ser esperado e sobre o propósito da investigação.

IV– A *felicidade* como sumo bem e fim último

Retomemos a nossa investigação e procuremos determinar, à luz do fato de que todo o conhecimento e todo o trabalho visam a algum bem, quais afirmamos serem os objetivos da ciência política e qual é o mais alto de todos os bens que se podem alcançar pela ação. Verbalmente, quase todos estão de acordo, pois tanto o vulgo como os homens de cultura superior dizem ser esse fim a *felicidade*, e identificam o bem viver e o bem agir com a vida feliz. Diferem, porém, quanto ao que seja a felicidade, e o vulgo não a concebe do mesmo modo que os sábios. Os primeiros pensam que seja alguma coisa simples e óbvia, como o prazer, a riqueza ou as honras, muito embora discordem entre si; e, não raro, o mesmo homem a identifica com diferentes coisas, com a saúde quando está doente, com a riqueza quando na pobreza. Cônscios da sua própria ignorância, não obstante admiram aqueles que proclamam algum grande ideal inacessível à sua compreensão. Ora, alguns têm pensado que, à parte esses numerosos bens, existe um outro que é auto subsistente e que é a causa da bondade de todos os demais bens. Seria talvez infrutífero examinar todas as opiniões que têm sido sustentadas a esse respeito, bastando considerar as mais difundidas ou aquelas que parecem ser mais defensáveis. [...]

É de presumir, pois, que devamos começar pelas coisas que nos são conhecidas, *a nós*. Eis aí por que, a fim de ouvir inteligentemente as preleções sobre o que é nobre e justo e, em geral, sobre os temas da ciência política, é preciso ter sido educado nos bons hábitos. Já que o fato é o ponto de partida, sendo este suficientemente claro para o ouvinte, não haverá necessidade de explicar por que é assim; o homem que foi bem educado ou já possui estes pontos de partida ou pode adquiri-los com facilidade. Quanto aquele que nem os possui nem pode adquiri-los, que ouça as palavras de Hesíodo:

Ótimo é aquele que por si mesmo conhece todas as coisas
Bom o que escuta os conselhos dos homens judiciosos.
Mas o que por si não pensa, nem acolhe a sabedoria alheia,
Esse é, em verdade, uma criatura inútil.[4]

V – Diferentes concepções de felicidade e diferentes tipos de vida

Voltemos, porém, ao ponto em que havia começado esta digressão. A julgar pela vida que os homens levam em geral, a maioria deles e sobretudo os homens de tipo mais vulgar, parecem (não sem um certo fundamento) identificar o bem e a felicidade com o prazer, e por isso amam a vida de gozos. Pode-se dizer, com efeito, que existem três tipos principais de vida: a que acabamos de mencionar, a vida política e a vida contemplativa. A grande maioria dos homens se mostra em tudo igual a escravos, preferindo uma vida bestial, e encontra certa justificação para pensar assim no fato de muitas pessoas altamente colocadas partilharem os gostos de Sardanapalo.[5]

A consideração dos tipos principais de vida mostra que as pessoas de grande refinamento e índole ativa identificam a

---
4 *Os trabalhos e os dias*, 293 et seq. [N.T.]
5 Rei místico da Assíria. [N.T.]

felicidade com a honra; pois a honra é, em suma, a finalidade da vida política. No entanto, esta afigura-se demasiado superficial para ser aquilo que buscamos, visto que depende mais de quem a confere que de quem a recebe, enquanto o bem nos parece ser algo próprio do homem, algo que dificilmente lhe poderia ser arrebatado.

Dir-se-ia, além disso, que os homens buscam a honra para convencer a si mesmos de que são bons. Como quer que seja, entre aqueles do seu conhecimento, é pelos indivíduos de grande sabedoria prática que procuram ser honrados, e ainda mais em razão da sua virtude. Fica claro, pois, que para eles, no fim, a virtude é mais excelente que a honra. Poder-se-ia mesmo supor que a virtude, e não a honra, é a finalidade da vida política. Mas também ela parece ser de certo modo incompleta, porque pode acontecer que seja virtuoso quem está dormindo, quem leva uma vida inteira de inatividade e, pior, ela é compatível com os maiores sofrimentos e infortúnios. Ora, salvo quem queira sustentar a tese a todo custo, ninguém jamais considerará feliz um homem que vive de tal maneira.

Quanto a isto basta, pois o assunto tem sido suficientemente tratado mesmo nas discussões correntes. A terceira vida é a vida contemplativa, que examinaremos mais tarde.[6]

Quanto à vida consagrada a ganhar dinheiro, é uma vida forçada; a riqueza não é evidentemente o bem que procuramos: é algo de útil, nada mais, ambicionada sempre no interesse de outra coisa. Assim, deveria ser subordinada aos fins que mencionamos acima, porquanto são amados por si mesmos. Mas restou evidente que nem mesmo esses são fins em si mesmo; e, contudo, muitos argumentos têm sido desperdiçados em favor deles. Deixemos, pois, este assunto.

---

6 1177 a12 – 1178 a8; 1178 a22 – 1179 a32. [N.T.]

VI – O problema do conhecimento do sumo bem: crítica aos platônicos

Seria melhor, talvez, considerar o bem universal e discutir a fundo o que se entende por isso, embora tal investigação nos seja dificultada pela amizade que nos une àqueles que introduziram as Formas. No entanto, os mais ajuizados dirão que é preferível e que é mesmo nosso dever destruir o que mais de perto nos toca a fim de salvaguardar a verdade, especialmente por sermos filósofos ou amantes da sabedoria; porque, embora ambos nos sejam caros, a piedade exige que honremos a verdade acima dos nossos amigos. [...]

Separemos, pois, as coisas boas em si mesmas das coisas úteis e vejamos se as primeiras são chamadas boas em referência a uma Ideia única. Que espécie de bens chamaríamos bens em si mesmos? Serão aqueles que buscamos mesmo quando isolados dos outros, como a inteligência, a visão, e certos prazeres e honras? Estes, embora também possamos procurá-los tendo em vista outra coisa, seriam colocados entre os bens em si mesmos.

Ou não haverá nada de bom em si mesmo senão a Ideia do Bem? Nesse caso, a Forma se esvaziará de todo sentido. Mas, se as coisas que indicamos também são boas em si mesmas, o conceito do bem terá de ser idêntico em todas elas, assim como o da brancura é idêntico na neve e no alvaiade. Mas quanto à honra, à sabedoria e ao prazer, no que se refere à sua bondade, os conceitos são diversos e distintos. O bem, por conseguinte, não é uma espécie de elemento comum que corresponda a uma só Ideia.

Mas, que entenderíamos então pelo bem? Não será, por certo, como uma dessas coisas, que só por casualidade têm o mesmo nome. Serão os bens uma só coisa por derivarem de um só bem ou para ele contribuírem, ou antes, serão um só por analogia? Inegavelmente, o que a visão é para o corpo, a razão é para a alma, e da mesma forma em outros casos. Mas talvez seja preferível por ora deixarmos de lado esses assuntos, visto que a precisão perfeita no tocante a eles compete mais propriamente a um outro ramo da filosofia.[7]

O mesmo se poderia dizer aqui no que se refere à Ideia: mesmo que exista algum bem único que seja universalmente predicável dos bens ou capaz de existência separada e independente, é claro que ele não poderia ser realizado nem alcançado pelo homem; mas o que nós buscamos aqui é algo de atingível.

Alguém, no entanto, poderá pensar que seja vantajoso reconhecê-lo com a mira nos bens que são alcançáveis e realizáveis; porquanto, dispondo dele como uma espécie de padrão, conheceremos melhor os bens que têm proveito; e conhecendo-os, estaremos em condições de alcançá-los. Este argumento tem um certo ar de plausibilidade, mas parece entrar em choque com o procedimento adotado nas ciências; pois todas elas, embora visem a algum bem e procurem suprir a sua falta, deixam de lado o conhecimento *do bem*. Entretanto, não é plausível que os expoentes das técnicas ignorem, e que nem ao menos desejem conhecer auxílio tão valioso. Não se compreende, por outro lado, a vantagem que possa trazer a um tecelão ou a um carpinteiro esse conhecimento do "bem em si" no que toca à sua arte, ou que o homem que tenha considerado a Ideia em si venha a ser, por isso, melhor médico ou general. Porque o médico nem sequer parece estudar a saúde desse ponto de vista, mas sim a saúde do homem, ou talvez seja mais exato dizer, a saúde de um indivíduo particular, pois é aos indivíduos que ele cura. Mas, quanto a isso basta.

---

7 Cf. *Metafísica*, IV, 2.

VII – Felicidade e virtudes: agir segundo o princípio racional que nos distingue dos animais

Voltemos novamente ao que estamos procurando e indaguemos que é ele, pois não se afigura igual nas distintas ações e artes; é diferente na medicina, na estratégia, e em todas as demais artes do mesmo modo. Que é, pois, o bem de cada uma delas? Evidentemente, aquilo em cujo interesse se fazem todas as outras coisas. Na medicina é a saúde, na estratégia a vitória, na arquitetura a casa, em qualquer outra esfera uma coisa diferente, e em todas as ações e propósitos é ele a finalidade; pois é tendo-o em vista que os homens realizam o resto. Por conseguinte, se existe uma finalidade para tudo que fazemos, essa será o bem realizável mediante a ação [que a ela leva]; e, se há mais de uma, serão os bens realizáveis através dela.

Vemos agora que o argumento, tomando por um atalho diferente, chegou ao mesmo ponto. Mas procuremos expressar isto com mais clareza ainda. Já que, evidentemente, os fins são vários e nós escolhemos alguns dentre eles [...], segue-se que nem todos os fins são absolutos; mas o sumo bem é claramente algo de absoluto. Portanto, se só existe um fim absoluto, será o que estamos procurando; e, se existe mais de um, o mais absoluto de todos será o que buscamos.

Ora, nós chamamos aquilo que merece ser buscado por si mesmo mais absoluto do que aquilo que merece ser buscado com vista em outra coisa, e aquilo que nunca é desejável no interesse de outra coisa mais absoluto que as coisas desejáveis no interesse de uma terceira; por isso chamamos de absoluto e incondicional aquilo que é sempre desejável em si mesmo e nunca no interesse de outra coisa.

209

Ora, esse é o conceito que preeminentemente fazemos da felicidade. É ela procurada sempre por si mesma e nunca com vistas em outra coisa. À honra, ao prazer, à razão e a todas as virtudes nós de fato as escolhemos por si mesmas (pois, ainda que nada resultasse daí, continuaríamos a escolher cada um deles); mas também é fato que as escolhemos no interesse da felicidade. A felicidade, todavia, ninguém a escolhe tendo em vista alguns destes, nem, em geral, qualquer coisa que não seja ela própria.

Considerando sob o ângulo da autossuficiência, o raciocínio parece chegar ao mesmo resultado, porque o bem absoluto é considerado como autossuficiente. Ora, por autossuficiente não entendemos aquilo que é suficiente para um homem só, para aquele que leva uma vida solitária, mas também para os pais, os filhos, as esposas em geral para os amigos e concidadãos, visto que o homem nasceu para cidadania. Mas é necessário traçar aqui um limite, porque, se estendermos os nossos requisitos aos antepassados, aos descendentes e aos amigos dos amigos, teremos uma série infinita.

Examinaremos esta questão, porém, em outro lugar;[8] por ora definimos a autossuficiência como o sendo aquilo que, em si mesmo, torna a vida desejável e carente de nada. E como tal entendemos a felicidade, considerando-a, além disso, a mais desejável de todas as coisas, sem contá-la como um bem entre outros. [...]

Mas dizer que a felicidade é o sumo bem talvez pareça uma banalidade, faltando ainda explicar mais claramente o que ela seja. Tal explicação não ofereceria grande dificuldade se pudéssemos determinar primeiro a função do homem. Pois, assim como

---

8 I,10-11; IX, 10. [N.T.]

para um flautista, um escultor ou um pintor, e em geral para todas as coisas que têm uma função ou atividade, considera-se que o bem e o "benfeito" residem na função, o mesmo ocorreria com o homem se ele tivesse uma função. Dar-se-á o caso, então, que o carpinteiro e o curtidor tenham certas funções e atividades, e o homem não tenha nenhuma? Terá ele nascido sem função? Ou, assim como o olho, a mão, o pé e em geral cada parte do corpo têm evidentemente uma função própria, podemos assentar que o homem, do mesmo modo, tenha uma função à parte de todas essas? Qual poderá ser ela?

A vida parece ser comum até às próprias plantas, mas agora estamos procurando o que é peculiar ao homem. Excluamos, portanto, a vida de nutrição e crescimento. A seguir há uma vida de percepção, mas essa também parece ser comum ao cavalo, ao boi e a todos os outros animais. Resta, pois, a vida ativa que se faz segundo um *princípio racional (Logos)*. [...]

[...] se realmente assim é (e afirmamos ser a função do homem uma certa espécie de vida, e esta vida uma atividade ou ações da alma que implicam um princípio racional; e acrescentamos que a função de um bom homem é uma boa e nobre realização das mesmas; e se qualquer ação é bem realizada quando está de acordo com a excelência que lhe é própria), o bem do homem nos aparece como uma atividade da alma em consonância com essa virtude, e, se há mais de uma virtude, com a melhor e mais completa.

Mas é preciso ajuntar "numa vida completa". Porque uma andorinha só não faz verão, nem um dia tampouco; e da mesma forma um dia, ou um breve espaço de tempo, não faz um homem feliz e venturoso.

Que isto sirva como um delineamento geral do bem, pois presumivelmente é necessário esboçá-lo primeiro de maneira tosca, para mais tarde precisar os detalhes. [...]

VIII – A virtude como fim em si mesmo, ainda que incompleto em sua capacidade de produzir felicidade

[...] Outra crença que se harmoniza com a nossa concepção é a de que o homem feliz vive e age bem; pois definimos praticamente a felicidade como uma espécie de boa vida e boa ação. As características que se costuma buscar na felicidade também parecem pertencer todas à definição que demos dela. Com efeito, alguns identificam a felicidade com a virtude, outros com a sabedoria prática, outros com uma espécie de sabedoria filosófica, outros com estas ou uma destas, acompanhadas ou não de prazer; e outros ainda também incluem a prosperidade exterior. Ora, algumas destas opiniões têm tido muitos e antigos defensores, enquanto outras foram sustentadas por poucas, mas eminentes pessoas. E não é provável que qualquer delas esteja inteiramente equivocada, mas sim que tenham razão em pelo menos algum respeito, ou mesmo a quase todos os respeitos.

Também se ajusta à nossa concepção a dos que identificam a felicidade com a virtude em geral ou com alguma virtude particular, pois que à virtude pertence a atividade virtuosa. Mas há, talvez, uma diferença não pequena em colocarmos o sumo bem na posse ou no uso, no estado de ânimo ou no ato. Porque pode existir o estado de ânimo sem produzir nenhum bom resultado, como no homem que dorme ou que permanece inativo; mas a atividade virtuosa não: essa deve necessariamente agir, e agir bem. E, assim como nos Jogos Olímpicos não são os mais belos e os mais fortes que conquistam a coroa, mas os que competem (pois é dentre esses que hão de surgir os vencedores), também as coisas nobres e boas da vida são alcançadas pelos que agem retamente. [...]

A própria vida é aprazível por si mesma. Com efeito, o prazer é um estado da alma, e para cada homem é agradável aquilo que ele ama: não só um cavalo ao apreciador de cavalos ou um espetáculo ao apreciador de espetáculos, mas também os atos justos ao amante da justiça e, em geral, os atos virtuosos aos amantes da virtude. Ora, na maioria dos homens, os prazeres estão em conflito uns com os outros porque não são aprazíveis por natureza. De fato, a sorte de homens amantes do que é nobre se compraz com coisas que têm aquela qualidade; no caso dos atos virtuosos, esses não são aprazíveis apenas aos que os amam, mas em si mesmos e por sua própria natureza. Em consequência, a vida deles não necessita do prazer como uma espécie de encanto adventício, mas possui o prazer em si mesma. [...]

Sendo assim, as ações virtuosas devem ser aprazíveis em si mesmas. [...]

Com efeito, todos eles pertencem às mais excelentes atividades; e estas, ou então, uma delas – a melhor –, nós a identificamos com a felicidade.

E no entanto, como dissemos,[9] a felicidade necessita igualmente dos bens exteriores; pois é impossível ou, ao menos, não é fácil, realizar atos nobres sem os devidos meios. Em muitas ações utilizamos como instrumentos os amigos, a riqueza e o poder político; e há coisas cuja ausência empana a felicidade, como a nobreza de nascimento, uma boa descendência, a beleza. Com efeito, o homem de muito feia aparência, ou mal nascido, ou

---

9 1098 b 26-29. [N.T.]

solitário e sem filhos, não tem muitas probabilidades de ser feliz, e talvez tivesse menos ainda se seus filhos ou amigos fossem visceralmente maus e se a morte lhe houvesse roubado bons filhos ou bons amigos.

Como dissemos, pois, o homem feliz parece necessitar também dessa espécie de prosperidade; por essa razão alguns identificaram a felicidade com a boa fortuna, embora outros a identifiquem com a virtude.

IX – A felicidade e a virtude se contam entre as coisas humanas mais divinas

Por esse motivo, também se pergunta se a felicidade deve ser adquirida pela aprendizagem, pelo hábito ou por alguma outra espécie de adestramento, ou se ela nos é conferida por alguma providência divina ou, ainda, pelo acaso. Ora, se alguma dádiva os homens recebem dos deuses, é razoável supor que a felicidade seja uma delas, e, dentre todas as coisas humanas, a que mais seguramente é uma dádiva divina, por ser a melhor. Esta questão talvez caiba melhor em outro estudo; no entanto, mesmo que a felicidade não seja dada pelos deuses, mas, ao contrário, venho como um resultado da virtude e de alguma espécie de aprendizado ou adestramento, ela parece contar-se entre as coisas mais divinas; pois aquilo que constitui o prêmio e a finalidade da virtude se nos afigura o que de melhor existe no mundo, algo de divino e abençoado. [...]

X – Relação entre felicidade, virtude e fortuna

[...] Ora, muitas coisas acontecem por acaso, e coisas diferentes quanto à importância. É claro que os pequenos incidentes, felizes ou infelizes, não pesam muito na balança, mas uma multidão de grandes acontecimentos, se nos forem favoráveis, tornará nossa vida mais venturosa (pois não apenas são, em si mesmos, de feitio a aumentar a beleza da vida, mas a própria maneira como um homem os recebe pode ser nobre e boa); e, se voltarem-se contra nós, poderão esmagar e mutilar a felicidade, pois que, além de serem acompanhados de dor, impedem muitas atividades. Todavia, mesmo nestes a nobreza de m homem se deixa ver, quando aceita com resignação muitos grandes infortúnios, não por insensibilidade à dor, mas por nobreza e grandeza da alma.

Se as atividades são, como dissemos, o que dá caráter à vida, nenhum homem feliz pode tornar-se desgraçado, porquanto jamais praticará atos odiosos e vis. Com efeito, o homem verdadeiramente bom e sábio suporta com dignidade, pensamos nós, todas as contingências da vida, e sempre tira o maior proveito das circunstâncias como um general que faz o melhor uso possível do exército sob seu comando, ou um bom sapateiro faz os melhores calçados com o couro que lhe dão; e do mesmo modo com todos os outros artífices. E, se assim é, o homem feliz nunca pode tornar-se desgraçado, muito embora não alcance a *beatitude* se tiver uma fortuna semelhante à de Príamo.

E tampouco será ele volúvel e mutável, pois nem se deixará desviar facilmente do seu estado venturoso por quaisquer desventuras comuns, mas somente por muitas e grandes; nem, se sofreu muitas e grandes desventuras, recuperará em tempo breve sua felicidade. Se a recuperar, será num tempo longo e completo, em que houver muitos e esplêndidos sucessos.

Quando diremos, então, que não é feliz aquele que age conforme a virtude perfeita e está suficientemente provido de bens exteriores, não durante um período qualquer, mas de uma vida completa? Devemos acrescentar: "E que está destinado a viver assim e a morrer de modo consentâneo com sua vida?" Em verdade, o futuro nos é impenetrável, enquanto a felicidade, afirmamos nós, é um fim e algo de final a todos os respeitos. Sendo assim, chamaremos felizes àqueles dentre os seres vivos em que estas condições se realizem ou estejam destinadas a se realizar – mas apenas *homens* felizes. Sobre estas questões dissemos o suficiente.

XIII – A prevalência do princípio racional

Já que a felicidade é uma atividade da alma conforme à virtude perfeita, devemos considerar a natureza da virtude; pois talvez possamos compreender melhor, por esse meio, a natureza da felicidade.

O homem verdadeiramente político também goza a reputação de haver estudado a virtude acima de todas as coisas, pois que ele deseja fazer com que seus concidadãos sejam bons e obedientes às leis. Temos um bom exemplo disso nos legisladores dos cretenses e dos espartanos, e em quaisquer outros desta espécie que possa ter havido alhures. E se esta investigação pertence à ciência política, é evidente que estará de acordo com o nosso plano inicial.

Mas a virtude que devemos estudar é, fora de qualquer dúvida, a virtude humana; porque humano era o bem e a felicidade que buscávamos. Por virtude humana entendemos não a do corpo, mas a da alma; e também à felicidade chamamos uma atividade da alma. [...]

O político deve pois estudar a alma tendo em vista os objetivos que mencionamos enquanto baste para o entendimento das questões que estamos discutindo, já que os nossos propósitos não parecem exigir uma investigação mais precisa, que seria, aliás, muito trabalhosa.

A seu respeito são feitas algumas afirmações bastante exatas, mesmo nas discussões estranhas à nossa escola; e delas devemos utilizar-nos agora. Por exemplo: que a alma tem uma parte racional e outra privada de razão. [...] [sendo que] o elemento irracional parece ser duplo. Com efeito, o elemento vegetativo não tem nenhuma participação num princípio racional, mas o apetitivo e, em geral, o desiderativo, participa dele em certo sentido na medida em que o escuta e obedece. É nesse sentido que falamos em "atender às razões" do pai e dos amigos, o que é bem diverso de ponderar a razão de uma propriedade matemática.

Que, de certo modo, o elemento irracional é persuadido pela razão, também estão a indicá-lo os conselhos que se costuma dar, assim como todas as censuras e exortações. E se convém afirmar que também esse elemento [desiderativo] possui um princípio racional, o que possui tal princípio (como o que dele carece) será de dupla natureza: uma parte possuindo-o em si mesma no sentido rigoroso do termo e a outra com a tendência a obedecer-lhe como um filho obedece ao pai.

A virtude também se divide em espécies de acordo com esta diferença, porquanto dissemos que algumas virtudes são intelectuais e outras morais; entre as primeiras temos a sabedoria filosófica, o raciocínio lógico, a sabedoria prática; e entre as segundas, por exemplo, a liberalidade e a temperança. Com efeito, ao falar do caráter de um homem não dizemos que ele é sábio ou que possui raciocínio lógico, mas que é calmo e temperante. [...]

Livro II
IX– A virtude como meio-termo entre dois vícios
 Está, pois, suficientemente esclarecido que a virtude moral é um meio-termo, e em que sentido devemos entender esta ex-

pressão; o que é um meio-termo entre dois vícios, um dos quais envolve excesso e o outro deficiência, e isso porque a natureza é visar à mediania nas paixões e nos atos.

Do que acabamos de dizer segue-se que não é fácil ser bom, pois em todas as coisas é difícil encontrar o meio-termo. Por exemplo, encontrar o meio de um círculo não é para qualquer um, mais só para aquele que sabe fazê-lo; e, do mesmo modo, qualquer um pode encolerizar-se, dar ou gastar dinheiro – isso é fácil; mas fazê-lo à pessoa que convém, na medida, na ocasião, pelo motivo e da maneira que convém, eis o que não é para qualquer um e tampouco fácil. Por isso a bondade tanto é rara como nobre e louvável.

Por conseguinte, quem visa ao meio-termo deve primeiro afastar-se do que lhe é mais contrário, como aconselha Calipso: *Passa ao largo de tal ressaca e de tal surriada*.[10] Com efeito, dos extremos, um é mais errôneo e o outro menos; portanto, como acertar no meio-termo é extraordinariamente difícil, devemos concentrar-nos com o menor dos males, como se costuma dizer; e a melhor maneira de fazê-lo é a que descrevemos. Mas devemos considerar as coisas para as quais nós próprios somos facilmente arrastados, porque um pende numa direção e outro em outra; e isso se pode reconhecer pelo prazer e pela dor que sentimos.

É preciso forçar-nos a ir na direção do extremo contrário, porque chegaremos ao estado intermediário afastando-nos o mais que pudermos do erro, como procedem aqueles que procuram endireitar varas tortas.

Ora, em todas as coisas, o agradável e o prazer são aquilo de que mais devemos defender-nos, pois não podemos julgá-los com imparcialidade. A atitude a tomar em face do prazer é, portanto, a dos anciãos do povo para com Helena, e em todas as circunstân-

---

10 *Odisseia*, XII, 219ss. [N.T.]

cias cumpre-nos dizer o mesmo que eles; porque se não dermos ouvidos ao prazer, correremos menos perigo de errar. Em resumo, é procedendo dessa forma que teremos mais possibilidades de acertar com o meio-termo.

Não há como negar, porém, que isso seja difícil, especialmente nos casos particulares: pois quem poderá determinar com precisão de que modo, com quem, em resposta a que provocação e durante quanto tempo devemos encolerizar-nos? E às vezes louvamos os que ficam aquém da medida, qualificando-os de calmos, e outras vezes louvamos os que se encolerizam, chamando-os de varonis. Não se censura, contudo, o homem que se desvia um pouco da bondade, quer no sentido do menos, quer do mais; só merece reproche o homem cujo desvio é maior, pois esse nunca passa despercebido.

Mas até que ponto um homem pode desviar-se sem merecer censura? Isso não é fácil de determinar pelo raciocínio, como tudo que seja percebido pelos sentidos; tais coisas dependem de circunstâncias particulares, e quem decide é a percepção.

Fica bem claro, pois, que em todas as coisas o meio-termo é digno de ser louvado, mas que às vezes devemos inclinar-nos para o excesso e outras vezes para a deficiência. Efetivamente, essa é a maneira mais fácil de atingir o meio-termo e o que é certo.

Livro VI
V – A sabedoria prática (*fronesis*)

No que tange à *sabedoria prática* podemos dar-nos conta do que seja considerando as pessoas a quem a atribuímos.

Ora, julga-se que é cunho característico de homem dotado de sabedoria prática o poder de deliberar bem sobre o que é bom e conveniente para ele, não sob um aspecto particular, como por exemplo, sobre as espécies de coisas que contribuem para a saúde e o vigor, mas sobre aquelas que contribuem para a boa vida em geral. Bem o mostra o fato de atribuirmos sabedoria prática a um homem, sob um aspecto particular, quando ele calculou bem com vistas a alguma finalidade boa que não se inclui entre aquelas que são objeto de alguma técnica.

Segue-se daí que, num sentido geral, diz que o homem que é capaz de deliberar possui sabedoria prática. Ora, ninguém delibera sobre coisas que não podem ser de outro modo, nem sobre o que é impossível fazer. Por conseguinte, como o conhecimento científico envolve demonstração, mas não há demonstração de coisas cujos primeiros princípios são variáveis (pois todas elas poderiam ser de outro modo), e como é impossível deliberar sobre coisas que são necessariamente do jeito que são, a sabedoria prática não pode ser nem ciência nem técnica: nem ciência porque aquilo que se pode fazer praticamente sempre pode sê-lo diferentemente, nem técnica, porque o agir e o produzir são duas espécies diferentes de coisas. Resta, pois, a alternativa de ser ela uma capacidade verdadeira e raciocinada de agir com respeito às coisas que são más para o homem.

Com efeito, ao passo que o produzir tem uma finalidade diferente de si mesmo, isso não acontece com o agir, pois que a boa ação é seu próprio fim. Daí atribuirmos sabedoria prática a Péricles e homens como ele, porque percebem o que é bom para si mesmos e para os homens em geral: pensamos que os homens dotados de tal capacidade são bons administradores de casas e Estados.

(E por isso mesmo damos à temperança o nome de *sofrosine*, subentendendo que ela preserva a nossa sabedoria prática (*fronesis*). Ora, o que a temperança preserva é um juízo da espécie que descrevemos. Porquanto nem todo juízo é destruído ou pervertido pelos objetos agradáveis ou dolorosos: não o é, por exemplo, o juízo a respeito de ter ou não ter o triângulo a soma dos seus ângulos iguais a dois retos, mas apenas os juízos sobre o que se há ou não de fazer. Com efeito, as causas de onde se originam o que se faz consistem nos fins visados; mas o homem que foi pervertido pelo prazer ou pela dor perde imediatamente de vista essas causas: não percebe mais que é a bem de tal coisa ou devido a tal coisa que deve escolher e fazer aquilo que escolhe, porque o vício se sobrepõe à causa originadora da ação.)

A sabedoria prática deve, pois, ser uma capacidade verdadeira e raciocinada de agir com respeito aos bens humanos. Mas, por outro lado, embora na técnica possa haver uma excelência, na sabedoria prática ela não existe; e na técnica, é preferível quem erra voluntariamente, enquanto na sabedoria pratica, assim como nas outras virtudes, é exatamente o contrário o que acontece.

Torna-se evidente, pois, que a sabedoria prática é uma virtude, e não uma técnica. E, como são duas as partes da alma que se guiam pelo raciocínio, ela deve ser a virtude de uma dessas duas, isto é, daquela parte que forma opiniões; porque a opinião versa sobre o que é variável, e igualmente a sabedoria prática. Na verdade, ela é mais que uma simples disposição racional: mostra-o o fato de que tais disposições [intelectuais] podem ser deixadas de lado, mas a sabedoria prática, não.

***

SANTO AGOSTINHO

Santo Agostinho. Quem é Deus? In: *Confissões*. Trad. J. Oliveira Santos e A. Ambrósio de Pina, S.J. Coleção Os Pensadores. São Paulo: Abril Cultural, 1973.

Livro VII
20. Do Platonismo à Sagrada Escritura
26. Mas depois de ler aqueles livros dos platônicos e de ser induzido por eles a buscar a verdade incorpórea, vi que "as vossas perfeições invisíveis se percebem por meio das coisas criadas."[11] Sendo repelido (no meu esforço), senti o que, pelas trevas da minha alma não me era permitido contemplar: experimentei a certeza de que existíeis e éreis infinito, sem, contudo, Vos estenderdes pelos espaços finitos e infinitos. Sabia que éreis verdadeiramente Aquele que sempre permanece o mesmo, sem Vos transformardes em outro, quer parcialmente e com algum movimento, quer de qualquer outro modo. Sabia que todas as outras coisas provêm de Vós, pelo motivo único e seguríssimo de existirem. Sim, tinha a certeza disso. Porém era demasiado fraco para gozar de Vós!

Tagarelava à boca cheia como um sabichão, mas, se não buscasse em Cristo Nosso Salvador o caminho para Vós, não seria *perito*, mas *perituro*.[12] Já então cheio do meu castigo, começava a querer parecer um sábio; não chorava e, por acréscimo, inchava-me com a ciência.

Onde estava aquela caridade que se levanta sobre o alicerce da humildade, que é Jesus Cristo? Quando é que estes livros ma ensinariam? [...]
21. Entre o esplendor da verdade e o platonismo
27. [...] Nos livros platônicos ninguém ouve Aquele que exclama: "Vinde a Mim, vós os que trabalhais". Desdenham em aprender d'Ele, que é manso e humilde de coração. "Escondestes estas coisas aos sábios e entendidos, e as revelastes aos humil-

---
11 *Rom* 1, 20. [N.T.]
12 Temos um jogo de palavras: "perito" e "perituro". "Perituro": o que havia de parecer. [N.T.]

des."[13] Uma coisa é ver dum píncaro arborizado a pátria da paz e não encontrar o caminho para ela. Gastando esforços vãos por vias inacessíveis, entre ataques e insídias dos desertores fugitivos com o seu chefe Leão e Dragão;[14] e outra coisa é alcançar caminho que para lá conduz, defendidos pelos cuidados do general celeste, onde os que desertam a milícia do paraíso não podem roubar, pois o evitam como um suplício.[15]

Estas coisas penetraram-me até as entranhas por modos admiráveis, ao ler [São Paulo] "o mínimo dos vossos Apóstolos."[16] E enchia-me de espanto considerando as Vossas obras...

***

MAQUIAVEL

Maquiavel. *O príncipe.* Trad. Lívio Xavier (mod.). Coleção Os Pensadores. São Paulo: Nova Cultural, 1991.

Capítulo XV
Das razões pelas quais os homens e, especialmente os príncipes, são louvados ou vituperados

Resta examinar agora como deve um príncipe comportar-se com seus súditos e seus amigos. Como sei que muita gente já escreveu a respeito desta matéria, duvido que não seja considerado presunçoso propondo-me a examiná-la também, tanto mais quanto, ao tratar deste assunto, me afastarei grandemente

---
13 *Mt* 11, 28; 11, 25. [N.T.]
14 *Sl* 90,13. [N.T.]
15 Nessa passagem, Santo Inácio de Loiola parece ter se inspirado para elaborar a meditação das duas bandeiras. [N.T.]
16 1 Cor 15, 9. [N.T.]

dos princípios estabelecidos pelos outros. Todavia, como é meu intento escrever coisa útil para os que se interessarem, parece-me mais conveniente procurar a verdade pelo efeito das coisas, do que pelo que delas se possa imaginar. E muita gente imaginou repúblicas e principados que nunca se viram nem jamais foram reconhecidos como verdadeiros. Vai tanta diferença entre o como se vive e o modo por que se deveria viver que quem se preocupar com o que se deveria fazer em vez de com que se faz, aprende antes a ruína própria do que o modo de se preservar; e um homem que quiser fazer profissão de bondade é natural que se arruine entre tantos que são maus.

Assim, é necessário a um príncipe, para se manter, que aprenda a poder ser mau e que se valha ou deixe de valer-se disso segundo a necessidade.

Deixando de parte, pois, as coisas ignoradas relativamente aos príncipes e falando das que são reais, digo que todos os homens, máxime os príncipes, por estarem mais no alto, se fazem notar através das qualidades que lhes acarretam reprovação ou louvor. Isto é, alguns são ditos como liberais, outros como miseráveis (usando o termo toscano *misero*, porque *avaro*, em nossa língua, é ainda aquele que deseja possuir pela rapinagem, e *miseri* chamamos aos que se abstém muito de usar o que possuem); alguns são tidos como pródigos, outros como rapaces; alguns são cruéis e outros piedosos, perjuros ou leais; efeminados e pusilânimes ou truculentos e animosos; humanitários ou soberbos; lascivos ou castos; estúpidos ou astutos; enérgicos ou indecisos; graves ou levianos; religiosos ou incrédulos, e assim por diante. E eu sei que cada qual reconhecerá que seria muito de louvar que um príncipe possuísse, entre todas as qualidades referidas, as que são tidas como boas; mas a condição humana é tal, que não consente a posse completa de todas elas, nem ao menos a sua prática consistente; é necessário que o príncipe seja tão prudente que saiba evitar os vícios que lhe arrebatariam o governo e acautelar-se, se possível, quanto aos que não oferecem tal perigo; quanto a este último ponto, não conseguindo isso êxito, pode, sem atormentar--se, deixar que as coisas sigam seu curso natural. Ainda, que não lhe importe incorrer na fama de ter certos defeitos, sem os quais dificilmente poderia salvar o governo, pois que, se se considerar bem tudo, encontrar-se-ão coisas que parecem virtudes e que, se fossem praticadas, lhe acarretariam a ruína, e outras que poderão parecer vícios e que, sendo seguidas, trazem a segurança e o bem--estar do governante.

Capítulo XVII
Da crueldade e da piedade – se é melhor ser amado ou temido
 Continuando na exposição das qualidades acima referidas, tenho a dizer que cada príncipe deve desejar ser tido como piedoso e não como cruel: apesar disso, deve cuidar de empregar convenientemente essa piedade. César Bórgia era considerado cruel, e, contudo, sua crueldade havia reerguido a Romanha e conseguido uni-la e conduzi-la à paz e à fé. O que, bem considerado, mostrará que ele foi muito mais piedoso que o povo florentino, o qual, para evitar a pecha de cruel, deixou que Pistóia fosse destruída.[17]
 Não deve, portanto, importar ao príncipe a qualificação de cruel para manter os seus súditos unidos e com fé, porque, com raras exceções, é ele mais piedoso do que aqueles que por muita clemência deixam acontecer desordens, das quais podem

---
17 Florença fomentava discórdia entre as facções rivais de Pistóia (Panciatichi e Cancelieri). Em 1502, uma série de motins determinou a ocupação da cidade pelo governo florentino. [N.A.]

nascer assassínios ou rapinagem. É que estas consequências prejudicam todo um povo, e as execuções que provém do príncipe ofendam apenas o indivíduo. E, entre todos os príncipes, os novos são os que menos podem fugir à fama de cruéis, pois os Estados novos são cheios de perigos. Diz Virgílio, pela boca de Dido: *Res dura, et regni novitas me talia cogunt / Moliri, et late fines custode tueri.*[18]

Não deve ser, portanto, crédulo o príncipe, nem precipitado, e não deve amedrontar-se a si próprio, e proceder equilibradamente, com prudência e humanidade, de modo que a confiança demasiada não o torne incauto e a desconfiança excessiva não o faça intolerável.

Nasce daí uma questão debatida: se será melhor ser amado que temido ou vice-versa. Responder-se-á que se desejaria ser uma e outra coisa; mas como é difícil reunir ao mesmo tempo as qualidades que dão aqueles resultados, é muito mais seguro ser temido que amado, quando se tenha que falhar numa das duas. É que os homens geralmente são ingratos, volúveis, simuladores, covardes e ambiciosos de dinheiro, e, enquanto lhes fizerem bem, todos estão contigo, oferecem-te sangue, bens, vida, filhos, como disse acima, desde que a necessidade esteja longe de ti. Mas, quando ela se avizinha, voltam-se para outra parte. E o príncipe, se confiou plenamente em palavras e não tomou outras precauções, está arruinado. Pois as amizades conquistadas por interesse, e não por grandeza e nobreza de caráter, são compradas, mas não se pode contar com elas no momento necessário. E os homens hesitam menos em ofender aos que se fazem amar do que aos que se fazem temer, porque

---

[18] "A dura condição das coisas e o fato mesmo de ser recente o meu reinado obrigam-me ao rigor e a fortificar as fronteiras." [N.A.]

o amor é mantido por um vínculo de compromisso, o qual, devido a serem os homens pérfidos, é rompido sempre que lhes aprouver, ao passo que o temor que se infunde é alimentado pelo receio de castigo, que é um sentimento que não se abandona nunca. Deve, portanto, o príncipe fazer-se temer de maneira que, se não se fizer amado, pelo menos evite o ódio, pois é fácil ser ao mesmo tempo temido e não odiado, o que sucederá uma vez que te abstenhas de te apoderar dos bens e das mulheres dos seus cidadãos e súditos, e, mesmo sendo obrigado a derramar o sangue de alguém, poderá fazê-lo quando houver justificativa conveniente e causa manifesta. Deves, sobretudo, abster-te de te aproveitar dos bens dos outros, porque os homens esquecem mais depressa a morte do pai do que a perda de seu patrimônio. Além disso, não faltam nunca ocasiões para pilhar o que é dos outros, e aquele que começa a viver de rapinagem sempre as encontra, o que já não sucede quanto as ocasiões de derramar sangue.

Mas, quando o príncipe está em campanha e tem sob seu comando grande cópia de soldados, então é absolutamente necessário não se importar com a fama de cruel, porque, sem ela, não se conseguirá nunca manter um exército unido e disposto a qualquer ação. Entre as admiráveis ações de Aníbal, enumera-se esta: tendo um exército muito numeroso composto de homens de todas as idades e nacionalidades, e militando em terras alheias, não surgiu nunca desinteligência no seu seio, nem com relação ao príncipe, tanto nos bons como nos tempos adversos. Isso não se pode atribuir senão à sua desumana crueldade, a qual, juntamente com infinitas virtudes, o tonou sempre venerado e terrível no conceito de seus soldados. As virtudes, por si sós, não bastariam para produzir aquele efeito, se não fora aquela desumana crueldade. E entre escritores pouco comedidos, há os que se contentam com admirar e louvar esta sua qualidade, outros atribuem a ela todos os triunfos que conquistou. E para provar que as outras virtudes, por si sós, não bastariam, pode-se tomar como exemplo Cipião, homem excepcional, não somente nos seus tempos, mas também na memória dos fatos que a história conserva, cujos exércitos se revoltaram quando na Espanha; e este fato tem a sua explicação na sua demasiada bondade, que havia concedido aos seus soldados mais liberdade do que a que convinha a disciplina militar.

Foi, por isso, admoestado severamente no Senado por Fábio Máximo, que o chamou de corruptor da milícia romana. Os locrenses, tendo sido barbaramente abatidos por um legado de Cipião, não foram vingados pelo chefe romano, nem a insolência daquele legado foi castigada, fatos esses que nasciam do caráter bondoso de Cipião. E, querendo alguém desculpá-lo no Senado, disse haver muitos homens que sabiam mais não errar do que corrigir os erros dos outros. Esse traço de caráter teria, com o tempo, destruído a fama e a glória de Cipião se ele tivesse continuado no comando, mas, vivendo sob a direção do Senado, esta sua qualidade prejudicial foi não somente anulada, mas se lhe tornou benéfica.

Concluo, pois (voltando ao assunto sobre se é melhor ser temido ou amado) que um príncipe sábio, para amar como convém os seus súditos e para ser por eles temido como convém, deve basear-se sobre o que é seu e não sobre o que é dos outros. Enfim, deve somente procurar evitar ser odiado, como foi dito.

***

HOBBES

Hobbes, Thomas. *Leviatã*. Trad. João Monteiro e Maria Beatriz Silva (mod.). Coleção Os Pensadores. São Paulo: Abril, 1974.

Capítulo XI
Das diferenças de costumes
    Não entendo aqui por *costumes* a decência da conduta, por exemplo, a maneira como um homem deve saudar a outro, ou como deve lavar a boca ou limpar os dentes diante de outros, e outros aspectos da *pequena moral*. Entendo aquelas qualidades humanas que dizem respeito a uma vida comum pacífica e harmoniosa. Para este fim, devemos ter em mente que a felicidade desta vida não consiste no repouso de um espírito satisfeito. Pois não existe o *finis ultimus* (fim último) nem o *summum bonum* (bem supremo) de que se fala nos livros dos antigos filósofos morais. E ao homem é impossível viver quando seus desejos chegam ao fim, tal como quando seus sentidos e imaginação ficam paralisados. A felicidade é um contínuo progresso do desejo, de um objeto para outro, não sendo a obtenção do primeiro outra coisa que o caminho para conseguir o seguinte. A causa disto que o objeto do desejo do homem não é gozar apenas uma vez, e só por um momento, mas garantir para sempre os caminhos do seu desejo futuro. Portanto, as ações voluntárias e as inclinações dos homens não tendem apenas para conseguir, mas também para garantir uma vida satisfeita, e diferem apenas quanto ao modo como surgem, em parte da diversidade das paixões em pessoas diversas, e em parte das diferenças no conhecimento e opinião que cada um tem das causas que produzem os efeitos desejados. [...]

Capítulo XIII
Da condição natural da humanidade relativamente à sua felicidade e miséria

A natureza fez os homens tão iguais, quanto às faculdades do corpo e do espírito, que, embora por vezes se encontre um homem manifestamente mais forte que de corpo, ou de espírito mais vivo do que outro, mesmo assim, quando se considera tudo isto em conjunto, a diferença entre um e outro homem não é suficientemente considerável para que qualquer um possa com base nela reclamar qualquer benefício a que outro não possa também aspirar, tal como ele. Porque quanto à força corporal o mais fraco tem força suficiente para matar o mais forte, quer por secreta maquinação, quer aliando-se com outros que se encontrem ameaçados pelo mesmo perigo. [...]

Desta igualdade quanto à capacidade deriva a igualdade quanto à esperança de atingirmos nossos fins. Portanto, se dois homens desejam a mesma coisa, ao mesmo tempo que é impossível que ela seja gozada por ambos, eles tornam-se inimigos. E no caminho para seu fim (que é principalmente sua própria conservação, e às vezes apenas seu deleite) esforçam-se por se destruir ou subjugar um ao outro. [...]

E contra esta desconfiança de uns em relação aos outros, nenhuma maneira de se garantir é tão razoável como a antecipação; isto é, pela força ou pela astúcia, subjugar as pessoas de todos os homens que puder, durante o tempo necessário para chegar ao momento em que não veja qualquer outro poder suficientemente grande para ameaçá-lo. E isto não é mais do que sua própria conservação exige, conforme é geralmente admitido. Também, por causa de alguns que, comprazendo-se em contemplar seu próprio poder nos atos de conquista, levam esses atos mais longe do que sua segurança exige, outros que, do contrário, se contentariam em manter-se tranquilamente dentro de modestos limites, pensam que se não aumentarem seu poder por meio de invasões, sendo incapazes de subsistir durante muito tempo, se se limitarem apenas a uma atitude de defesa. Consequentemente, esse aumento do domínio sobre os homens, sendo necessário para a conservação de cada um, deve ser por todos admitido.

Por outro lado, os homens não tiram prazer algum da companhia uns dos outros (e sim, pelo contrário, um enorme desprazer) quando não existe um poder capaz de manter a todos em respeito. Porque cada um pretende que seu companheiro lhe atribua o mesmo valor que ele atribui a si próprio e, na presença de sinais de desprezo e de subestimação, naturalmente se esforça, na medida em que a tal se atreva (o que, entre os que não têm um poder comum capaz de os submeter a todos, vai suficientemente longe para levá-los a destruir-se uns aos outros), por arrancar de seus contendores a atribuição de maior valor, causando-lhes dano – e dos outros também, através do exemplo.

De modo que na natureza do homem encontramos três causas principais de discórdia. Primeiro a competição; segundo, a desconfiança; e terceiro; a glória.

A primeira leva os homens a atacar uns aos outros tendo em vista o lucro; a segunda, a segurança; e a terceira, a reputação. Os primeiros usam a violência para se tornarem senhores das pessoas, mulheres, filhos e rebanhos dos outros homens; os segundo para defendê-los; e o terceiro por ninharias, como uma palavra, um riso, uma diferença de opinião e qualquer outro sinal de desprezo, quer seja imediatamente dirigido a sua pessoa, quer indiretamente a seus parentes, seus amigos, sua nação, sua profissão ou seu nome.

Com isto, se torna manifesto que durante o tempo em que os homens vivem sem um poder comum capaz de os manter a todos em respeito, eles se encontram naquela condição a que se chama guerra; uma guerra que é de todos os homens contra todos os homens. Pois a guerra não consiste apenas na batalha, ou no ato de lutar, mas naquele lapso de tempo durante o qual a vontade de travar batalha é suficientemente conhecida. Portanto, a noção de *tempo* deve ser levada em conta quanto à natureza da guerra, do mesmo modo que quanto à natureza do clima. Porque tal como a natureza do mau tempo não consiste em dois ou três chuviscos, mas numa tendência para chover que dura vários dias seguidos, assim também a natureza da guerra não consiste na luta real, mas na conhecida disposição para tal, durante todo o tempo em que não há garantia do contrário. Todo o tempo restante é de paz.

Portanto, tudo aquilo que é válido para um tempo de guerra, em que todo homem é inimigo de todo homem, o mesmo é válido para o tempo em que os homens vivem sem outra segurança senão a que lhe pode ser oferecida por sua própria força e invenção. Numa tal situação não há lugar para a indústria, pois seu fruto é incerto, consequentemente não há cultivo da terra, nem navegação, nem uso das mercadorias que podem ser importadas pelo mar; não há construções confortáveis nem instrumentos para mover e remover as coisas que precisam de grande força; não há conhecimento da face da Terra, nem cômputo do tempo, nem artes nem letras; não há sociedade; e o que é pior do que tudo, um constante temor e perigo de morte violenta. E a vida do homem é solitária, pobre, sórdida, embrutecida e curta. [...]

Desta guerra de todos os homens contra todos os homens também isto é consequência: que nada pode ser injusto. As noções de bem e de mal, de justiça e de injustiça não podem aí ter lugar. Onde não há poder comum não há lei, e onde não há lei não há injustiça. Na guerra, a força e a fraude são as duas virtudes cardeais. A justiça e a injustiça não fazem parte das faculdades do corpo ou do espírito. Se assim fosse, poderiam existir num homem que estivesse sozinho no mundo, do mesmo modo que seus sentidos e paixões. São qualidades que pertencem aos homens em sociedade, não na solidão. Outra consequência da mesma condição é que não há propriedade, nem domínio, nem distinção entre o *meu* e o *teu;* só pertence a cada homem aquilo que ele é capaz e conseguir e apenas enquanto for capaz de conservá-lo. É, pois, esta a miserável condição em que o homem realmente se encontra, por obra da simples natureza, embora com uma possibilidade de escapar a ela, que em parte reside nas paixões, e em parte em sua razão.

As paixões que fazem os homens tender para a paz são o medo da morte, o desejo daquelas coisas que são necessárias para uma vida confortável, e a esperança de consegui-las através do trabalho. E a razão sugere adequadas normas de paz, em torno das quais os homens podem chegar a um acordo. Essas normas são aquelas a que por outro lado se chama leis de natureza, das quais falarei mais particularmente nos dois capítulos seguintes.

As leis de natureza
Cf. Capítulos XIV e XV

Primeira lei: Que todo homem deve esforçar-se pela paz, na medida em que tenha esperança de consegui-la e, caso não a consiga, pode procurar e usar todas as ajudas e vantagens da guerra.

Segunda lei: Que um homem concorde, quando outros também o façam, e na medida em que tal considere necessário para a paz e para a defesa de si mesmo, em renunciar ao seu direito a todas as coisas, contentando-se, em relação aos outros homens, com a mesma liberdade que a eles concede em relação a si mesmo.

Terceira lei: Que os homens cumpram os pactos que celebrarem.

Quarta lei: Quem recebeu benefício de outro homem, por simples gratuidade, se esforce para que o doador não venha a ter motivo razoável para arrepender-se de sua boa vontade.

Quinta lei: Que cada um se esforce para acomodar-se com os outros.

Sexta lei: Que como garantia do tempo futuro se perdoem as ofensas passadas, àqueles que se arrependam e o desejem.

Sétima lei: Que na vingança (isto é, a retribuição do mal com o mal) os homens não olhem para a importância do mal passado, mas só para a importância do bem futuro.

Oitava lei: Que ninguém por atos, palavras, atitude ou gesto declare ódio ou desprezo pelo outro.

Nona lei: Que ao iniciarem-se as condições de paz, ninguém pretenda reservar para si qualquer direito que não aceite que seja reservado também para qualquer dos outros.

Décima lei: Se a alguém for confiado servir de juiz entre dois homens, que trate a ambos equitativamente.

Décima-primeira lei: Que as coisas que não podem ser divididas sejam gozadas em comum, se assim puder ser; e, se a quantidade da coisa o permitir, sem limite; caso contrário, proporcionalmente ao número daqueles que a elas têm direito.

Décima-segunda lei: Que a todos aqueles que servem de mediadores para a paz seja concedido salvo-conduto.

Décima-terceira lei: Que aqueles entre os quais há controvérsia submetam seu direito ao julgamento de um árbitro.

Resumo: Fazer aos outros o que gostarias que te fizessem a ti.

Capítulo XVII
Das causas, geração e definição de um Estado

O fim último, causa final e desígnio dos homens (que amam naturalmente a liberdade e o domínio sobre os outros), ao introduzir aquela restrição sobre si mesmo sob a qual os vemos viver nos Estados, é o cuidado com sua própria conservação e com uma vida mais satisfeita. Quer dizer, o desejo que sair daquela mísera condição de guerra que é a consequência necessária (conforme se mostrou) das paixões naturais dos homens quando não há um poder visível capaz de mantê-los em respeito, forçando-os, por medo do castigo, ao cumprimento dos seus pactos e ao respeito àquelas leis de natureza que foram expostas nos capítulos XIV e XV.

Porque as leis de natureza (como *justiça, equidade, modéstia, piedade,* ou, em resumo, *fazer aos outros o que queremos que nos façam*) por si mesmas, na ausência do temor de algum poder capaz de levá-las a ser respeitadas, são contrárias a nossas paixões naturais, as quais nos fazem tender para a parcialidade, o orgulho, a vingança e coisas semelhantes. E os pactos sem a espada não passam de palavras, sem força para dar qualquer segurança a ninguém. Portanto, apesar das leis de natureza (que cada um respeita quando tem vontade de respeitar e quando pode fazê-lo com segurança), se não for instituído um poder suficientemente grande para nossa segurança, cada um confiará, e poderá legitimamente confiar, apenas em sua própria força e capacidade, como proteção contra todos os outros. [...]

A única maneira de instituir um tal poder comum, capaz de defendê-los das invasões dos estrangeiros e das injúrias uns dos outros, garantindo-lhes assim uma segurança suficiente para que, mediante seu próprio labor e graças aos frutos da terra, possam alimentar-se e viver satisfeitos, é conferir toda sua força e poder a um homem, ou a uma assembleia de homens, que possa reduzir suas diversas vontades, por pluralidade de votos, a uma só vontade. [...] Isto é mais que um consentimento ou concórdia, é uma verdadeira unidade de todos numa só e mesma pessoa, realizada por um pacto de cada homem com todos os homens, de um modo que é como se cada homem dissesse a cada homem: *Cedo e transfiro meu direito de governar-me a mim mesmo a este homem, ou a esta assembleia de homens, com a condição de transferires a ele teu direito, autorizando de maneira semelhante todas as suas ações.* Feito isto, à multidão assim unida numa só pessoa se chama Estado, em latim *civitas*. É esta a geração daquele grande *Leviatã*, ou antes (para falar em termos mais reverentes) daquele *Deus Mortal*, ao qual devemos, abaixo do *Deus Imortal*, nossa paz e defesa. // Pois graças a esta autoridade que lhe é dada por cada indivíduo no Estado, é-lhe conferido o uso de tamanho poder e força que o terror assim inspirado o torna capaz de conformar as vontades de todos eles, no sentido da paz em seu próprio país e da ajuda mútua contra os inimigos estrangeiros. É nele que consiste a essência, que pode ser assim definida: *Uma pessoa que foi investida como autora dos atos de uma grande multidão, mediante pactos recíprocos celebrados por cada um, de modo a poder usar os recursos de todos, da maneira que considerar conveniente, para assegurar a paz e a defesa comum.* [...]

***

ROUSSEAU

Rousseau, Jean-Jacques. *Discurso sobre a origem e os fundamentos da desigualdade entre os homens*. Trad. Lourdes Santos Machado (mod.). Coleção Os Pensadores. São Paulo: Nova Cultural, 1991.

Primeira parte

A natureza manda em todos os animais, e a besta obedece. O homem sofre a mesma influência, mas considera-se livre para concordar ou resistir, e é sobretudo na consciência dessa liberdade que se mostra a espiritualidade de sua alma, pois a física de certo modo explica o mecanismo dos sentidos e a formação das ideias, mas no poder de querer, ou antes, de escolher e no sentimento desse poder, só se encontram atos puramente espirituais, que de modo algum são explicados pela mecânica. [...] (p. 243)

Mas, se compreendo bem o termo *miserável*, é ele uma palavra sem sentido algum ou só significa uma provação dolorosa e o sofrimento do corpo ou da alma. Ora, desejaria que me explicassem qual poderia ser o gênero de miséria de um ser livre cujo coração está em paz e o corpo com saúde. Pergunto qual das duas – a vida civil ou a natural – é mais suscetível de tornar-se insuportável àqueles que a fruem. À nossa volta vemos quase somente pessoas que se lamentam de sua existência, inúmeras até que dela se privam assim que podem, e o conjunto das leis divinas e humanas mal basta para deter essa desordem. Pergunto se algum dia se ouviu dizer que um selvagem em liberdade pensou em lamentar-se da vida e em querer morrer. Que se julgue, pois, com menos orgulho de que lado está a miséria. [...] (p. 251)

Parece, a princípio, que os homens nesse estado de natureza, não havendo entre si qualquer relação moral ou deveres comuns, não poderiam ser nem bons nem maus, ou possuir vícios e virtudes, a menos que, tomando estas palavras num sentido físico, se considerarem como vícios do indivíduo as qualidades capazes de prejudicar sua própria conservação, e virtudes aquelas capazes de em seu favor contribuir, caso em que se poderia chamar de virtuosos àqueles que menos resistissem aos impulsos da simples natureza. Sem nos afastarmos do senso comum, é oportuno suspender o julgamento que poderíamos fazer de uma tal situação e desconfiar de nossos preconceitos até que, de balança na mão, se tenha examinado se há mais virtudes que vícios entre os homens civilizados; ou se suas virtudes são mais proveitosas que funestos seus vícios; ou se o progresso de seus conhecimentos constitui compensação suficiente dos males que se causam mutuamente à medida que se instruem sobre o bem que deveriam dispensar-se; ou se não estariam, na melhor das hipóteses, numa situação mais feliz não tendo nem mal a temer nem bem a esperar de ninguém, ao invés de ter-se submetido a uma dependência universal e obrigar-se a receber tudo daqueles que nada se obrigam a lhe dar.

Não iremos, sobretudo, concluir com Hobbes que, por não ter nenhuma ideia de bondade, seja o homem naturalmente mau. […] (p. 251)

Certo, pois a piedade representa um sentimento natural que, moderando em cada indivíduo a ação do amor de si mesmo, concorre para a conservação mútua de toda a espécie. Ela nos faz, sem reflexão, socorrer àqueles que vemos sofrer; ela, no estado de natureza, ocupa o lugar das leis, dos costumes e da virtude, com a vantagem de ninguém se sentir tentado a desobedecer à sua doce voz; ela impedirá qualquer selvagem robusto de tirar o sustento adquirido com dificuldade a uma criança fraca ou a um velho enfermo, desde que ele mesmo possa encontrar o seu em outra parte; ela, em lugar dessa máxima sublime da justiça raciocinada – *Faz a outrem o que desejas que façam a ti* – inspira aos homens esta outra máxima de bondade natural, bem menos perfeita, mas talvez mais útil que a precedente – *Alcança teu bem com o menor mal possível para outrem.* Numa palavra, antes nesse sentimento natural que em argumentos sutis deve procurar-se a causa da repugnância que todo homem experimenta por agir mal, mesmo independentemente das máximas da educação. Ainda que possa ser próprio de Sócrates e dos espíritos de sua têmpera adquirirem a virtude pela razão, há muito tempo o espírito humano não existiria mais se sua conservação só dependesse dos que pertencem a esse grupo. [...] (p. 255)

Ouço sempre dizer que os mais fortes oprimirão os fracos. É preciso, porém, que me expliquem o que querem dizer com a palavra "opressão". Uns dominarão com violência, outros gemerão submetidos a todos os seus caprichos. Aí está precisamente o que observo entre nós, mas não sei como se poderia dizer isso de homens selvagens, com os quais se teria mesmo grande dificuldade para fazer compreender o que é servidão e dominação. Um homem poderá muito bem apossar-se dos frutos colhidos por um outro, da caça morta por ele, do antro que lhe servia de abrigo, mas como chegaria ao ponto de fazer-se obedecer? E quais poderão ser as cadeias da dependência entre homens que nada possuem? Se me expulsam de uma árvore, sou livre de ir a uma outra; se me perseguem num certo lugar, que me impedirá de ir para outro? Se encontrar um homem com força bem superior à minha e, além disso, o bastante depravado, preguiçoso e feroz para obrigar-me a prover sua subsistência enquanto nada fizer, será preciso que ele se resolva a não me perder de vista um só instante e ter-me amarrado com muito cuidado enquanto dormir, temendo que eu escape ou que o mate, isto é, será obrigado a expor-se voluntariamente a um trabalho muito maior do que dá a mim mesmo. Depois de tudo isso, sua vigilância amaina um pouco, um ruído imprevisto faz com que volte a cabeça, ando vinte passos em direção à floresta, meus grilhões se quebram e ele nunca mais me vê em toda sua vida. [...]

Segunda parte

[...] Não seria razoável crer que os povos se tenham inicialmente lançado nos braços de um senhor absoluto, sem condições nem compensações, e que lançar-se na escravidão fosse o primeiro meio que pudessem imaginar homens orgulhosos e desconfiados para atender à segurança comum. Com efeito, por que se darem a superiores, senão para defender-se da opressão e proteger seus bens, suas liberdades e suas vidas que, por assim dizer, representam os elementos constitutivos do seu ser? Ora, como nas relações de homem para homem o pior que pode acontecer a um é ver-se à mercê do outro, não contraria o bom senso começar por despojar-se, nas mãos de um chefe, das únicas coisas para cuja conservação necessitavam do seu auxílio? Que equivalente poderia oferecer-lhes o chefe pela concessão de tão belo direito? E, se tivesse ousado exigi-lo, a pretexto de defendê-los, não receberia logo a resposta do apólogo: "Que nos fará a mais o inimigo?" Incontestável, pois, e máxima fundamental de todo o direito político, é que os povos se deram chefes para defender sua liberdade e não para serem dominados. "Se temos um príncipe", dizia Plínio a Trajano, "é para que nos preserve de ter um senhor." [...] (p. 273) Continuando assim a examinar os fatos segundo o direito, não se encontrará mais solidez do que verdade no estabelecimento voluntário da tirania e seria difícil mostrar a validade de um contrato que só obrigaria uma das partes, no qual tudo caberia a um lado e nada ao outro, e que só resultaria em prejuízo de quem nele se comprometa. [...] Quanto mais legítimo é dizer-se com o sábio Platão, que a felicidade perfeita de um reino consiste em ser o príncipe obedecido por seus súditos, em o príncipe obedecer a lei e em a lei ser justa e visar sempre ao bem do público! Não me deterei procurando saber se, sendo a liberdade a mais nobre das faculdades do homem, não equivaleria a degradar a natureza pôr-se ao nível das bestas escravas do instinto, ofendendo-se mesmo o autor a si mesmo quando renuncia sem reservas ao mais precioso de todos os seus dons. [...] Perguntarei, somente, com que direito aqueles que não temem aviltar-se a tal ponto, puderam submeter sua posteridade à mesma ignorância e em seu nome renunciar a bens que ela não recebeu por sua liberalidade e sem os quais a própria vida é onerosa a todos dignos dela. [...] (p. 274)

***

KANT

Kant, Immanuel. *Resposta à pergunta: que é esclarecimento?* [1783] Trad. rev. e mod. Edgar Lyra a partir da ed. bilíngue: *Immanuel Kant – textos seletos.* Trad. Floriano de Souza Fernandes. Petrópolis: Vozes, 1974.

Esclarecimento é a saída do homem de sua menoridade, da qual ele próprio é culpado. A menoridade é a incapacidade de fazer uso do seu entendimento sem a direção de outro indivíduo. O homem é o próprio culpado dessa menoridade se a causa dela não se encontra na falta de entendimento, mas na falta de decisão e coragem de servir-se de si mesmo sem a direção de outrem. *Sapere aude!* Tem coragem de fazer uso de teu próprio entendimento, tal é o lema do esclarecimento.

A preguiça e a covardia são as causas pelas quais uma tão grande parte dos homens, depois que a natureza há muito os libertou de uma direção estranha (*naturaliter mairennes*), continuem, no entanto, de bom grado menores durante toda a vida. São também as causas que explicam por que é tão fácil que os outros se constituam em tutores deles. É tão cômodo ser menor. Se tenho um livro que compreende por mim, um diretor espiritual que por mim tem consciência, um médico que por mim decide a respeito de minha dieta etc., então não preciso esforçar-me eu mesmo. Não tenho necessidade de pensar, quando posso simplesmente pagar; outros se encarregam em meu lugar dos negócios desagradáveis. A imensa maioria da humanidade (inclusive todo o belo sexo) considera a passagem à maioridade difícil e além do mais perigosa, porque os tutores de bom grado tomaram a seu cargo a supervisão desses negócios. Depois de terem primeiramente embrutecido seu gado doméstico e preservado cuidadosamente estas tranquilas criaturas a fim de não ousarem, para aprender a andar, dar um passo fora da linha a elas predeterminada, mostram-lhes em seguida o perigo que as ameaça se tentarem andar sozinhas. Ora, este perigo na verdade não é tão grande, pois aprenderiam finalmente muito bem a andar, depois de algumas quedas. Basta um exemplo deste tipo para tornar tímido o indivíduo e atemorizá-lo em geral para não fazer outras tentativas no futuro.

É difícil portanto para um homem em particular desvencilhar-se da menoridade que para ele se tornou quase uma natureza. Chegou mesmo a criar amor por ela, sendo por ora realmente incapaz de utilizar seu próprio entendimento, já que nunca o deixaram fazer tentativa de assim proceder. Preceitos e fórmulas, esses instrumentos mecânicos de um uso racional ou, muito mais, do mau uso dos dons naturais, são os grilhões de uma eterna menoridade. Quem deles se livrasse seria, todavia, capaz apenas de um salto inseguro, mesmo sobre o mais estreito fosso, porque não está habituado a tal movimento livre. Por isso são muito poucos aqueles que conseguiram, pela transformação do próprio espírito, emergir da menoridade e empreender a partir daí uma marcha segura.

Que, porém, um público se esclareça a si mesmo é algo perfeitamente possível; mais do que isso, é praticamente inevitável se lhe for dada a liberdade. Pois encontrar-se-ão sempre alguns indivíduos capazes de pensamento próprio, mesmo entre os tutores instituídos da grande massa, que, de depois de terem sacudido de si mesmo o jugo da menoridade, espalharão ao redor de si o espírito de uma avaliação racional do valor intrínseco e da vocação de cada homem para pensar por si mesmo. Interessante é que o público anteriormente por eles subjugado, obriga-os na sequência a sob ele permanecer, isto é, quando é levado a se rebelar por alguns de seus tutores que são, eles próprios, incapazes de qualquer esclarecimento. É assim prejudicial plantar preconceitos, porque estes acabam por se vingar dos que foram seus autores ou predecessores. Por isso, só muito lentamente um público pode chegar ao esclarecimento. Através de uma revolução dar-se-á talvez a queda do despotismo personalista e da opressão ávida de ganhos ou de dominação, porém nunca se produzirá a verdadeira reforma do modo de pensar; apenas preconceitos novos que, da mesmíssima forma que os antigos, servem de cintas para guiar a grande massa destituída de pensamento.

Para esse esclarecimento, porém, nada mais se exige além de liberdade. E justamente a mais inofensiva entre tudo o que se possa chamar de liberdade, a saber, a de fazer um uso público da sua razão em todas as questões. Ouço, agora, porém, exclamar de todos os lados: *não raciocineis!*[19] O oficial diz: não raciocineis, mas

---

19 [...] *räsonniert nicht!* O verbo, de procedência francesa (*raisonner*, cf. Duden Wörterbuch), tem o sentido de fazer uso da própria razão, num sentido crítico, independente. Michel Foucault, no seu "O que são as Luzes?" (1984), diz: "É preciso observar que a palavra alemã empregada aqui é *räsonieren*; esta palavra que é também empregada nas *Critiques*, não se relaciona com um uso qualquer da razão, mas com um uso no qual ela não tem outra finalidade senão ela mesma: *räsonieren* é raciocinar por raciocinar." [N.R.]

exercitai-vos! O financista exclama: não raciocineis, mas pagai! O sacerdote proclama: não raciocineis, mas crede! (Apenas um único senhor no mundo diz: *raciocinai*, tanto quanto quiserdes e sobre o que quiserdes, *mas obedecei!*) Eis aqui por toda a parte a limitação da liberdade. Mas qual limitação impede a liberdade? e qual não o faz, e até mesmo a favorece? Respondo: o uso *público* de sua razão tem que ser a cada vez livre e só ele pode realizar o esclarecimento entre os homens. O uso *privado* da razão pode, porém muitas vezes ser muito estreitamente limitado, sem com isso contudo impedir o progresso do esclarecimento.

Entendo, todavia, sob o nome de uso público da sua própria razão aquele que alguém, como douto (*Gelehrter*), faz dela diante do grande público do *mundo letrado*. Denomino uso privado aquele que alguém está autorizado a fazer de sua razão em certo *cargo público* ou função a ele confiada. Ora, para muitas profissões que se exercem no interesse da comunidade, é necessário um certo mecanismo por meio do qual alguns membros tenham que se comportar de modo exclusivamente passivo, de modo a serem dirigidos pelo governo mediante uma unanimidade artificial tendo em vista finalidades públicas ou, pelo menos, sejam contidos para não destruir essas finalidades.

Em casos tais não é, sem dúvida, permitido raciocinar, mas deve-se obedecer. Na medida, porém, em que, na qualidade de douto, alguém que examina esta parte da máquina simultaneamente como integrante de uma inteira comunidade, chegando mesmo à sociedade constituída pelos cidadãos de todo o mundo, se dirige a um público por meio de obras escritas de acordo com seu próprio entendimento, então pode certamente raciocinar, sem que com isso sofram os negócios a que ele está parcialmente sujeito como membro passivo. Assim, seria muito prejudicial se um oficial, a quem seu superior deu uma ordem, quisesse sair raciocinando em voz alta no serviço a respeito da conveniência ou da utilidade dessa ordem; ele tem que obedecê-la. Mas não se lhe pode razoavelmente impedir, enquanto homem versado no assunto, de fazer observações sobre os equívocos no serviço militar e de expor essas observações ao seu público para que as julgue. O cidadão não pode se recusar a efetuar o pagamento dos impostos que sobre ele recaem; até mesmo a desaprovação impertinente dessas obrigações, se devem ser pagas por ele, pode ser castigada como um escândalo (que pode causar a desobediência geral). Mas não age contrariamente ao dever de um cidadão aquele que, como douto, expõe publicamente suas ideias a respeito da inconveniência ou da injustiça dessas imposições.

Do mesmo modo, também o sacerdote está obrigado a fazer o seu sermão aos discípulos da catequese ou à comunidade, em conformidade com o credo da Igreja a que serve, pois foi admitido com esta condição. Mas, enquanto douto, tem completa liberdade e até mesmo a atribuição de dar conhecimento ao público de todas as suas ideias, cuidadosamente examinadas e bem-intencionadas, sobre o que há de errôneo naquele credo, e de compartilhar suas propostas no sentido da melhor instituição da essência da religião e da Igreja. Nada existe aqui que possa constituir um peso para a consciência. Pois aquilo que ensina em decorrência do seu cargo como funcionário da Igreja, expõe-no como algo em relação ao qual não tem o livre poder de ensinar como melhor lhe pareça, mas está obrigado a expor segundo uma prescrição alheia e em nome desta. Poderá dizer: nossa Igreja ensina isto ou aquilo; estes são os fundamentos comprobatórios de que ela se serve. Toda utilidade prática para sua paróquia é, nessas ocasiões, tirada de estatutos que ele mesmo não subscreveria com inteira convicção, mas em cuja exposição pode se empenhar, porque não é de todo impossível que em seus enunciados esteja oculta a verdade; mas, é de todo preciso, ao menos, que nada aí seja encontrado que entre em contradição com a religião interior. Pois se acreditasse encontrar essa contradição não poderia, em sã consciência, desempenhar sua função, teria de renunciar a ela.

Por conseguinte, o uso que um doutrinador empregado faz da sua razão em sua paróquia é unicamente um *uso privado*, porque é sempre um uso doméstico, por grande que seja a assembleia. Com relação a esse uso, enquanto padre ele não é livre e nem tem o direito de sê-lo, porque executa uma incumbência estranha. Já, ao contrário, como douto que por meio das suas obras fala ao verdadeiro público, isto é, ao mundo, o sacerdote, no *uso público* de sua razão, goza de ilimitada liberdade para fazer uso dessa razão e para falar em seu próprio nome. Pois o fato de os tutores do povo (nas coisas espirituais) deverem ser eles próprios menores constitui um absurdo que tem como resultado a perpetuação dos absurdos. [...]

***

HEGEL

Hegel, Friedrich. *Lições sobre a filosofia da história*. Trad. Maria Rodrigues e Hans Harden. Brasília: Editora da UNB, 1995, p. 372.

A consciência chegou até aqui, e esse é o principal momento da forma na qual o princípio de liberdade se concretizou, pois a história universal nada mais é que o desenvolvimento do conceito de liberdade. [...] A filosofia diz respeito ao esplendor da ideia que se reflete na história universal. Na realidade, ela tem que se abster dos movimentos tediosos das paixões. Seu interesse é conhecer o processo de desenvolvimento da verdadeira ideia, ou seja, da ideia da liberdade que é somente a consciência da liberdade. A história universal é o processo desse desenvolvimento e do devir real do espírito no palco mutável dos seus acontecimentos – eis aí a verdadeira teodiceia, a justificação de Deus na história. Só a percepção disso pode reconciliar a história universal com a realidade: a certeza de que aquilo que aconteceu, e que acontece todos os dias, não apenas não se faz sem Deus, mas é essencialmente a sua obra.

Hegel, Friedrich. *Grundlinien der Philosophie des Rechts oder Naturrecht und Staatswissenschaft im Grundrisse* [1821]. Suhrkamp Verlag, 2000, § 260. Trad. Edgar Lyra.

O Estado é a realidade da liberdade concreta. Mas a liberdade concreta consiste tanto no fato de as individualidades pessoais e seus interesses particulares atingirem o seu completo desenvolvimento e terem explícito reconhecimento do seu direito em si mesmo (como acontece na esfera da família e da sociedade civil), quanto no fato delas, por um lado, ultrapassarem a si mesmas no interesse do universal e, por outro, com ciência e vontade desse universal, reconhecendo-o como seu próprio espírito substantivo, serem ativas na busca dele como seu objetivo, de modo que nem o universal prevaleça ou chegue à completude sem os interesses particulares, sem seus saberes e vontades, nem os indivíduos vivam puramente a partir desses saberes e vontades como pessoas privadas, sem ao mesmo tempo terem almejado, no e pelo universal, a efetividade de tais fins. O princípio dos estados modernos tem prodigiosa força e profundidade porque permite ao princípio da subjetividade progredir até a sua culminação no extremo da autossubsistência da particularidade pessoal, e mesmo assim, ao mesmo tempo, puxa-o de volta para a unidade substantiva e assim conserva essa unidade dentro do próprio princípio da subjetividade.

Kojève, Alexandre. *Introdução à leitura de Hegel*. Trad. Estela Abreu. Rio de Janeiro: Contraponto; Uerj, 2002, p. 178.

Em outras palavras: o homem só pode estar verdadeiramente satisfeito, a história só pode ser interrompida, na e pela formação de uma sociedade, de um Estado, em que o valor estritamente particular, pessoal, individual de cada uma seja reconhecido como tal, e sua particularidade, por todos, pela universalidade encarnada pelo Estado como tal, e em que o valor universal do Estado seja reconhecido e realizado pelo particular como particular, por todos os particulares.* Ora, um tal Estado, uma tal síntese da particularidade e da universalidade, só é possível após a supressão da oposição entre senhor e escravo, pois a síntese do particular com o universal é também síntese da dominação com a sujeição.

* Aliás, o particular que realiza um valor universal já não é um particular: ele é indivíduo (= cidadão do Estado universal homogêneo), síntese do particular com o universal. Do mesmo modo, o universal (Estado) realizado pelo particular é individualizado. É o Estado-indivíduo ou o indivíduo-Estado, encarnado na pessoa do chefe universal (Napoleão) e revelado pelo sábio (Hegel).

***

MARX

Marx, Karl. *Teses sobre Feuerbach*.[20] São Paulo: Hucitec, 1991.

O principal defeito de todo materialismo até aqui (incluindo o de Feuerbach) consiste em que o objeto, a realidade, a sensibilidade, só é apreendido sob a forma de objeto ou de intuição, mas não como atividade humana sensível, como práxis, não subjetivamente. Eis por que, em oposição ao materialismo, o aspecto ativo foi desenvolvido de maneira abstrata pelo idealismo, que, naturalmente, desconhece a atividade real, sensível, como tal. Feuerbach quer objetos sensíveis – realmente distintos dos objetos do pensamento: mas não apreende a própria atividade humana como atividade objetiva. Por isso, em A Essência do Cristianismo, considera apenas o comportamento teórico como autenticamente humano, enquanto que a práxis só é apreciada e fixada em sua forma fenomênica judaica e suja. Eis porque não compreende a essência da atividade "revolucionária", "prático crítica".

II

A questão de saber se cabe ao pensamento humano uma verdade objetiva não é uma questão teórica, mas prática. É na práxis que o homem deve demonstrar a verdade, isto é, a realidade e o poder, o caráter terreno de seu pensamento. A disputa sobre a realidade ou não realidade do pensamento isolado da práxis – é uma questão puramente escolástica.

---

20 Versão original do manuscrito de Marx que trazia na cabeça apenas as palavras *Ad Feuerbach* (dirigido a Feuerbach). O título *Teses sobre Feuerbach* foi escolhido pelo Instituto de Marxismo-Leninismo de Moscou, que publicou o texto junto com a primeira edição de *A ideologia alemã* em 1932; retoma a expressão empregada por Engels na nota "preliminar" à edição em separado de sua obra *Ludwig Feuerbach e o fim da filosofia clássica alemã* (1888), na qual as *Teses* foram publicadas pela primeira vez, como apêndice. A edição introduziu ligeiras modificações no texto original para torná-lo mais compreensível ao leitor.

VIII

Toda a vida social é essencialmente prática. Todos os mistérios que levam a teoria para o misticismo encontram sua solução racional na práxis humana e na compreensão dessa práxis.

XI

Os filósofos se limitaram a interpretar o mundo de diferentes maneiras; o que importa é transformá-lo.

Marx, Karl; Engels, Friedrich. *Manifesto comunista*. São Paulo: Alfa-Ômega, vol. 1, p. 23-24.

Vemos, pois, que a burguesia moderna é o produto de um longo desenvolvimento, de uma série de revoluções nos modos de produção e troca. [...] O governo moderno não é senão um comitê para gerir os negócios comuns de toda a classe burguesa. A burguesia desempenhou na história um papel eminentemente revolucionário. Onde quer que tenha conquistado o Poder, a burguesia calcou os pés sobre as relações feudais, patriarcais e idílicas. Todos os complexos e variados laços que prendiam o homem feudal aos seus "superiores naturais" ela os despedaçou sem piedade, para só deixar subsistir, de homem para homem, o laço frio do interesse, as duras exigências do "pagamento à vista". Afogou os fervores sagrados do êxtase religioso, do entusiasmo cavalheiresco, do sentimentalismo pequeno-burguês nas águas geladas do cálculo egoísta. Fez da dignidade pessoal um simples valor de troca; substituiu as numerosas liberdades, conquistadas com tanto esforço, pela única e implacável liberdade de comércio. Em uma palavra, em lugar da exploração velada por ilusões religiosas e políticas, a burguesia colocou a exploração aberta, cínica, brutal e direta. A burguesia despojou de sua auréola todas as atividades até então reputadas veneráveis e encaradas com piedoso respeito. Do médico, do jurista, do sacerdote, do poeta, do sábio fez seus servidores assalariados. [...] A burguesia só pode existir com a condição de revolucionar incessantemente os instrumentos de produção, por conseguinte as relações de produção e, com isso, todas as relações sociais. [...] Tudo que era sólido e estável se esfuma, tudo que era sagrado é profanado, e os homens são obrigados, finalmente, a encarar com serenidade suas condições de existência e suas relações recíprocas. Impelida pela necessidade de mercados sempre novos a burguesia invade todo o globo. Necessita estabelecer-se por toda a parte, explorar em toda a parte, criar vínculos em toda a parte.

***

BENTHAM

Bentham, Jeremy. *Uma introdução aos princípios da moral e da legislação.* Trad. Luiz João Baraúna (lig. mod.). Coleção Os Pensadores. São Paulo: Abril Cultural, 1973.

Capítulo I
O princípio da utilidade

I – A natureza colocou o gênero humano sob o domínio de dois senhores soberanos: a *dor* e o *prazer*. Somente a eles compete apontar o que devemos fazer, bem como determinar o que na realidade faremos. Ao trono desses dois senhores está vinculada, por uma parte, a norma que distingue o que é reto do que é errado e, por outra, a cadeia das causas e dos efeitos.

Os dois senhores de que falamos nos governam em tudo o que fazemos, em tudo o que dizemos, em tudo o que pensamos, sendo que qualquer tentativa que façamos para sacudir este senhorio outra coisa não faz senão demonstrá-lo e confirmá-lo. Através de suas palavras, o homem pode pretender abjurar tal domínio, porém, na realidade, permanecerá sujeito a ele em todos os momentos da sua vida.

O *princípio da utilidade*[21] reconhece esta sujeição e a coloca como fundamento desse sistema, cujo objetivo consiste em construir o edifício da felicidade através da razão e da lei. Os sistemas que tentam questionar este princípio são meras palavras e não uma atitude razoável, capricho e não razão, obscuridade e não luz.

Entretanto, basta de metáforas e declamação, uma vez que não é desta forma que a ciência moral pode ser aperfeiçoada.

II – O princípio da utilidade constitui o fundamento da presente obra. Consequentemente, será consentâneo, de início, definir explicitamente a sua significação.

Por princípio de utilidade entende-se aquele princípio que aprova ou desaprova qualquer ação, segundo a tendência que tem a aumentar ou a diminuir a felicidade da pessoa cujo interesse está

---

21 A esta expressão acrescentei ultimamente – substituindo até a primeira – esta outra: a *maior felicidade*, ou o princípio da *maior felicidade*; isto por amor à brevidade, ao invés de expressar-me assim longamente: "o princípio que estabelece a maior felicidade de todos aqueles cujo interesse está em jogo, como sendo a justa e adequada finalidade da ação humana, e até a única finalidade justa, adequada e universalmente desejável; da ação humana, digo, em qualquer situação ou estado de vida, sobre tudo na condição de um funcionário ou grupo de funcionários que exercem os poderes de governo". A palavra "utilidade" não ressalta as ideias de prazer e dor com tanta clareza como o termo "felicidade" (*happiness, felicity*); tampouco o termo nos leva a considerar o número dos interesses afetados; número este que constitui a circunstância que contribui na maior proporção para formar a norma em questão – a *norma do reto e do errado*, a única que pode capacitar-nos a julgar a retidão da conduta humana, em qualquer situação que seja. Esta falta de conexão suficientemente clara entre as ideias de *felicidade* e *prazer*, por uma parte, e a ideia de *utilidade*, por outra, tem constituído mais de uma vez, para certas pessoas – conforme pude constatar –, um obstáculo para a aceitação do princípio acima, aceitação que, de outra forma, possivelmente não teria encontrado resistência. [N.A. em julho de 1822]

em jogo, ou, o que é a mesma coisa em outros termos, segundo a tendência a promover ou a comprometer a referida felicidade. Digo qualquer ação, com o que tenciono dizer que isto vale não somente para qualquer ação de um indivíduo particular, mas também de qualquer ato ou medida de governo.

III – O termo utilidade designa aquela propriedade existente em qualquer coisa, propriedade em virtude da qual o objeto tende a produzir ou proporcionar benefício, vantagem, prazer, bem ou felicidade (tudo isto, no caso presente, se reduz a mesma coisa), ou (o que novamente equivale à mesma coisa) a impedir que aconteça o dano, a dor, o mal, ou a infelicidade para a parte cujo interesse está em pauta; se esta parte for a comunidade em geral, tratar-se-á da felicidade da comunidade, ao passo que, em se tratando de um indivíduo particular, estará em jogo a felicidade do mencionado indivíduo.

IV – O interesse da comunidade, eis uma das expressões mais comuns que pode ocorrer na terminologia e na fraseologia moral. Em consequência, não é de estranhar que muitas vezes se perca de vista o seu significado exato. Se a palavra tiver um sentido, será o seguinte: a comunidade constituiu um *corpo* fictício, composto de pessoas individuais que se consideram como constituindo os seus *membros*. Qual é, neste caso, o interesse da comunidade? A soma dos interesses dos diversos membros que integram a referida comunidade.

V – É inútil falar do interesse da comunidade, se não se compreender qual é o interesse do indivíduo.[22] Diz-se que uma coisa promove o interesse de um indivíduo, ou favorece ao interesse de um indivíduo, quando tende a aumentar a soma total dos seus

---

22 Interesse é uma dessas palavras que, por não ter um gênero (*genus*) superior, não pode ser definida por via ordinária. [N.A.]

prazeres, ou então, o que vale afirmar o mesmo, quando tende a diminuir a soma total das suas dores.

VI – Por conseguinte, afirmar-se-á que uma determinada ação está em conformidade com o princípio da utilidade, ou, para ser mais breve, com a utilidade, quando a tendência que tem a aumentar a felicidade for maior que qualquer tendência que tenha a diminuí-la.

VII – Pode-se afirmar que uma medida de governo (a qual constitui apenas uma espécie particular de ação, praticada por uma pessoa particular ou por pessoas particulares) está em conformidade com o princípio de utilidade – ou é ditada por ele – quando, analogamente, a tendência que tem a aumentar a felicidade da comunidade for maior do que qualquer tendência que tenha diminuí-la.

[...]

Capítulo IV
Método para medir uma soma de prazer ou de dor

I – Segundo explanamos, propiciar prazeres e evitar dores constituem os *objetivos* que o legislador tem em vista, razão pela qual é de convivência que compreenda o seu *valor*. Os prazeres e as dores constituem os *instrumentos* com os quais o legislador deve trabalhar. Por este motivo convém que compreenda a força dos mesmos, ou seja, em outros termos, o seu valor.

II – Para uma pessoa considerada *em si mesma*, o valor de um prazer ou de uma dor, considerado *em si mesmo*, será maior ou menor, segundo as quatro circunstâncias que seguem:[23]

---

23 Estas circunstâncias têm sido denominadas *elementos* ou *dimensões de valor* em um prazer ou dor. Não muito tempo atrás, na publicação da primeira edição, formulei os versos a seguir, com a finalidade de imprimir com mais eficácia na memória estes pontos, nas quais repousa, por assim dizer, todo o edifício da moral e da legislação:

(1) A sua *intensidade*
(2) A sua *duração*
(3) A sua *certeza ou incerteza*
(4) A sua *proximidade no tempo* ou a sua *longinquidade*.

III – Essas são as circunstâncias que devem ser consideradas na avaliação de um prazer ou uma dor, cada qual considerado em si mesmo. Entretanto, quando o valor de um prazer ou de uma dor for considerado com o escopo de avaliar a tendência de qualquer *ato* pelo qual o prazer ou a dor são produzidos, é necessário tomar em consideração outras duas circunstâncias.

São elas:

(5) A sua *fecundidade*, vale dizer, a probabilidade que o prazer ou a dor têm de seres seguidos por sensações da *mesma* espécie, isto é, de prazer, quando se trata de um prazer, e de dor, em se tratando de uma dor.

(6) A sua *pureza*, ou seja, a probabilidade que o prazer e a dor têm de *não* serem seguidos por sensações do tipo *contrário*, isto é, de dores no caso de um prazer, e de prazeres, em se tratando de uma dor.

Importa notar, todavia, que as duas últimas circunstâncias dificilmente podem ser consideradas propriedades do prazer ou da dor em si mesmos, razão pela qual não devem ser tomadas em consideração no sentido estrito do termo, quando se trata apreciar o valor do respectivo prazer ou da respectiva dor. Falando-se a rigor, cumpre considerá-las mais propriamente propriedades do ato ou do ou-

---

Intense, long, certain, speedy, fruitful, pure – / Such marks in *pleasures* and in *pains* endure. / Such pleasures seek, if *private* be thy end; / If it be *public*, wide let them extend. / Such *pains* avoid, whichever be thy view / If pains *must* come, let them extend to few.* [N.A.]

* *Intensos, duradouros, certos, fecundos, puros* – / Tais são os sinais dos *prazeres* e das *dores*. / Procura tais prazeres; se forem *privados* sejam o teu fim; / Se forem *públicos*, faze com que se *estendam* amplamente. / Tais *dores* evita, qualquer que seja a tua visão; / Se as *dores* forem inevitáveis, que não sejam muito extensas. [N.T.]

tro evento pelo qual o respectivo prazer ou a respectiva dor foram produzidos. Correspondentemente, só devem ser consideradas na avaliação da tendência do respectivo ato ou do respectivo evento.

IV – Para um *número* de pessoas, com referência a cada uma das quais o valor de uma dor ou de um prazer é considerado, este será maior ou menor, conforme as sete circunstâncias, isto é, as seis acima alegadas, a saber:

(1) A sua *intensidade*
(2) A sua *duração*
(3) A sua *certeza* ou *incerteza*
(4) A sua *proximidade* no tempo ou *longiquidade*
(5) A sua *fecundidade*
(6) A sua *pureza*.

E uma outra, a saber:

(7) A sua *extensão*, quer dizer, o número de pessoas às quais se *estende* o respectivo prazer ou a respectiva dor; em outros termos, o número de pessoas afetadas pelo prazer ou pela dor em questão.

V – Se, por conseguinte, quiseres fazer uma avaliação exata da tendência de qualquer ato que afeta os interesses de uma coletividade, procede da seguinte maneira.

Começa por uma das pessoas cujos interesses parecem ser mais imediatamente afetados pelo ato em questão, e procura fazer uma apreciação dos seguintes elementos:

(1) o valor de cada *prazer* distinto que se manifesta como produzido pelo ato na *primeira* instância;

(2) o valor de cada *dor* distinta que se manifesta como produzida pelo ato na *primeira* instância;

(3) o valor de cada *prazer* que se manifesta como produzido pelo ato *após* o primeiro prazer. Isto constitui a *fecundidade* do primeiro *prazer* e a *impureza* da primeira *dor*;

(4) o valor de cada *dor* como produzida pelo ato após a primeira. Isto constitui a *fecundidade* da primeira *dor* e a *impureza* do primeiro *prazer*.

(5) Soma de todos os valores de todos os *prazeres* de um lado, e todos os valores de todas as *dores* do outro. O balanço, se for favorável ao prazer, indicará a tendência *boa* do ato em seu conjunto, com respeito aos interesses desta pessoa *individual*; se o balanço for favorável a dor, indicará a tendência *má* do ato em seu conjunto.

(6) Fazer uma avaliação do *número* das pessoas cujos interesses aparecem em jogo e repete o processo acima descrito em relação a cada uma delas. *Soma* depois os números que exprimem os graus da tendência *boa* inerente ao ato, com em respeito a um dos indivíduos em relação ao qual a tendência do ato é *boa* em seu conjunto. Depois, faze o mesmo com respeito a cada indivíduo em relação ao qual a tendência do ato é *má* em seu conjunto.

Feito isto, procede ao *balanço*. Este, se for favorável ao *prazer*, assinalará a tendência *boa geral* do ato, em relação ao número total ou a comunidade dos indivíduos em questão. Se o balanço pesar para o lado da dor, teremos a *tendência má* geral, com respeito à mesma comunidade.

VI – Não se pode esperar que o referido método possa ser seguido a rigor antes de qualquer julgamento moral, ou antes de qualquer ação legislativa judicial. Todavia, o método como tal pode ser sempre mantido diante dos olhos; e, na medida em que o processo atualmente seguido nessas ocasiões se aproximar dele, na mesma medida tal processo se aproximará da exatidão.

VII – Analogamente pode-se aplicar o mesmo processo ao prazer e à dor, qualquer que sejam a forma sob qual apareçam e qualquer que seja a denominação com a qual se identifiquem. O processo pode ser aplicado ao prazer, quer este se denomine *bem* (o qual constitui a causa ou instrumento do prazer), quer se chame *proveito* (o qual constitui um prazer distante, ou a causa ou instrumento de um prazer distante), ou *conveniência*, ou *vantagem, benefício, recompensa, felicidade* e assim por diante. Pode o método também ser aplicado à dor, quer esta se denomine um *mal* (o qual equivale a um oposto do *bem*), quer se chame *prejuízo*, ou *inconveniência*, ou *desvantagem*, ou *perda*, ou *infelicidade* e assim por diante.

VIII – Não estamos aqui diante de uma teoria nova e pouco segura, ou inútil. Com efeito, tudo que acabamos de expor representa um dado com o qual concorda plena e perfeitamente a experiência do gênero humano, onde quer que os homens possuam uma visão clara acerca dos seus próprios interesses.

Tomemos um exemplo. Qual é a razão que faz com que tenha valor uma propriedade, ou um terreno? O critério de avaliação é construído pelos prazeres de todas as espécies que a referida propriedade capacita um homem a produzir, e – o que significa a mesma coisa – as dores de todas as espécies que capacita o homem a afastar. Ora, o valor de uma tal propriedade, segundo a avaliação geral, aumenta ou decresce conforme foi maior ou menor o período de tempo que uma pessoa tem nela: a certeza ou a incerteza do fato de adquirir a sua posse, e a proximidade ou a longinquidade do momento em que chegará a possuí-la, caso tal aconteça. No que concerne a *intensidade* dos prazeres que uma pessoa pode haurir da propriedade, nunca se pensa nisto, visto depender ela do uso que cada pessoa particular pode vir a fazer dela; ora, isto não pode ser estimado antes que a pessoa tenha dentro de si os prazeres específicos que poderá haurir dela, ou as pessoas concretas que poderá afastar através dela. A mesma razão faz com que a pessoa não pense na *fecundidade* ou na *pureza* desses prazeres.

***

MILL

Mill, John Stuart. *Utilitarismo* [1863], cap. II. In: Marcondes, op. cit.

Uma simples observação deveria bastar contra a confusão dos ignorantes que supõem que aqueles que defendem a utilidade como teste do certo e do errado usam este termo no sentido restrito e meramente coloquial em que o útil se opõe ao prazer. Devemos desculpas aos filósofos opositores do utilitarismo por confundi-los, ainda que momentaneamente, com pessoas capazes de uma concepção tão absurdamente errada; o que se torna ainda mais extraordinário na medida em que a acusação contrária, de remeter tudo ao prazer, e isso da forma mais grosseira, é uma das mais comuns contra o utilitarismo. [...] Aqueles que sabem um pouco sobre essa questão estão cientes de que todos os autores, de Epicuro e Bentham, que defenderam o princípio da utilidade o entenderam não como algo a ser contraposto ao prazer, mas sim como o próprio prazer, juntamente com a ausência de dor. E ao invés de opor o útil ao agradável ou ao ornamental, sempre declararam que o útil também significa esta entre outas coisas. E, contudo, o rebanho, inclusive o "rebanho dos escritores", não apenas em jornais e outros periódicos, mas em livros de peso e pretensão, estão perpetuamente cometendo esse erro superficial. Usam a palavra utilidade e não sabem sobre ela nada além do seu som. Habitualmente, expressam por meio dela uma rejeição, ou o descuido do prazer em algumas de suas formas: a beleza, o ornamento, a diversão. O termo não é apenas mal aplicado, por ignorância, em sentido depreciativo, mas ocasionalmente até mesmo como um cumprimento, como se significasse algo de superior à frivolidade ou aos meros prazeres momentâneos. Este uso pervertido é o único pelo qual essa palavra é popularmente conhecida, e é desse uso que a nova geração está adquirindo seu único entendimento desta palavra.

[...]

O credo que aceita como fundamento da moral o Útil ou Princípio da Máxima Felicidade, considera que uma ação é correta na medida em que tende a promover a felicidade, e errada quando tende a gerar o oposto da felicidade. Por felicidade entende-se o prazer e ausência da dor; por infelicidade, dor, ou privação do prazer. Para proporcionar uma visão mais clara do padrão da moral estabelecido por essa teoria, é preciso dizer muito mais: em particular, o que as ideias de dor e prazer incluem e até que ponto essa questão fica em aberto. Mas as explicações suplementares não afetam a concepção de vida em que essa teoria da moral se fundamenta: a saber, que o prazer e a ausência de dor são as únicas coisas desejáveis como fim, e que todas as coisas desejáveis (que são numerosas no esquema utilitarista, como em qualquer outro) o são ou porque o prazer é inerente a elas, ou porque consistem em meios de promover o prazer e evitar a dor.

[...]

De acordo com o Princípio da Máxima Felicidade, explicado anteriormente, o fim último, com referência ao qual todas as coisas são desejáveis (seja quando consideramos o nosso próprio bem ou o de outras pessoas), traduz-se em uma existência livre, tanto quanto possível, de dor e o mais rica possível em prazeres, tanto em relação à quantidade como à qualidade. O teste da qualidade e a medida pela qual a comparamos à quantidade consistem na preferência daqueles que em suas oportunidades de experimentar, à qual devem ser acrescentados seus hábitos de autoconsciência e de autoinspeção, são mais favorecidos com os meios de comparação. Sendo esta, de acordo com a opinião utilitarista, a finalidade de toda ação humana, trata-se também necessariamente do padrão de moralidade, que pode ser definido da seguinte maneira: as regras e preceitos para a conduta humana cuja observância garante uma existência tal como descrevemos para toda a humanidade, devem também estendidos a todos os seres da criação dotados de sensibilidade, conforme suas naturezas permitam.

[...]

Devo mais uma vez repetir (o que aqueles que atacam o utilitarismo raramente fazem a justiça de reconhecer) que a felicidade que constitui o padrão do utilitarismo do que é certo na conduta não é apenas a satisfação do próprio agente, mas a de todos os envolvidos. Entre a sua própria felicidade e a dos outros, o utilitarismo requer que a pessoa seja estritamente imparcial, como um espectador benevolente e desinteressado. Na regra de ouro de Jesus de Nazaré podemos encontrar o espírito da ética utilitarista em sua plenitude. Fazer aos outros o que gostaríamos que nos fosse feito e amar o próximo como a nós próprios constitui a perfeição ideal da moral utilitarista. Para melhor nos aproximarmos desse ideal, o útil estabelece que as leis de acordos sociais devem colocar em primeiro lugar a felicidade, ou (como também pode se dizer em um sentido prático) o interesse de cada indivíduo tanto quanto possível em harmonia com o interesse da totalidade; e, em segundo lugar, a educação e a opinião, que têm tão grande poder sobre o caráter humano, devem usar esse poder para estabelecer na mente de cada indivíduo uma associação indissolúvel entre a sua felicidade e o bem de todos; especialmente entre a sua felicidade e os modos de conduta, negativos e positivos, que a preocupação com a felicidade prescreve, de tal modo que para ele seria inconcebível a possibilidade de obter felicidade para si próprio com uma conduta oposta ao bem comum. Mas também de forma que o impulso direto de promover o bem de todos seja em cada indivíduo um dos motivos habituais da ação, e os sentimentos ligados a isso possam ter um papel amplo e proeminente na existência sensível de cada ser humano. Se os adversários da moral do utilitarismo a representarem em suas mentes com seu verdadeiro caráter, não sei que recomendação encontrada em outra concepção moral poderia faltar ao utilitarismo; que desenvolvimentos da natureza humana mais belos e mais elevados podem-se supor que algum outro sistema ético promova; ou de que outras fontes de ação, não acessíveis ao utilitarismo, tais sistemas dependeriam para tornar eficazes os seus mandamentos.

***

SCHOPENHAUER

Schopenhauer, Arthur. *O mundo como vontade e como representação.* Trad. Jair Barboza. São Paulo: Unesp, 2005.

Há muito reconhecemos esse esforço, constitutivo do núcleo, do em-si de toda coisa, como aquilo que em nós mesmos se chama VONTADE e aqui se manifesta da maneira mais distinta na luz plena da consciência. Nomeamos SOFRIMENTO a sua travação por um obstáculo, posto entre ela e o seu fim passageiro; ao contrário, nomeamos SATISFAÇÃO, bem-estar, felicidade, o alcançamento do fim. Podemos também transferir tais denominações àqueles fenômenos de graus mais débeis, porém idênticos em essência, do mundo destituído de conhecimento. Vemo-los assim envoltos em constante sofrimento, sem felicidade duradoura. Pois todo esforço nasce da carência, do descontentamento com o próprio estado e é, portanto, sofrimento pelo tempo em que não for satisfeito; nenhuma satisfação, todavia, é duradoura, mas antes sempre é um ponto de partida de um novo esforço, o qual, por sua vez, vemos travado em toda parte de diferentes maneiras, em toda parte lutando, e assim, portanto, sempre como sofrimento: não há nenhum fim último do esforço, portanto não há nenhuma medida e fim do sofrimento.

O que assim descobrimos na natureza destituída de conhecimento, via observação mais aguçada e com diligência, entra em cena claranlente na natureza que conhece, na vida animal, cujo sofrimento incessante é fácil de demonstrar. Queremos, contudo, sem nos determos neste estádio intermédio, dirigirmo-nos para lá onde, iluminado pelo conhecimento mais límpido, tudo entra em cena da maneira mais distinta, a saber, na vida do homem. Em realidade, à medida que o fenômeno da Vontade se torna cada vez mais perfeito, o sofrimento se torna cada vez mais manifesto. Na planta ainda não há sensibilidade alguma, portanto nenhuma dor. Um certo grau bem baixo de sofrimento encontra-se nos animais menos complexos, os infusórios e radiados. Mesmo nos insetos a capacidade de sentir e sofrer é ainda limitada. Só com o sistema nervoso completo dos vertebrados é que a referida capacidade aparece em grau elevado, e cada· vez mais quanto mais a inteligência se desenvolve. Portanto, à proporção que o conhecimento atinge a distinção e que a consciência se eleva, aumenta o tormento, que, conseguintemente, alcança seu grau supremo no homem, e tanto mais, quanto mais ele conhece distintamente, sim, quanto mais inteligente é. O homem no qual o gênio vive é quem mais sofre. (MVR § 56)

Vimos na natureza destituída de conhecimento que a essência íntima dela é um esforço interminável, sem fim, sem repouso, o que nos aparece muito mais distintamente na consideração do animal e do homem. Querer e esforçar-se são sua única essência, comparável a uma sede insaciável. A base de todo querer, entretanto, é necessidade, carência, logo, sofrimento, ao qual consequentemente o homem está destinado originariamente pelo seu ser. Quando lhe falta o objeto do querer, que foi retirado pela rápida e fácil satisfação, assaltam-lhe vazio e tédio aterradores, isto é, seu ser e sua existência mesma se lhe tornam um fardo insuportável. Sua vida, portanto, oscila como um pêndulo, para aqui e para acolá, entre a dor e o tédio, os quais em realidade são seus componentes básicos. Isso também foi expresso de maneira bastante singular quando se disse que, após o homem ter posto todo sofrimento e tormento, no inferno, nada restou para o céu senão o tédio. (MVR § 57)

Não podemos esperar da [*pregação* da] moral, nem em geral do conhecimento abstrato, a formação de nenhuma virtude autêntica; ela pode nascer apenas da intuição que reconhece num estranho o mesmo ser que reside em nós. (MVR § 66)

[...] Tomo de novo em mãos o fio condutor da nossa interpretação do significado ético da conduta, para, assim, mostrar como, da mesma fonte de onde brota toda bondade, amor, virtude e nobreza de caráter, também nasce aquilo que denomino negação da Vontade de vida. Se de um lado vimos o ódio e a maldade condicionados pelo egoísmo e este basear-se no conhecimento do *principium individuationis*, de outro encontramos como a origem e a essência da justiça e, quando esta é levada ao mais elevado grau, do amor e da nobreza de caráter, justamente a visão através do *principium individuationis*, única que, ao suprimir a diferença entre o próprio indivíduo e os outros, torna possível, e elucida, a perfeita bondade de disposição, o amor desinteressado e o mais generoso auto-sacrifício pelos outros.

Agora, se essa visão através do *principium individuationis*, ou seja, esse conhecimento imediato da identidade da Vontade em todos os seus fenômenos existe num elevado grau de distinção, de imediato mostra uma influência ainda mais ampla sobre a Vontade. Se aquele Véu de Maia, o *principium individuationis*, é de tal maneira retirado aos olhos de um homem que este não faz mais diferença egoística entre a sua pessoa e a de outrem, no entanto compartilha em tal intensidade dos sofrimentos alheios como se fossem os seus próprios e assim é não apenas benevolente no mais elevado grau mas está até mesmo pronto a sacrificar o próprio indivíduo tão logo muitos outros precisem ser salvos; então, daí, segue-se automaticamente que esse homem reconhece em todos seres o próprio íntimo, o seu verdadeiro si-mesmo, e desse modo tem de considerar também os sofrimentos infindos de todos os viventes como se fossem seus: assim, toma para si mesmo as dores de todo o mundo; nenhum sofrimento lhe é estranho. (MVR § 68)

***

Schopenhauer, Arthur. *Aforismos para sabedoria de vida*. Trad. Jair Barboza. São Paulo: Martins Fontes, 2002.

A "regra suprema" de toda a sabedoria de viver pode ser encontrada na obra de Aristóteles: "O prudente aspira não ao prazer, mas à ausência de dor". [...]

Se a um estado sem dor ainda couber a ausência de tédio, então a felicidade terrena foi em essência alcançada; o resto é quimera". [...]

O indivíduo "precisa saber principalmente e antes de tudo o que em verdade quer. [...] Precisa também reconhecer em geral qual é sua vocação, o seu papel e a sua relação com o mundo". [...]

Para vivermos entre os homens temos de deixar cada um existir como é, aceitando-o em sua individualidade ofertada pela natureza, não importando qual seja. [...] Nisto repousa a sabedoria do provérbio "viver e deixar viver".

***

WEBER

Weber, Max. A política como vocação. In: Marcondes, op. cit. Trad. Waltensir Dutra (mod.).

[...] Devemos ser claros quanto ao fato de que toda conduta eticamente orientada pode ser guiada por uma de duas máximas fundamental e irreconciliavelmente diferentes: a conduta pode ser orientada para uma "ética das finalidades últimas" ou para uma "ética da responsabilidade". Não significa dizer que uma ética das finalidades últimas seja idêntica à irresponsabilidade, ou que a ética de responsabilidade seja idêntica ao oportunismo sem princípios. Naturalmente, ninguém afirma isso. Há, porém, um contraste abismal entre a conduta que segue a máxima de uma ética dos objetivos finais – isto é, em termos religiosos, "o cristão faz o bem e deixa os resultados ao Senhor" – e a conduta que segue a máxima de uma responsabilidade ética, quando então se tem de prestar contas dos resultados previsíveis dos atos cometidos.

Pode-se demonstrar a um sindicalista convicto, partidário da ética dos objetivos finais, que seus atos resultarão no aumento das oportunidades de reação, na maior opressão de sua classe e na obstrução de sua ascensão – sem causar nele a menor impressão. Se uma ação de boa intenção leva a maus resultados, então, aos olhos do agente, não ele, mas o mundo, ou a estupidez dos outros homens, ou a vontade de Deus que assim os fez, é responsável pelo mal. Mas um homem que acredita numa ética da responsabilidade leva em conta precisamente as deficiências médias das pessoas; como Fichte disse corretamente, ele não tem nem mesmo o direito de pressupor sua bondade e perfeição. Não se sente em condições de onerar terceiros com os resultados de suas próprias ações, na medida em que as pôde prever. Dirá: esses resultados são atribuídos à minha ação. Quem acredita numa ética de objetivos finais só se sente responsável por fazer com que a chama das intenções puras não seja sufocada: por exemplo, a chama do protesto contra a injustiça da ordem social. Reanimá-la sempre é o propósito de seus atos, bastante irracionais se julgados à luz de seu possível êxito. São atos que só podem ter, e só terão, valor exemplar.

Mesmo nesse caso, o problema não está esgotado. Nenhuma ética do mundo pode fugir ao fato de que em numerosos casos a consecução de fins "bons" está limitada ao fato de que devemos estar dispostos a pagar o preço de usar meios moralmente dúbios, ou pelo menos perigosos – e enfrentar a possibilidade, ou mesmo a probabilidade, de ramificações daninhas. Nenhuma ética no mundo nos proporciona uma base para concluir quando, e em que proporções, a finalidade eticamente boa "justifica" os meios eticamente perigosos e suas ramificações.

***

NIETZSCHE

Nietzsche, Friedrich. *Além do bem e do mal.* Aforismo 2. Trad. Paulo César de Souza. São Paulo: Companhia das Letras, 1992.

1. Crítica à moral metafísica

"Como algo poderia algo nascer do seu oposto? Por exemplo, a verdade do erro? Ou a vontade de verdade da vontade de engano? Ou a ação desinteressada do egoísmo? Ou a pura e radiante contemplação do sábio, da concupiscência? Semelhante gênese é impossível; quem com ela sonha é um tolo, ou algo pior; as coisas de valor mais elevado devem ter uma origem que seja outra, *própria* – não podem derivar desse fugaz, enganador, sedutor, mesquinho mundo, desse turbilhão de insânia e cobiça! Devem vir do seio do ser, do intransitório, do deus oculto, da 'coisa-em-si' – nisso e em nada mais deve estar a sua causa!" – Este modo de julgar constitui o típico preconceito pelo qual podem ser reconhecidos os metafísicos de todos os tempos; tal espécie de valoração está por trás de todos os seus procedimentos lógicos; é a partir desta sua "crença" que eles procuram alcançar seu "saber", alcançar algo que no fim é batizado solenemente de "verdade". A crença fundamental dos metafísicos é a crença na *oposição de valores*. Nem aos mais cuidadosos dentre eles ocorreu duvidar aqui, no limiar, onde era mais necessário: mesmo quando haviam jurado para si próprios de *omnibus dubitandum* [de tudo duvidar]. Pois pode-se duvidar, primeiro, que existam absolutamente opostos; segundo, que as valorações e oposições de valor populares, nas quais os metafísicos imprimiram seu selo, sejam mais que avaliações-de-fachada, perspectivas provisórias, talvez inclusive vistas de um ângulo, de baixo para cima talvez, "perspectivas de rã", para usar uma expressão familiar aos pintores. Com todo valor que possa merecer o que é verdadeiro, veraz, desinteressado: é possível que se deva atribuir à aparência, à vontade de engano, ao egoísmo e à cobiça um valor mais alto e mais fundamental para a vida. É até mesmo possível que o valor dessas coisas boas e honradas consista exatamente no fato de serem insidiosamente aparentadas, atadas, unidas, e talvez até essencialmente iguais a essas coisas ruins e aparentemente opostas. Talvez! – Mas quem se mostra disposto a se ocupar de tais perigosos "talvezes"? Para isto será preciso esperar o advento de uma nova espécie de filósofos, que tenham gosto e pendor diversos, contrários aos daqueles que até agora existiram – filósofos do perigoso "talvez" a todo custo. – E, falando como toda a seriedade: eu vejo esses filósofos surgirem.

Nietzsche, Friedrich *Aurora*. Aforismo 2. Trad. Paulo César de Souza. São Paulo: Companhia das Letras, 2003.

2. *A solidão perfeita*

Na realidade, meus pacientes amigos, já lhes direi o que buscava eu lá embaixo, aqui neste prólogo tardio, que poderia ter sido um último adeus, uma oração fúnebre: pois eu retornei e – escapei. Não creiam que eu venha exortá-los às mesmas audácias! Ou à mesma solidão! Pois quem perfaz esses caminhos próprios não encontra ninguém: é o que sucede nos "caminhos próprios". Ninguém aparece para ajudá-lo; tem de lidar sozinho com tudo o que se lhe depara de perigo, de acaso, de maldade e mau tempo. Pois ele tem o seu caminho *para si* – e, como é justo, seu amargor, seu ocasional dissabor com esse "para si": o qual inclui, por exemplo, saber que nem seus amigos sabem onde ele está e para onde vai, que às vezes perguntarão a si mesmos: "O quê? Ele prossegue? Ainda tem – um caminho?". – Naquele tempo empreendi algo que não pode ser para qualquer um: desci à profundeza, penetrei no alicerce, comecei a investigar e escavar uma velha *confiança*, sobre a qual nós, filósofos, há alguns milênios construíamos, como se fora o mais seguro fundamento – e sempre de novo, embora todo o edifício desmoronasse até hoje: eu me pus a solapar nossa *confiança na moral*. Estão me compreendendo?

Genealogia da moral – uma polêmica. Segunda dissertação, aforismo 2. Trad. Paulo César de Souza. São Paulo: Companhia das Letras, 2001.

3. Responsabilidade

Esta é a longa história da origem da *responsabilidade*. A tarefa de criar um animal capaz de fazer promessas, já percebemos, traz consigo, como condição e preparação, a tarefa mais imediata de tornar o homem até certo ponto necessário, uniforme, igual entre iguais, constante, e, portanto, confiável. O imenso trabalho daquilo que denominei "moralidade do costume" (cf. *Aurora* &9. 14,16) – o autêntico trabalho do homem em si próprio, durante o período mais longo da sua existência, todo esse trabalho *pré-histórico* encontra nisto o seu sentido, sua justificação, não obstante o que nele também haja de tirania, dureza, estupidez e idiotice: com a ajuda da moralidade do costume e da camisa de força social, o homem foi realmente *tornado* confiável. Mas coloquemo-nos no fim do imenso processo, ali onde finalmente a árvore sazona seus frutos, onde a sociedade e sua moralidade do costume finalmente trazem à luz aquilo para o qual eram apenas o meio: encontramos então, como fruto mais maduro da árvore o indivíduo *soberano*, igual apenas a si mesmo, novamente liberado da moralidade do costume, indivíduo autônomo supra moral (pois "autônomo" e "moral" se excluem), em suma, o homem da vontade própria, duradoura e independente, o que *pode fazer promessas* – e nele encontramos vibrante em cada músculo, uma orgulhosa consciência do que foi realmente alcançado e está nele encarnado, uma verdadeira consciência de poder e liberdade, um sentimento de realização. Este liberto, ao qual *é permitido prometer*, este senhor do livre-arbítrio, este soberano – como não saberia ele da superioridade que assim possui sobre todos os que não podem prometer e responder por si, quanta confiança, quanto temor, quanta reverência desperta – ele "merece" as três coisas – e como, com esse domínio sobre si, lhe é dado também o domínio sobre as circunstâncias, sobre a natureza e sobre todas as criaturas menos seguras e mais pobres de vontade? O homem "livre", o possuidor de uma duradoura e inquebrantável vontade, tem nessa posse a sua *medida de valor*: olhando para os outros a partir de si, ele os honra ou despreza; e tão necessariamente como honra os seus iguais, os fortes e confiáveis (os que podem prometer) – ou seja, todo aquele que promete como um soberano, de modo raro, com peso e lentidão, e que é avaro com sua confiança, que *distingue* quando confia, que dá sua palavra como algo seguro, porque sabe que é forte o bastante para mantê-la contra o que for adverso, mesmo "contra o destino" –: do mesmo modo ele reservará seu pontapé para os débeis doidivanas que prometem quando não podiam fazê-lo, e o seu chicote para o mentiroso que quebra a sua palavra no instante em que a pronuncia. O orgulhoso conhecimento do privilégio extraordinário da *responsabilidade*, a consciência dessa rara liberdade, desse poder sobre si mesmo e o destino, desceu nele até sua mais íntima profundeza e tornou-se instinto, instinto dominante – como chamará ele a esse instinto dominante, supondo que necessite de uma palavra para ele? Mas não há dúvida: este homem soberano o chama sua *consciência*.

Conecte-se conosco:

f facebook.com/editoravozes

⬡ @editoravozes

𝕏 @editora_vozes

▶ youtube.com/editoravozes

☏ +55 24 2233-9033

www.vozes.com.br

Conheça nossas lojas:

www.livrariavozes.com.br

Belo Horizonte – Brasília – Campinas – Cuiabá – Curitiba
Fortaleza – Juiz de Fora – Petrópolis – Recife – São Paulo

  Vozes de Bolso

EDITORA VOZES LTDA.
Rua Frei Luís, 100 – Centro – Cep 25689-900 – Petrópolis, RJ
Tel.: (24) 2233-9000 – E-mail: vendas@vozes.com.br